TOMADAS DE DECISÃO COM FERRAMENTAS DA LÓGICA PARACONSISTENTE ANOTADA

Método Paraconsistente de Decisão – MPD

Blucher

FÁBIO ROMEU DE CARVALHO
JAIR MINORO ABE

TOMADAS DE DECISÃO COM FERRAMENTAS DA LÓGICA PARACONSISTENTE ANOTADA

Método Paraconsistente de Decisão – MPD

Tomadas de Decisão com Ferramentas da Lógica Paraconsistente Anotada – Método Paraconsistente de Decisão – MPD
© 2011 Fábio Romeu de Carvalho, Jair Minoro Abe
Editora Edgard Blücher Ltda.

Blucher

Rua Pedroso Alvarenga, 1245, 4º andar
04531-012 – São Paulo – SP – Brasil
Tel 55 11 3078-5366
editora@blucher.com.br
www.blucher.com.br

Segundo Novo Acordo Ortográfico, conforme 5. ed. do *Vocabulário Ortográfico da Língua Portuguesa*, Academia Brasileira de Letras, março de 2009.

Ficha Catalográfica

Carvalho, Fábio Romeu de
 Tomadas de decisão com ferramentas da lógica paraconsistente anotada: método paraconsistente de decisão: MPD / Fábio Romeu de Carvalho, Jair Minoro Abe. – São Paulo: Blucher, 2011.

 Bibliografia.
 ISBN 978-85-212-0607-1

 1. Decisões 2. Lógica I. Abe, Jair Minoro. II. Título.

11-05298   CDD-511.3

Índices para catálogo sistemático:

1. Tomadas de decisão: Aplicação da lógica paraconsistente anotada: Método Paraconsistente de Decisão (MPD) 511.3

Aos meus pais, Noé e Maria José *(in memoriam)*,
dedico o esforço dispensado neste livro pelo senso de honestidade,
dedicação ao trabalho e respeito ao próximo que, com simplicidade
e maestria, souberam muito bem me transmitir.

Fábio Romeu de Carvalho

Aos meus tios (Cesário) Mikizo Hayashi (1921-2006, *in memoriam*) e (Maria) Setsuko Hayashi (1930-), aos quais sou grato pelos muitos ensinamentos e pelo entusiasmo que sempre me transmitiram.

Jair Minoro Abe

PREFÁCIO

No entardecer do século passado e no alvorecer deste, a Informática em geral (incluindo os Sistemas de Informação, Inteligência Artificial, Robótica e Automação, entre outros) passa por uma verdadeira revolução jamais vista. O paradigma não somente de conhecimento, mas, também, de tecnologia e de suas aplicações sofreu mudanças radicais.

A Pesquisa Operacional tem-se mostrado um assunto vastíssimo e inesgotável. Centenas de pesquisadores de todo o mundo têm-se dedicado a esse assunto, que avança diariamente. Para se ter uma ideia de sua dimensão, há um congresso mundial – *European Conference on Operational Research, EURO*, que se realiza anualmente e, em julho de 2010, realizou sua vigésima quarta edição, em Lisboa. Em 2009, realizou-se em Bonn, na Alemanha, onde estivemos juntos com outros 2.221 pesquisadores de 72 países.

Dentro da Pesquisa Operacional está inserido o estudo das tomadas de decisão. Muito se tem pesquisado sobre este assunto, vários métodos de tomadas de decisão têm sido desenvolvidos, mas, até hoje, nenhum conseguiu dar um ponto final ao assunto e, acreditamos, nenhum conseguirá fazê-lo. Uma rápida navegada pela *Internet* pode mostrar o quanto se pesquisa e o quanto se publica sobre os chamados *Decision Support Systems, DSS*. Estes constituem uma classe de sistemas de informação (incluindo, mas não se limitando a sistemas computacionais), que dão suporte a atividades de tomadas de decisão nas organizações e nos negócios.

E é nessa área que nos enveredamos, procurando dar mais uma contribuição ao mundo científico, ao desenvolver um novo método de decisão fundamentado em uma lógica alternativa à clássica, de recente descoberta, a lógica paraconsistente anotada evidencial. A ele demos o nome de **Método Paraconsistente de Decisão, MPD**.

Cumpre destacar que foi um brasileiro, o Prof. Dr. Newton Carneiro Affonso da Costa, que desenvolveu sua carreira de professor na Universidade Federal do Paraná e na Universidade de São Paulo, o inventor da lógica paraconsistente, em 1958, tendo como precursores os poloneses J. Lukasiewicz e S. Jaśkowski e o russo N. A. Vasiliev [11].

O Prof. Da Costa desenvolveu uma família de lógicas paraconsistentes, os sistemas C_n, a teoria de conjuntos e a lógica de predicados correspondentes, ou seja, contendo todos os níveis lógicos comuns. Sobre esse tema, o Prof. Da Costa ministrou aulas e palestras em todos os países das Américas do Sul e do Norte e em alguns países da Europa.

Recebeu, entre diversas distinções, o Prêmio Moinho Santista em Ciências Exatas (1994), o Prêmio Jabuti em Ciências Exatas (1995) e a Medalha do Mérito Científico "Nicolau Copérnico" da Universidade de Torun, Polônia (1998). É membro titular do Instituto Internacional de Filosofia de Paris, o primeiro brasileiro a pertencer a essa instituição.

Cremos não existir na literatura uma referência que dê ao leitor uma compreensão adequada dos temas relacionados a essa lógica, que temos discutido nos diversos encontros científicos de que participamos. Com esta obra pretendemos dar uma contribuição neste sentido, divulgando essa nova classe de lógica, as lógicas paraconsistentes, e mostrando como elas podem ser usadas em tomadas de decisão, especialmente quando a base de dados de que se dispõe é dotada de inconsistências e imprecisões.

Portanto, o objeto desta obra é apresentar aos leitores os princípios das lógicas paraconsistentes anotadas e sua aplicação em tomadas de decisão, principalmente, na Engenharia de Produção: o Método Paraconsistente de Decisão, MPD que se baseia no algoritmo para-analisador. Além disso, é feita uma comparação do MPD com o método estatístico e com uma versão simplificada do método *fuzzy* de decisão. Exemplos de aplicações práticas são desenvolvidos e discutidos minuciosamente, com aplicações numéricas, tabelas e gráficos.

O fundamento teórico para o MPD são as regras de maximização e de minimização da lógica paraconsistente anotada evidencial Eτ. Essas regras são aplicadas aos graus de evidência favorável ou graus de crença (a) e aos graus de evidência contrária ou grau de descrença (b), que compõem as chamadas constantes de anotação: $\mu = (a; b)$. Essa aplicação é feita por meio de operadores e pode ser de duas maneiras diferentes.

1ª) Fazendo-se a *maximização dos graus de evidência* de um conjunto de anotações, de modo a buscar a melhor evidência favorável (**maior** valor do grau de evidência favorável a) e a pior evidência contrária (**maior** valor do grau de evidência contrária b). Essa maximização é feita por um operador da lógica Eτ, designado por **OR** (conjunção). Para o caso de um conjunto de apenas duas anotações, a aplicação deste operador fica assim:

$$\mathbf{OR}\ \{(a_1; b_1), (a_2; b_2)\} = (\text{máx}\{a_1, a_2\}; \text{máx}\{b_1, b_2\})$$

Para a minimização, faz-se o contrário: busca-se a pior evidência favorável (**menor** valor do grau de evidência favorável a) e a melhor evidência contrária (**menor** valor do grau de evidência contrária *b*). O operador que a executa é designado por **AND** (disjunção).

$$\text{AND } \{(a_1; b_1), (a_2; b_2)\} = (\text{mín}\{a_1, a_2\}; \text{mín}\{b_1, b_2\})$$

2ª) Fazendo-se a *maximização (ou a minimização) do grau de certeza* (H = *a* − *b*) do conjunto de anotações, grau esse que, de certa forma, traduz o quanto as informações contidas nesse conjunto permitem inferir pela veracidade ou pela falsidade da premissa.

A maximização do grau de certeza (H) é obtida buscando-se a melhor evidência favorável (**maior** valor do grau de evidência favorável *a*) e a melhor evidência contrária (**menor** valor do grau de evidência contrária *b*). Essa maximização é feita por um operador da Lógica Eτ, designado por **MÁX** e que, neste livro, será chamado de **maximizante**.

$$\text{MÁX } \{(a_1; b_1), (a_2; b_2)\} = (\text{máx}\{a_1, a_2\}; \text{mín}\{b_1, b_2\})$$

Analogamente, a minimização busca a pior evidência favorável (**menor** valor do grau de evidência favorável *a*) e a pior evidência contrária (**maior** valor do grau de evidência contrária *b*). Essa minimização é feita pelo operador **MÍN**, que será chamado de **minimizante**.

$$\text{MÍN } \{(a_1; b_1), (a_2; b_2)\} = (\text{mín}\{a_1, a_2\}; \text{máx}\{b_1, b_2\})$$

Portanto, observa-se que há duas maneiras de se aplicarem as regras de maximização e de minimização da lógica Eτ. Em alguns aspectos, uma tem vantagens sobre a outra; em outros, desvantagens. Por exemplo, a primeira maneira permite identificar melhor as contradições existentes na base de dados, mas, em compensação, a segunda é mais intuitiva e leva a resultados mais previsíveis e coerentes.

Nesta obra, será feita a opção pela segunda maneira, ou seja, pelos operadores **MÁX** e **MÍN**. As decisões serão tomadas com base na aplicação da chamada regra do **mín/máx** ou de decisão otimista, uma vez que minimiza os melhores resultados.

Para a execução das operações exigidas pelo método, foi desenvolvido, no Capítulo 5, um programa de cálculos baseado na planilha Excel, que se chamou Programa de Cálculos para o Método Paraconsistente de Decisão, PC do MPD.

No Capítulo 9, faz-se uma discussão sobre duas maneiras de se interpretar a maximização e a minimização, permitindo uma comparação entre elas.

Além disso, há cinco apêndices que acompanham este livro, com dados e soluções para os diversos itens apresentados e analisados. Para cada apêndice, há duas versões: uma bloqueada (mas não oculta), que deixa somente as células relacionadas às entradas de dados de cada análise livres para o leitor alterar, embora mostre as demais, inclusive as fórmulas; e outra livre, que dá ao leitor a possibilidade de alterar o que bem entender. Essa preocupação decorreu da possibilidade de um usuário mais distaído alterar a planilha livre e, depois, não conseguir recompô-la. A planilha do Apêndice E está bloqueada e oculta, constituindo uma exceção. Esses apêndices são encontrados no site: www.blucher.com.br.

O Apêndice A traz a solução do que foi desenvolvido no Capítulo 5; o B traz uma solução genérica para o que se propôs no Capítulo 5; o Apêndice C contém as bases de dados utilizadas no desenvolvimento de cinco parágrafos do Capítulo 6 e nos exercícios dos Capítulos 6 e 8; o Apêndice D traz as soluções para aquilo que foi desenvolvido no texto do Capítulo 6 e dá o encaminhamento para os exercícios propostos nesse capítulo; e, finalmente, o Apêndice E apresenta a solução para um desafio (exercício) proposto no Capítulo 9.

Apesar de a linguagem da lógica ser desenvolvida com todo rigor que o assunto necessita, a exposição do livro está permeada por abusos de linguagem. O leitor atento os perceberá e será capaz de superá-los à medida que se familiarize com o texto.

Os autores

CONTEÚDO

INTRODUÇÃO

De acordo com a Associação Brasileira de Engenharia de Produção, ABEPRO "A Engenharia de Produção se dedica ao projeto e gerência de sistemas que envolvem pessoas, materiais, equipamentos e o ambiente." Descreve-se como uma engenharia de métodos e processos que não define um campo específico de tecnologia. Teve suas origens na divisão, organização e racionalização de produção industrial, mas se expandiu rapidamente para cobrir qualquer sistema que integra as pessoas, materiais, equipamentos e ambiente, incluindo de indústria a agricultura, serviços para administração pública e iniciativas sociais, como também produção material e não material. Outras expressões correntes para a Engenharia de Produção são também Engenharia de Produção Industrial, Engenharia de Gestão Industrial ou Engenharia Industrial, entre muitas outras, que parece depender do ponto de vista do tema enfocado ou da motivação do usuário.

Ainda, de acordo com a ABEPRO, "o engenheiro de produção tem como área específica de conhecimento os métodos gerenciais, a implantação de sistemas informatizados para a gerência de empresas, o uso de métodos para melhoria da eficiência das empresas e a utilização de sistemas de controle dos processos da empresa". Tudo o que se refere às atividades básicas de uma empresa, tais como planejar as compras, planejar e programar a produção e planejar e programar a distribuição dos produtos, faz parte das atribuições típicas do engenheiro de produção. É por isso que o engenheiro de produção pode trabalhar, praticamente, em todo tipo de indústria. A Produção é uma área da Engenharia mais abrangente e genérica, englobando um conjunto maior de conhecimentos e habilidades. Utilizando-se desses conhecimentos especializados, principalmente em matemática, física, lógica e ciências sociais, em conjunto com análise e projeto de engenharia, ela pode especificar, prever e avaliar os resultados obtidos por tais sistemas.

Grosso modo, a Engenharia de Produção, ao enfatizar as dimensões do produto e do sistema produtivo, envolve-se naturalmente com ideias de projetar e viabilizar produtos, projetar e viabilizar sistemas produtivos, planejar a produção, produzir e distribuir produtos que a sociedade valoriza. Essas atividades, tratadas em profundidade e de forma integrada por esta engenharia, são de grande importância para a elevação da competitividade da empresa, da indústria e do país.

A Gestão do Conhecimento Organizacional é considerada uma área típica da Engenharia de Produção e uma de suas subáreas importantes é Sistemas de Apoio à de Decisão, na qual nosso projeto se insere.

Trata-se da resolução de problemas reais que envolvem situações de tomadas de decisão, usando modelos matemáticos com a ajuda de processamento por meio de computadores. Essa ciência aplica conceitos e métodos de outras disciplinas científicas na concepção, planejando ou considerando a operação de sistemas para alcançar seus objetivos. Assim, busca introduzir elementos objetivos e racionais no processo de tomada de decisão, porém, também se preocupa em incluir elementos subjetivos e as características organizacional-estruturais inerentes ou relacionados aos problemas.

Face ao seu caráter multidisciplinar, a tomada de decisão constitui tema de características horizontais com suas contribuições, estendendo-se por praticamente todos os domínios da atividade humana, da Engenharia à Medicina, passando pela Economia e a Gestão Empresarial.

Com os rápidos avanços experimentados por quase todas as ciências – a Engenharia de Produção não se exclui – o aumento significativo da complexidade dos problemas envolvidos e de organização tem levado a um processo mais sistemático de tomada de decisão, utilizando-se ferramentas e técnicas quantitativas no apoio e na justificativa explícita das decisões. Nesse contexto, a Engenharia de Produção tem-se valido de teorias clássicas como o instrumental estatístico, de simulação e de programação matemática, que se tem mostrado muito valioso para a modelagem e a análise dos processos operacionais e decisórios.

Nesse contexto, principalmente num ambiente altamente informatizado que se dispõe, as teorias disponíveis em Sistemas de Informação (ou, de modo mais abrangente, em Inteligência Artificial ou Sistemas Inteligentes) vêm a contribuir decisivamente para um melhor equacionamento de temas em Engenharia de Produção. Para isso contribuem a representação dos problemas (linguagem), a manipulação mecânica dos dados, as técnicas de Sistemas de Informação e até processos decisórios ou de prospecção (teorias clássicas, técnicas de Inteligência Artificial ou Sistemas Inteligentes).

Uma das questões centrais com que as Ciências do Real têm-se deparado ao longo desses anos de grande avanço é o conceito desafiador de incerteza. Ela provém da descrição de porções de nossa realidade, e a vaguidade de certos termos e conceitos cotidianos não possui caráter subjetivo, nem objetivo, no sentido que a realidade é intrinsecamente vaga ou imprecisa. Outra questão difícil que se enfrenta nas aplicações são as ambiguidades e conflitos, que podem ser expressos como contradições lógicas ou meramente como diferenças.

Muitos tratamentos têm sido empregados para superar o conceito de incerteza: entre eles a Estatística e Teoria da Probabilidade (incluindo o raciocínio Bayesiano), que fazem parte do rol da Lógica Indutiva. Elas têm provido satisfatoriamente a análise das diversas aplicações quando são possíveis de se efetuar, pois dependem às vezes de amostragens gigantescas, difíceis de serem obtidas ou demasiadas onerosas.

Entretanto, mais recentemente, teorias alternativas extremamente interessantes têm sido desenvolvidas para o estudo de incerteza no contexto das aplicações, sem o uso necessário da Estatística ou Probabilidade. Por exemplo, a Teoria dos Conjuntos *Fuzzy* (ou Lógica *Fuzzy*) [25], edificada por L. Zadeh, mostrou-se uma teoria de extrema originalidade e de enorme alcance prático. Ela constitui uma grande lógica polivalente e se classifica como rival da Lógica Clássica, por ser mais geral e se aplicar em situações nas quais a clássica não se acomoda de modo natural – sem se recorrer a hipóteses *ad hoc*.

Outro conceito que tem chamado a atenção de especialistas é o de contradição, que está presente nas aplicações de variadas maneiras: em banco de dados gigantescos, onde se têm opiniões de vários especialistas sobre um assunto polêmico ou de grande dificuldade; em ambientes que possuem certo grau de distribuição; em automação, quando agentes necessitam partilhar recursos limitados, tarefas impossíveis, ambiguidades; no exame de certos padrões (imagens, sinais, ...) etc. Assim, para manipular um conjunto de informações contraditórias, é necessário lançar mão de sistemas lógicos distintos da clássica e de seus aparentados. A lógica paraconsistente pode, em princípio, ser empregada para essa tarefa.

A fim de situar melhor o instrumental teórico que será utilizado nas questões de tomadas de decisão e prospecção frente a dados imprecisos, conflitantes e mesmo frente à falta de informações, será apresentada, inicialmente, a lógica subjacente desse estudo, a lógica paraconsistente anotada evidencial Eτ. Trata-se de uma lógica distinta da tradicional (clássica) e que pode ser vista como lógica não clássica, rival da mesma. Todo o estudo estará baseado num algoritmo básico denominado **para-analisador**, que também será esquematizado nessa introdução.

Considerando que lógica é um assunto que muitos leitores não tiveram a oportunidade de estudar e que, como já se disse, é a base do conteúdo deste livro, será feito um apanhado resumido dessa ciência, sem a preocupação com o rigor que ela normalmente exige, antes de se chegar à lógica paraconsistente anotada evidencial Eτ.

CAPÍTULO 1

A LÓGICA

1.1 CONCEITOS PRELIMINARES

Neste capítulo será feito um apanhado da lógica, desde a clássica até paraconsistente anotada, para dar ao leitor uma visão geral dessa ciência. Entretanto, a ferramenta básica para o sistema de apoio à decisão que será analisado está no Capítulo 2, lógica paraconsistente anotada evidencial Eτ. Sendo assim, o leitor mais informado poderá, com pouco prejuízo para o entendimento do método de decisão, passar diretamente para o Capítulo 2.

Considerando que este é um trabalho de aplicação da lógica em Engenharia, permitir-se-ão alguns abusos de linguagem e algumas imprecisões que não condizem com essa ciência (lógica). Isto será feito para torná-lo mais intuitivo e assimilável pelo leitor não familiarizado com a lógica, permitindo-lhe aprender com mais facilidade alguns conceitos elementares. É evidente que o assunto não será esgotado.

Para as proposições lógicas normalmente atribui-se a qualidade de falsa ou verdadeira, associando-lhe um **valor-verdade** "falso" (F ou 0) ou "verdadeiro" (V ou 1).

Para relacionar as sentenças entre si, são usados os conectivos. Os quatro mais comuns são: negação ($\neg$), conjunção ($\land$), disjunção ($\lor$), implicação ($\to$) e bi-implicação ($\leftrightarrow$).

O conectivo da **negação** ($\neg$) faz a negação de uma sentença. Por exemplo, sendo **p** a sentença "João é mortal", sua negação $\neg$**p** significa "João não é mortal".

Chama-se de **valoração** a função $\mathcal{V}: \mathcal{F} \to \{1; 0\}$, ou seja, a função definida no conjunto de sentenças $\mathcal{F}$ sobre o conjunto de valores-verdade $\{1; 0\}$ ou $\{V; F\}$. Assim, se **p** $\in \mathcal{F}$ é verdadeira, $\mathcal{V}(\mathbf{p}) = 1$ e se p é falsa, $\mathcal{V}(\mathbf{p}) = 0$. Considerando o princípio clássico da negação "Se uma sentença é verdadeira, a sua negação é falsa e vice-versa", temos:

$$\mathcal{V}(\mathbf{p}) = 1 \;\leftrightarrow\; \mathcal{V}(\neg\mathbf{p}) = 0 \;(\leftrightarrow \text{ significa "se, e somente se,"}).$$

O conectivo da **conjunção** ($\land$) permite traduzir dois predicados do mesmo ser. Por exemplo, a sentença **A** $\equiv$ "João é aposentado **e** viúvo", que tem o mesmo significado lógico das sentenças **p** ≡ "João é aposentado" **e q** ≡ "João é viúvo". Diz-se que a primeira é a **conjunção** das duas últimas e se usa a representaão **A** ≡ **p** ∧ **q**.

Conclui-se que: $\mathcal{V}(\mathbf{p} \wedge \mathbf{q}) = 1$ ⇔ $\mathcal{V}(\mathbf{p}) = 1$ e $\mathcal{V}(\mathbf{q}) = 1$.

Donde: $\mathcal{V}(\mathbf{p} \wedge \mathbf{q}) = 0$ ⇔ $\mathcal{V}(\mathbf{p}) = 0$ ou $\mathcal{V}(\mathbf{q}) = 0$.

O conectivo da **disjunção** (∨) traduz, pelo menos um, entre dois predicados do mesmo ser. Por exemplo, a sentença **A** ≡ "João é aposentado **ou** viúvo", que tem o mesmo significado lógico das sentenças **p** ≡ "João é aposentado" **ou q** ≡ "João é viúvo". Diz-se que a primeira é a **disjunção** das duas últimas e se usa a representação **A** ≡ **p** ∨ **q**.

Conclui-se que: $\mathcal{V}(\mathbf{p} \vee \mathbf{q}) = 1$ ⇔ $\mathcal{V}(\mathbf{p}) = 1$ ou $\mathcal{V}(\mathbf{q}) = 1$.

Donde: $\mathcal{V}(\mathbf{p} \wedge \mathbf{q}) = 0$ ⇔ $\mathcal{V}(\mathbf{p}) = 0$ e $\mathcal{V}(\mathbf{q}) = 0$.

"Se **p**, então **q**", é o mesmo que "**p** implica **q**" e esta é uma nova sentença obtida a partir de das sentenças **p** e **q**. Será representada por **p** → **q** e o conectivo (→) que a representa é chamado de **implicação**; **p** recebe o nome de antecedente e **q**, de consequente da implicação. Verifica-se que o antecedente da implicação é condição suficiente para o consequente e este é condição necessária para aquele.

Tem-se: $\mathcal{V}(\mathbf{p} \rightarrow \mathbf{q}) = 1$ ⇔ $\mathcal{V}(\mathbf{p}) = 0$ ou $\mathcal{V}(\mathbf{q}) = 1$.

Donde: $\mathcal{V}(\mathbf{p} \rightarrow \mathbf{q}) = 0$ ⇔ $\mathcal{V}(\mathbf{p}) = 1$ e $\mathcal{V}(\mathbf{q}) = 0$.

Se **p** é condição necessária e suficiente para **q**, representa-se por **p** ↔ **q** e o conectivo ↔ é chamado de **bi-implicação**.

Tem-se: $\mathcal{V}(\mathbf{p} \leftrightarrow \mathbf{q}) = 1$ ⇔ $\mathcal{V}(\mathbf{p}) = \mathcal{V}(\mathbf{q})$ (ambos iguais a 1 ou ambos iguais a 0).

Donde: $\mathcal{V}(\mathbf{p} \leftrightarrow \mathbf{q}) = 0$ ⇔ $\mathcal{V}(\mathbf{p}) \neq \mathcal{V}(\mathbf{q})$.

Os princípios apresentados podem ser resumidos pelas chamadas **tabelas--verdade**, representadas na Tabela 1.1.

TABELA 1.1 Tabelas-verdade

p	q	¬p	p ∧ q	p ∨ q	p → q	p ↔ q
1	1	0	1	1	1	1
1	0	0	0	1	0	0
0	1	1	0	1	1	0
0	0	1	0	0	1	1

Observe que: $\mathcal{V}(\mathbf{p} \wedge \mathbf{q}) = \text{mín } \{\mathcal{V}(\mathbf{p}), \mathcal{V}(\mathbf{q})\}$ e
$\mathcal{V}(\mathbf{p} \vee \mathbf{q}) = \text{máx } \{\mathcal{V}(\mathbf{p}), \mathcal{V}(\mathbf{q})\}$.

As sentenças simples do tipo **p** ou **q** são chamadas de fórmulas atômicas; as compostas do tipo $\mathbf{A} = \neg\mathbf{p}$, $\mathbf{B} = \mathbf{p} \wedge \mathbf{q}$, $\mathbf{C} = \mathbf{p} \vee \mathbf{q}$, $\mathbf{D} = \mathbf{p} \rightarrow \mathbf{q}$ e $\mathbf{E} = \mathbf{p} \leftrightarrow \mathbf{q}$ são chamadas fórmulas da linguagem formal.

1.2 A LÓGICA CLÁSSICA

Neste parágrafo serão apresentados, sem preocupação com excesso de rigor e com riqueza de detalhes, alguns conceitos importantes relativos à parte dedutiva da lógica clássica.

I) O primeiro conceito diz respeito à regra (de inferência) de ***modus ponens***, que permite, a partir das fórmulas **A** e **A** → **B**, inferir **B**, ou seja, se **A** e **A** → **B**, então **B**.

Essa regra de inferência é de extrema importância no estudo da lógica e é representada da seguinte maneira: $\dfrac{\mathbf{A}, \mathbf{A} \rightarrow \mathbf{B}}{\mathbf{B}}$.

Se **A** e **A** → **B** forem verdadeiras, **B** também o será.

II) Outro conceito que se destaca é o de **demonstração** (ou prova), definido como sendo uma sequência finita de fórmulas $(\mathbf{A}_1, \mathbf{A}_2, ..., \mathbf{A}_n)$ $(n \geq 1)$, tal que, qualquer que seja k, $1 \leq k \leq$ n:

a) ou $\mathbf{A}_k$ é um axioma;

b) ou $\mathbf{A}_k$ foi obtido de $\mathbf{A}_i$ e $\mathbf{A}_j$, com i < k e j < k, pela aplicação da regra de *modus ponens*.

$$\frac{\mathbf{A}_i, \mathbf{A}_j}{\mathbf{A}_k} \qquad \text{ou} \qquad \frac{\mathbf{A}_i, \mathbf{A}_i \rightarrow \mathbf{A}_k}{\mathbf{A}_k} \text{, onde } \mathbf{A}_i \rightarrow \mathbf{A}_k \text{ é } \mathbf{A}_j$$

III) Diz-se que uma fórmula **A** da linguagem é um **teorema**, se existir uma demonstração $(\mathbf{A}_1, \mathbf{A}_2, ..., \mathbf{A}_n)$ $(n \geq 1)$, tal que $\mathbf{A}_n = \mathbf{A}$. A sequência $(\mathbf{A}_1, \mathbf{A}_2, ..., \mathbf{A}_n)$ chama-se demonstração de **A**. Representa-se: ⊢**A**.

IV) Seja Γ um conjunto de fórmulas (Γ = $\{\mathbf{B}_1, \mathbf{B}_2, ..., \mathbf{B}_m\}$, por exemplo). Uma **dedução**, a partir de Γ, é qualquer sequência finita de fórmulas $(\mathbf{A}_1, \mathbf{A}_2, ..., \mathbf{A}_n)$ $(n \geq 1)$, tal que, para todo k, $1 \leq k \leq$ n:

a) ou $\mathbf{A}_k$ é um axioma;

b) ou $\mathbf{A}_k$ é um elemento de Γ;

c) ou $\mathbf{A}_k$ foi obtido de $\mathbf{A}_i$ e $\mathbf{A}_j$, com i < k e j < k, pela aplicação da regra de *modus ponens*.

$$\frac{\mathbf{A}_i, \mathbf{A}_j}{\mathbf{A}_k} \qquad \text{ou} \qquad \frac{\mathbf{A}_i, \mathbf{A}_i \rightarrow \mathbf{A}_k}{\mathbf{A}_k} \text{, onde, evidentemente, } \mathbf{A}_i \rightarrow \mathbf{A}_k \text{ é } \mathbf{A}_j.$$

Os elementos de Γ são chamados de hipóteses (ou premissas).

V) Uma fórmula **A** diz-se uma **consequência sintática** de um conjunto de fórmulas Γ, se existir uma dedução $(\mathbf{A}_1, \mathbf{A}_2, ..., \mathbf{A}_n)$ $(n \geq 1)$, a partir de Γ, tal que $\mathbf{A}_n = \mathbf{A}$.

Representa-se por $\Gamma \vdash \mathbf{A}$ ou por $\mathbf{B}_1, \mathbf{B}_2, ..., \mathbf{B}_m \vdash \mathbf{A}$ (sem as chaves de representação de conjunto), se Γ for um conjunto finito $\{\mathbf{B}_1, \mathbf{B}_2, ..., \mathbf{B}_m\}$.

Observe-se que, se $\Gamma = \phi$, $\Gamma \vdash \mathbf{A} \Leftrightarrow \phi \vdash \mathbf{A} \Leftrightarrow \vdash \mathbf{A}$, ou seja, um teorema é uma consequência sintática do conjunto vazio.

VI) Uma sentença (ou fórmula) é chamada de **tautologia** (ou sentença **logicamente válida**) quando ela é sempre verdadeira, quaisquer que sejam os valores de verdade de suas sentenças (ou fórmulas) componentes. Quando ela for sempre falsa, ela é chamada de **contradição**.

VII) Teorema da dedução: Sejam Γ um conjunto de fórmulas e **A** e **B** duas fórmulas.

a) Se $\Gamma, \mathbf{A} \vdash \mathbf{B}$, então $\Gamma \vdash \mathbf{A} \rightarrow \mathbf{B}$ (ou seja, se de Γ e **A** se deduz **B,** então de Γ se deduz $\mathbf{A} \rightarrow \mathbf{B}$).

Em particular, tem-se:

b) Se $\mathbf{A} \vdash \mathbf{B}$, então $\vdash \mathbf{A} \rightarrow \mathbf{B}$ (ou seja, se de **A** se deduz **B,** então $\mathbf{A} \rightarrow \mathbf{B}$ é teorema).

Uma axiomática de um cálculo é constituída pelos seus postulados (esquemas de axiomas e regras de inferência). Aqui, será apresentada a axiomática de Stephen C. Kleene [75] para o cálculo proposicional clássico.

Sejam **A**, **B** e **C** fórmulas quaisquer.

a) Esquemas de axiomas e regra de inferência da implicação:

A1) $\mathbf{A} \rightarrow (\mathbf{B} \rightarrow \mathbf{A})$

A2) $(\mathbf{A} \rightarrow \mathbf{B}) \rightarrow ((\mathbf{A} \rightarrow (\mathbf{B} \rightarrow \mathbf{C})) \rightarrow (\mathbf{A} \rightarrow \mathbf{C}))$

A3) $\dfrac{\mathbf{A}, \mathbf{A} \rightarrow \mathbf{B}}{\mathbf{B}}$ **(regra de *modus ponens*)**

b) Esquemas de axiomas da conjunção:

A4) $(\mathbf{A} \wedge \mathbf{B}) \rightarrow \mathbf{A}$

A5) $(\mathbf{A} \wedge \mathbf{B}) \rightarrow \mathbf{B}$

A6) $\mathbf{A} \rightarrow (\mathbf{B} \rightarrow (\mathbf{A} \wedge \mathbf{B}))$

c) Esquemas de axiomas da disjunção:

A7) $\mathbf{A} \rightarrow (\mathbf{A} \vee \mathbf{B})$

A8) $\mathbf{B} \rightarrow (\mathbf{A} \vee \mathbf{B})$

A9) $(\mathbf{A} \rightarrow \mathbf{C}) \rightarrow ((\mathbf{B} \rightarrow \mathbf{C}) \rightarrow ((\mathbf{A} \vee \mathbf{B}) \rightarrow \mathbf{C}))$

d) Esquemas de axiomas da negação:

A10) $\mathbf{A} \vee \neg\mathbf{A}$ (princípio do terceiro excluído)

A11) $(\mathbf{A} \wedge \neg\mathbf{A}) \rightarrow \mathbf{B}$ ou $\mathbf{A} \rightarrow (\neg\mathbf{A} \rightarrow \mathbf{B})$

A12) $(\mathbf{A} \rightarrow \mathbf{B}) \rightarrow ((\mathbf{A} \rightarrow \neg\mathbf{B}) \rightarrow \neg\mathbf{A})$ (princípio da redução ao absurdo)

Os postulados dos grupos a), b), c) e d) constituem a chamada **lógica (ou cálculo) proposicional clássica**: L [→ , ∧ , ∨ , ¬].

Observações:

1) Uma proposição do tipo **A** ∧ **¬A** (que é falsa na lógica clássica) diz-se uma **contradição** ou **inconsistência**.

2) A lógica (ou cálculo) proposicional clássica é decidível por meio das tabelas-verdade (Tabela 1.1) ou matrizes .

3) O cálculo proposicional clássico L [→ , ∧ , ∨ , ¬] pode ser estendido ao **cálculo de predicados clássico**: L [→ , ∧ , ∨ , ¬, ∀, ∃] [82]. (∀ é o quantificador universal e ∃, o existencial).

e) Esquemas de axiomas e regras de inferência da quantificação:

A14) ∀x **A**(x) → **A**(c)   A16) **A**(c) → ∃x **A**(x)

$$\text{A15)} \quad \frac{\mathbf{A} \to \mathbf{B}(x)}{\mathbf{A} \to \forall x\mathbf{B}(x)} \qquad\qquad \text{A17)} \quad \frac{\mathbf{A}(x) \to \mathbf{B}}{\exists x\mathbf{A}(x) \to \mathbf{B}}$$

com as restrições usuais.

São válidas as seguintes equivalências:

$$\exists x\ \mathbf{A}(x) \leftrightarrow \neg\forall x\ \neg\mathbf{A}(x) \qquad e \qquad \forall x\ \mathbf{A}(x) \leftrightarrow \neg\exists x\ \neg\mathbf{A}(x)$$

$$\neg\exists x\ \mathbf{A}(x) \leftrightarrow \forall x\ \neg\mathbf{A}(x) \qquad e \qquad \neg\forall x\ \mathbf{A}(x) \leftrightarrow \exists x\ \neg\mathbf{A}(x)$$

O cálculo de predicados clássico não é decidível, exceto em alguns casos particulares [66].

1.3 AS LÓGICAS NÃO CLÁSSICAS

Ainda sem muito rigor, pode-se dizer que as lógicas não clássicas compõem dois grandes grupos:

1) as que complementam o escopo da clássica; e
2) as que rivalizam a lógica clássica.

As lógicas pertencentes à primeira categoria são chamadas de complementares da clássica e, como o próprio nome diz, complementam aspectos que a lógica clássica não é capaz de expressar. Elas têm por base a lógica clássica e ampliam seu poder de expressão. Compreendem, a título de exemplificação:

* as lógicas epistêmicas (lógicas da crença, lógicas do conhecimento, lógicas da dúvida, lógicas da justificação, lógicas da preferência, lógicas da decisão, lógicas da aceitação, lógicas da confirmação, lógicas da opinião, lógicas deônticas etc.);

* a lógica modal tradicional (sistema T, sistema S4, sistema S5, sistemas multimodais etc.);

- lógicas intencionais;
- lógicas da ação (lógicas do imperativo, lógicas da decisão etc.);
- lógicas para aplicações físicas (lógica do tempo (lineares, não lineares etc.), lógicas cronológicas, lógicas do espaço, lógica de Lésniewski etc.);
- lógicas combinatórias (relacionadas com o cálculo λ);
- lógicas infinitárias;
- lógicas condicionais etc.

No segundo grupo encontram-se as lógicas que rivalizam com a clássica (também cognominadas heterodoxas). Elas restringem ou modificam certos princípios fundamentais da lógica tradicional.

Como se comentou no início, além da Lógica *Fuzzy*, inúmeros outros sistemas heterodoxos foram cultivados recentemente, grande parte motivada principalmente pelos avanços experimentados neste ramo da ciência, sobretudo pela Inteligência Artificial:

- lógicas intuicionistas (lógica intuicionista sem negação, lógica de *Griss* etc.). Tais sistemas estão bem estabelecidos (há uma matemática cultivada e possui interessantes características filosóficas);
- lógicas não monotônicas;
- lógicas lineares;
- lógicas *default*;
- lógicas *defesiable*;
- lógicas abdutivas;
- lógicas multivaloradas (ou lógicas polivalentes: lógica de *Lukasiewicz*, lógica de *Post*, lógica de *Gödel*, lógica de *Kleene*, lógica de *Bochvar* etc.). Seus estudos estão em fase adiantada. Com efeito, há uma matemática construída nesses sistemas e eles possuem importância filosófica, tratando, por exemplo, da questão dos futuros contingentes;
- teoria dos conjuntos *Rough*;
- lógicas paracompletas (que restringem o princípio do terceiro excluído);
- **lógicas paraconsistentes** (que restringem o princípio da não contradição: sistemas C_n, **lógicas anotadas**, lógicas do paradoxo, lógicas discursivas, lógicas dialéticas, lógicas relevantes, lógicas da ambiguidade inerente, lógicas imaginárias etc.);
- lógicas não aléticas (lógicas que são simultaneamente paracompletas e paraconsistentes);

- lógicas não reflexivas (lógicas que restringem o princípio da identidade);
- lógicas autorreferentes;
- lógicas rotuladas, lógicas livres, lógicas quânticas, entre outros.

Os sistemas não clássicos se mostraram de profundo significado não somente do ponto de vista prático, como, também, teórico, quebrando um paradigma do pensamento humano que vem imperando há mais de dois mil anos.

1.4 A LÓGICA PARACONSISTENTE

A Lógica Paraconsistente teve como precursores o lógico russo N. A. Vasiliev e o lógico polonês J. Lukasiewicz. Ambos, em 1910, independentemente, publicaram trabalhos nos quais tratavam da possibilidade de uma lógica que não eliminasse, *ab initio*, as contradições. Todavia, os trabalhos desses autores, no tocante a paraconsistência, se restringiram à lógica aristotélica tradicional. Somente em 1948 e 1954 que o lógico polonês S. Jaśkowski e o lógico brasileiro Newton C. A. da Costa, respectiva e independentemente, construíram a lógica paraconsistente [11].

Jaśkowski formalizou um cálculo proposicional paraconsistente denominado Cálculo Proposicional Discursivo (ou Discussivo), ao passo que *Da Costa* desenvolveu várias lógicas paraconsistentes contendo todos os níveis lógicos comuns. Também, paralelamente, *D. Nelson*, em 1959, investigou os sistemas construtivos com negação forte relacionados intimamente com as ideias de paraconsistência.

Seja $\mathcal{F}$ o conjunto de todas as sentenças (ou fórmulas) da linguagem $\mathcal{L}$ de um cálculo (ou lógica) C. Seja $\mathcal{T}$ um subconjunto de $\mathcal{F}$. Diz-se que $\mathcal{T}$ é uma teoria (de C), se $\mathcal{T}$ for fechado em relação à noção de consequência sintática de C, ou seja,

$$\mathcal{T} = \{ \mathbf{A}: \mathcal{T} \vdash_C \mathbf{A} \},$$

isto é, $\mathbf{A}$ é consequência sintática de $\mathcal{T}$ se e somente se $\mathbf{A} \in \mathcal{T}$. (Às vezes, diz-se que A é "teorema" de $\mathcal{T}$, dando-se um sentido mais amplo (dedutível de) à palavra teorema).

Neste caso, C é chamado de cálculo ou lógica subjacente à teoria $\mathcal{T}$.

Diz-se que uma teoria $\mathcal{T}$, cuja lógica subjacente é C e cuja linguagem é $\mathcal{L}$, é **inconsistente** se ela contém pelo menos um "teorema" **A** tal que a sua negação ¬A também é "teorema" de $\mathcal{T}$, ou seja, se existir pelo menos uma fórmula **A** de $\mathcal{F}$ tal que **A** e ¬**A** pertençam a $\mathcal{T}$ (são teoremas de $\mathcal{T}$). Em caso contrário, ela se diz **consistente**.

Uma teoria $\mathcal{T}$ se diz **trivial** quando todas as fórmulas de $\mathcal{F}$ são "teoremas" de $\mathcal{T}$, ou seja, $\mathcal{T}$ é trivial se, e somente se, $\mathcal{T} = \mathcal{F}$. Em caso contrário, ela se diz **não trivial**. Uma teoria $\mathcal{T}$ é **paraconsistente** se ela é **inconsistente e não trivial** [33].

Na lógica clássica, a partir de **A** e ¬**A** pode-se demonstrar qualquer fórmula **B.** Portanto, se uma teoria clássica tiver uma contradição, todas as fórmulas da linguagem são teoremas dessa teoria. Isto significa que uma contradição trivializa qualquer teoria clássica.

Uma lógica (ou cálculo) se diz **paraconsistente** se ele puder ser a lógica subjacente de teorias paraconsistentes (inconsistentes, porém não triviais) [32]. Portanto, nas teorias paraconsistentes existem fórmulas **A** tais que, a partir de **A** e ¬**A,** não se pode demonstrar qualquer fórmula **B,** ou seja, sempre existe uma fórmula **B** de $\mathcal{F}$ tal que **B** não é teorema da teoria.

Resumindo, uma teoria $\mathcal{T}$ é inconsistente se existe uma fórmula **A** tal que **A** e ¬**A**, são ambas dedutíveis de $\mathcal{T}$; em caso contrário, $\mathcal{T}$ é consistente. $\mathcal{T}$ diz-se trivial se todas as fórmulas da linguagem pertencem a $\mathcal{T}$, ou seja, se $\mathcal{T} = \mathcal{F}$; em caso contrário, $\mathcal{T}$ é não trivial. $\mathcal{T}$ diz-se **paraconsistente** se é **inconsistente** e **não trivial**.

A lógica paraconsistente (LP) foi edificada para satisfazer as seguintes condições: a) em LP, em geral, não deve ser válido o princípio da não contradição; b) de uma contradição não deve ser possível deduzir toda proposição.

Analogamente, a mesma definição aplica-se a sistemas de proposições, conjunto de informações etc. (levando-se em conta, naturalmente, o conjunto de suas consequências).

Na lógica clássica e em muitas categorias de lógica, a consistência desempenha papel importante. Como se viu anteriormente, na maioria dos sistemas lógicos usuais, se uma teoria $\mathcal{T}$ é trivial, ela é inconsistente e reciprocamente.

Uma lógica C chama-se **paraconsistente** se puder servir de base (se puder ser a lógica subjacente) para teorias inconsistentes, mas não triviais, ou seja, para teorias paraconsistentes.

Uma lógica C chama-se **paracompleta** se ela puder ser a lógica subjacente de teorias nas quais se infringe a lei do terceiro excluído na seguinte forma: de duas proposições contraditórias, uma delas é verdadeira. Portanto, como infringe, nessa lógica pode haver duas fórmulas **A** e ¬**A** ambas não verdadeiras.

De modo preciso, uma lógica se diz paracompleta se nela existirem sistemas não triviais maximais aos quais não pertencem uma dada fórmula e sua negação.

Finalmente, uma lógica C denomina-se **não alética** se for paraconsistente e paracompleta.

Na parte positiva, a axiomática de Da Costa (1993) para a lógica paraconsistente é igual a de Kleene (1952) para a clássica. Portanto, elas diferem nos axiomas da negação. Assim, os itens a), b) e c), correspondentes aos axiomas de A1 a A9, são idênticos aos da clássica e os da negação são os seguintes:

d') Esquemas de axiomas da negação:

A'10) $\mathbf{A} \vee \neg\mathbf{A}$ (princípio do terceiro excluído)

A'11) $\neg\neg\mathbf{A} \rightarrow \mathbf{A}$ (propriedade da dupla negação)

A'12) $\mathbf{B}^{o} \rightarrow ((\mathbf{A} \rightarrow \mathbf{B}) \rightarrow ((\mathbf{A} \rightarrow \neg\mathbf{B}) \rightarrow \neg\mathbf{A}))$ (princípio da redução ao absurdo)

A'13) $\mathbf{A}^{o} \wedge \mathbf{B}^{o} \rightarrow ((\mathbf{A} \rightarrow \mathbf{B})^{o} \wedge (\mathbf{A} \wedge \mathbf{B})^{o} \wedge (\mathbf{A} \vee \mathbf{B})^{o})$

onde $\mathbf{B}^{o} =_{def} \neg(\mathbf{B} \wedge \neg\mathbf{B})$ é denominada de **fórmula bem-comportada**.

Nota: Por A'13, conclui-se que o "bom comportamento" se mantém na implicação, na conjunção e na disjunção, ou seja, fórmulas formadas a partir de fórmulas bem-comportadas também são bem-comportadas.

1.5 LÓGICA PARACONSISTENTE ANOTADA (LPA)

As lógicas paraconsistentes anotadas são uma família de lógicas não clássicas inicialmente empregadas em programação lógica por Subrahmanian [31]. Devido às aplicações obtidas, tornou-se conveniente um estudo dos fundamentos da lógica subjacente das linguagens de programação investigadas. Verificou-se que se tratava de uma lógica paraconsistente e que, em alguns casos, também continham características da lógica paracompleta e não alética.

Os primeiros estudos sobre os fundamentos da LPA foram efetuados por Da Costa, Vago, Subrahmanian, Abe e Akama [1, 8, 9, 30, 31]. Em [1] estudou-se a lógica de predicados, teoria de modelos, teoria anotada de conjuntos e alguns sistemas modais, estabelecendo-se um estudo sistemático dos fundamentos das lógicas anotadas apontadas em trabalhos anteriores. Em particular, foram obtidos metateoremas de completeza forte e fraca para uma subclasse de lógica anotada de primeira ordem, e foi feito um estudo sistemático da teoria anotada de modelos, generalizando a maioria dos resultados padrões para os sistemas anotados.

Outras aplicações dos sistemas anotados foram iniciadas por Abe, por volta de 1993, que, juntamente com seus discípulos, implementou a linguagem de programação paraconsistente (*Paralog*), independentemente dos resultados de Subrahmanian. Tais ideias foram aplicadas na construção de um protótipo e na especificação de uma arquitetura baseada na LPA, que integra vários sistemas computacionais – planejadores, base de dados, sistemas de visão etc. –, na construção de uma célula de manufatura e na representação de conhecimento por *Frames*, permitindo traduzir inconsistências e exceções.

Da Silva Filho, outro discípulo de Abe, interessou-se pela aplicação da LPA em circuitos digitais, obtendo a implementação das portas lógicas *Complement*, *And* e *Or*. Tais circuitos permitem sinais "conflitantes" implementados em sua estrutura de modo não trivial. Acreditamos que a contribuição dos circuitos elétricos paraconsistentes seja pioneira na área dos circuitos elétricos, abrindo-se novas vias de investigações. Nas pesquisas ainda sobre *hardware*, foi a edificação do analisador lógico – para-analisador – que permite tratar conceitos de incerteza, inconsistência e paracompleteza. Também foram construídos controladores lógicos baseados nas lógicas anotadas – *Paracontrol*, simuladores lógicos – *Parasim*, tratamento de sinais – *Parassônico*.

Como materialização dos conceitos discutidos construiu-se o primeiro robô paraconsistente com o *hardware* paraconsistente: o robô *Emmy*. Outro robô paraconsistente, construído com o *software* baseado na LPA, denominou-se *Sofya*; e muitos outros protótipos subsequentes foram construídos: Amanda, Hephaestus etc.

Os sistemas anotados também abarcam aspectos dos conceitos envolvidos em raciocínio não monotônico, *defesiable*, *default* e deôntico.

Versões de lógicas anotadas também envolvem muitos aspectos das lógicas *fuzzy*. Isto pode ser visto sob vários ângulos. A teoria anotada de conjuntos engloba *in totum* a teoria de conjuntos *fuzzy* [1]. Versões axiomatizadas da teoria *fuzzy* foram obtidas. Foi erigido o controlador híbrido *parafuzzy* que une características das lógicas anotadas e fuzzy. Finalmente, aspectos algébricos também foram investigados por Abe e outras algebrizações interessantes têm sido estudadas por vários autores.

1.6 RETICULADO ASSOCIADO À LÓGICA PARACONSISTENTE ANOTADA

É sobejamente conhecida a importância da teoria da linguagem para a investigação de problemas em ciência. Assim, uma boa solução para uma indagação pode muitas vezes depender profundamente da escolha ou da descoberta de uma linguagem conveniente para representar os conceitos envolvidos, bem como fazer inferências sensatas até que se chegue a soluções satisfatórias.

No tocante às aplicações, observando-se atentamente um conjunto de informações obtidas sobre certo tema, pode-se notar que tal conjunto encerra informações contraditórias que geram dificuldades para descrição de conceitos vagos, como já discutimos na introdução. No caso da contradição, normalmente elas são removidas de modo artificial para não contaminar o conjunto de dados, ou sofrem um tratamento à parte, com dispositivos extralógicos.

Entretanto, a contradição, na maioria das vezes, contém informação decisiva, pois trata-se do encontro de duas vertentes de valores-verdade opostos. Logo, negligenciá-la é proceder de forma anacrônica. Por conseguinte, deve-se buscar linguagens que possam conviver com tais contradições, sem atrapalhar as demais informações. Quanto ao conceito de incerteza, deve-se pensar em uma linguagem que possa capturar e cercar o 'máximo' de 'informações' do conceito. Para se obter uma linguagem que possa ter essas características, propõe-se o procedimento descrito a seguir.

Nosso intuito é o de se acolher os conceitos de incerteza, inconsistência e paracompleteza em sua estrutura linguística e raciocinar (mecanicamente) na presença deles, com a esperança de que, com esse desenho, a linguagem permita atingir, capturar e refletir melhor as nuances da realidade de maneira diferente das tradicionais. Assim, pretende-se estar equipado com uma linguagem e uma estrutura dedutiva adequada para uma compreensão de problemas sob ângulos diferentes e, quiçá, desse modo possa gerar soluções inovadoras. Para essa tarefa, serão considerados os conceitos de inconsistência e paracompleteza. A eles juntar-se-ão as noções de verdade e de falsidade. Desse modo, serão considerados quatro objetos, que serão chamados genericamente de constantes de anotação.

⊤ – chamado de inconsistente;   ⊥ – chamado de paracompleto;
V – chamado de verdadeiro;   F – chamado de falso.

No conjunto de objetos $\tau = \{\top, V, F, \bot\}$ será definida uma estrutura matemática: um **reticulado** com operador $\tau = <|\tau|, \leq^*, \sim>$ caracterizado pelo seguinte diagrama de Hasse:

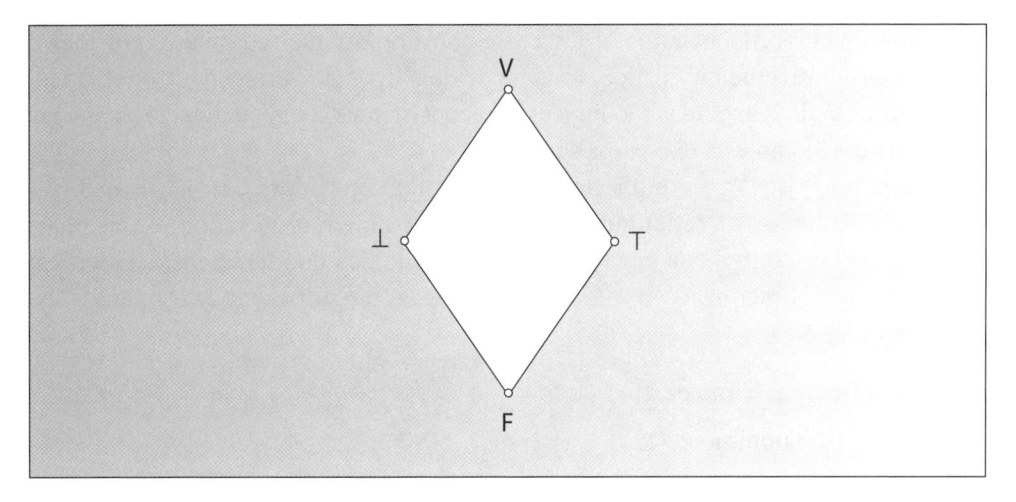

FIGURA 1.1   Reticulado 'quatro'.

O operador $\sim:|\tau| \rightarrow |\tau|$ define-se assim:

- $\sim\top = \top$ (a 'negação' de uma proposição inconsistente é inconsistente);

- $\sim V = F$ (a 'negação' de uma proposição 'verdadeira' é 'falsa');

- $\sim F = V$ (a 'negação' de uma proposição 'falsa' é 'verdadeira');

- $\sim\bot = \bot$ (a 'negação' de uma proposição 'paracompleta' é 'paracompleta').

O operador $\sim$ fará o 'papel' do conectivo da negação da LPA, como se verá adiante.

As proposições da LPA são do tipo $\mathbf{p}_\mu$, onde $\mathbf{p}$ é uma proposição no sentido comum e μ é uma constante de anotação.

Entre várias leituras intuitivas, $\mathbf{p}_\mu$ pode ser lida: 'creio na proposição $\mathbf{p}$ com grau até μ' ou 'a evidência favorável expressa pela proposição é no máximo μ'.

Suponha-se que se tenha a proposição $\mathbf{p}$: 'a frente do robô está livre' e que haja informações que remetem a duas situações:

1. 'a frente do robô está livre' (que pode ser expressa na LPA por $\mathbf{p}_V$);

2. 'a frente do robô não está livre'(que pode ser expressa na LPA por $\mathbf{p}_F$).

Em um sistema baseado na LPA, tal situação pode ser representada por $\mathbf{p}_\top$: 'a frente do robô está livre' constitui um estado inconsistente.

1.7 AXIOMATIZAÇÃO DA LÓGICA PARACONSISTENTE ANOTADA Qτ

Nesta seção, será apresentada uma axiomatização das lógicas anotadas, estendendo a discussão anterior, considerando-se agora um reticulado arbitrário. A referência para este texto é [1]. Tecnicamente, tal lógica se constitui no que se conhece por lógica bissortida (intuitivamente falando, trata-se de dois tipos de variáveis). Convém ressaltar que as lógicas anotadas são lógicas paraconsistentes e, em geral, paracompletas e não aléticas, como está exposto a seguir.

Seja $\tau = < |\tau|, \leq^*, \sim>$ um reticulado finito com operador de negação fixo. Tal reticulado denomina-se **reticulado de valores-verdade** e o operador $\sim$ constitui o "significado" do símbolo de negação $\neg$ do sistema lógico que será considerado. Sua linguagem será simbolizada por $\mathcal{L}\tau$. Associados ao reticulado τ, tem-se, ainda, os seguintes símbolos:

- $\top$ indica o máximo de τ;

- $\bot$ indica o mínimo de τ;

- sup indica a operação de supremo – com respeito a subconjuntos de τ;

- inf indica a operação de ínfimo – com respeito a subconjuntos de τ.

A linguagem $\mathcal{L}\tau$ possui os seguintes símbolos primitivos:

1. Variáveis individuais: um conjunto enumerável de variáveis individuais;
   $\mathbf{p}, \mathbf{p}_0, \mathbf{p}_1, ..., \mathbf{q}, \mathbf{q}_0, \mathbf{q}_1, ..., \mathbf{r}, \mathbf{r}_0, \mathbf{r}_1, ...;$
   $\mathbf{A}, \mathbf{A}_0, \mathbf{A}_1, ..., \mathbf{B}, \mathbf{B}_0, \mathbf{B}_1, ..., \mathbf{C}, \mathbf{C}_0, \mathbf{C}_1, ...;$

2. Para cada n, símbolos funcionais n-ários; Os símbolos funcionais 0-ários chamam-se, também, constantes individuais;

3. Para cada n, símbolos de predicados n-ários;

4. O símbolo de igualdade = ;

5. Constantes de anotação (membros de τ): $\mu, \lambda, ...;$

6. Os símbolos $\neg, \wedge, \vee, \rightarrow, \exists$ e $\forall$ dos conectivos e dos quantificadores;

7. Símbolos auxiliares: parênteses e vírgula:), (e ,.

Os termos da linguagem $\mathcal{L}\tau$ são definidos de maneira usual. Utiliza-se $\mathbf{a}, \mathbf{b}, \mathbf{c}$ e $\mathbf{d}$ – com ou sem índices – como metavariáveis para os termos.

Definição 1. [Fórmula] Uma **fórmula básica** é uma expressão do tipo $\mathbf{p}(a_1, \ldots, a_n)$, onde $\mathbf{p}$ é um símbolo predicativo n-ário e $a_1, \ldots, a_n$ são termos de $\mathcal{L}\tau$. Se $\mathbf{p}(a_1, \ldots, a_n)$ é uma fórmula básica e $\mu \in \tau$ é uma constante de anotação, então $\mathbf{p}_\mu(a_1, \ldots, a_n)$ e $\mathbf{a} = \mathbf{b}$, onde $\mathbf{a}$ e $\mathbf{b}$ são termos, chamam-se **fórmulas atômicas**.

As fórmulas têm a seguinte definição indutiva generalizada:

1. Uma fórmula atômica é uma fórmula.

2. Se $\mathbf{A}$ é uma fórmula, então $\neg\mathbf{A}$ é uma fórmula.

3. Se $\mathbf{A}$ e $\mathbf{B}$ são fórmulas, então $\mathbf{A} \wedge \mathbf{B}$, $\mathbf{A} \vee \mathbf{B}$ e $\mathbf{A} \to \mathbf{B}$ são fórmulas.

4. Se $\mathbf{A}$ é uma fórmula e x é uma variável individual, então $(\exists x)\mathbf{A}$ e $(\forall x)\mathbf{A}$ são fórmulas.

5. Uma expressão de $\mathcal{L}\tau$ constitui uma fórmula se, e somente se, for obtida aplicando-se uma das regras de 1 a 4 anteriores (cláusula maximal).

A fórmula $\neg\mathbf{A}$ é lida "*a negação* – ou *negação fraca* – *de* $\mathbf{A}$"; $\mathbf{A} \wedge \mathbf{B}$, "*a conjunção de* $\mathbf{A}$ *e* $\mathbf{B}$"; $\mathbf{A} \vee \mathbf{B}$, "*disjunção de* $\mathbf{A}$ *e* $\mathbf{B}$"; $\mathbf{A} \to \mathbf{B}$, "*a implicação de* $\mathbf{B}$ *por* $\mathbf{A}$"; $(\exists x)\mathbf{A}$, "*a instanciação de* $\mathbf{A}$ *por* x"; e $(\forall x)\mathbf{A}$, "*a generalização de* $\mathbf{A}$ *por* x".

A seguir são introduzidos alguns símbolos, por definição:

Definição 2. [Equivalência e Negação Forte] Sejam $\mathbf{A}$ e $\mathbf{B}$ fórmulas quaisquer de $\mathcal{L}\tau$. Define-se, então:

$$\mathbf{A} \leftrightarrow \mathbf{B} =_{\mathrm{def}} (\mathbf{A} \to \mathbf{B}) \wedge (\mathbf{B} \to \mathbf{A}) \text{ e } \neg^* \mathbf{A} =_{\mathrm{def}} \mathbf{A} \to ((\mathbf{A} \to \mathbf{A}) \wedge \neg(\mathbf{A} \to \mathbf{A})).$$

O símbolo $\neg^*$ denomina-se **negação forte;** portanto, $\neg^*\mathbf{A}$ deve ser lido a negação forte de $\mathbf{A}$. A fórmula $\mathbf{A} \leftrightarrow \mathbf{B}$ é lida, como usualmente, a *equivalência de* $\mathbf{A}$ e $\mathbf{B}$.

Definição 3. Seja $\mathbf{A}$ uma fórmula. Então:

$\neg^0\mathbf{A}$ indica $\mathbf{A}$; $\neg^1\mathbf{A}$ indica $\neg\mathbf{A}$ e $\neg^k\mathbf{A}$ indica $\neg(\neg^{k-1}\mathbf{A})$, $(k \in \mathrm{N}, k > 0)$.

Também, se $\mu \in |\tau|$, convenciona-se que:

$\sim^0\mu$ indica μ; $\sim^1\mu$ indica $\sim\mu$ e $\sim^k\mu$ indica $\sim(\sim^{k-1}\mu)$, $(k \in \mathrm{N}, k > 0)$.

Definição 4. [Literal] Seja $\mathbf{p}_\mu(a_1, \ldots, a_n)$, uma fórmula atômica. Qualquer fórmula do tipo $\neg^k\mathbf{p}_\mu(a_1, \ldots, a_n)$ $(k \geq 0)$ denomina-se uma **fórmula hiperliteral** ou, simplesmente, **literal**. As demais fórmulas denominam-se **fórmulas complexas**.

Descreve-se, agora, uma semântica para as linguagens $\mathcal{L}\tau$.

Definição 5. [Estrutura] Uma **estrutura** $\mathcal{E}$ para uma linguagem $\mathcal{L}\tau$ consiste dos seguintes objetos:

1. Um conjunto não vazio $|\mathcal{E}|$ denominado o **universo** de $\mathcal{E}$. Os elementos de $|\mathcal{E}|$ chamam-se **indivíduos** de $\mathcal{E}$.

2. Para cada símbolo funcional n-ário f de $\mathcal{L}\tau$, uma operação n-ária f_E de $|\mathcal{E}|$ em $|\mathcal{E}|$ – em particular, para cada constante individual e de $\mathcal{L}\tau$, e_E é um indivíduo de $\mathcal{E}$.

3. Para cada símbolo predicativo $\mathbf{p}$ de peso n de $\mathcal{L}\tau$, uma função $\mathbf{p}_E$: $|\mathcal{E}|^n \to |\tau|$.

Seja $\mathcal{E}$ uma estrutura para $\mathcal{L}\tau$. A linguagem-diagrama $\mathcal{L}\tau(\mathcal{E})$ é obtida de modo habitual. Dado um termo livre de variável $\mathbf{a}$ de $\mathcal{L}\tau(\mathcal{E})$, define-se, também, de modo comum, o indivíduo $\mathcal{E}(\mathbf{a})$ de $\mathcal{E}$. Utilizam-se i e j como metavariáveis para denotar nomes.

Define-se, agora, o valor verdade $\mathcal{E}(\mathbf{A})$ da fórmula fechada $\mathbf{A}$ de $\mathcal{L}\tau(\mathcal{E})$. A definição é obtida por indução sobre o comprimento de $\mathbf{A}$. Por abuso de linguagem, utilizam-se os mesmos símbolos para metavariáveis de termos da linguagem-diagrama.

Definição 6. Seja $\mathbf{A}$ uma fórmula fechada e $\mathcal{E}$ uma interpretação para $\mathcal{L}\tau$.

1. Se $\mathbf{A}$ é atômica da forma $\mathbf{p}_\mu(a_1, \ldots, a_n)$, então:

   $\mathcal{E}(\mathbf{A}) = 1$ se, e somente se, $\mathbf{p}_E(\mathcal{E}(a_1), \ldots, \mathcal{E}(a_n)) \geq \mu$;

   $\mathcal{E}(\mathbf{A}) = 0$ se, e somente se, não é o caso que $\mathbf{p}_E(\mathcal{E}(a_1), \ldots, \mathcal{E}(a_n)) \geq \mu$.

2. Se $\mathbf{A}$ é atômica da forma $\mathbf{a} = \mathbf{b}$, então:

   $\mathcal{E}(\mathbf{A}) = 1$ se, e somente se, $\mathcal{E}(\mathbf{a}) = \mathcal{E}(\mathbf{b})$;

   $\mathcal{E}(\mathbf{A}) = 0$ se, e somente se, $\mathcal{E}(\mathbf{a}) \neq \mathcal{E}(\mathbf{b})$.

3. Se $\mathbf{A}$ é da forma $\neg^k(\mathbf{p}_\mu(a_1, \ldots, a_n))$ $(k \geq 1)$, então:

   $\mathcal{E}(\mathbf{A}) = \mathcal{E}(\neg^{k-1}(\mathbf{p}_{\sim\mu}(a_1, \ldots, a_n)))$.

4. Sejam $\mathbf{A}$ e $\mathbf{B}$ fórmulas fechadas quaisquer, então:

   $\mathcal{E}(\mathbf{A} \wedge \mathbf{B}) = 1$ se, e somente se, $\mathcal{E}(\mathbf{A}) = \mathcal{E}(\mathbf{B}) = 1$;

   $\mathcal{E}(\mathbf{A} \vee \mathbf{B}) = 1$ se, e somente se, $\mathcal{E}(\mathbf{A}) = 1$ ou $\mathcal{E}(\mathbf{B}) = 1$;

   $\mathcal{E}(\mathbf{A} \to \mathbf{B}) = 1$ se, e somente se, $\mathcal{E}(\mathbf{A}) = 0$ ou $\mathcal{E}(\mathbf{B}) = 1$.

5. Se $\mathbf{A}$ é uma fórmula fechada complexa, então:

   $\mathcal{E}(\neg\mathbf{A}) = 1 - \mathcal{E}(\mathbf{A})$.

6. Se $\mathbf{A}$ é da forma $(\exists x)\mathbf{B}$, então:

   $\mathcal{E}(\mathbf{A}) = 1$ se, e somente se, $\mathcal{E}(\mathbf{B}_X[i]) = 1$ para algum i em $\mathcal{L}\tau(\mathcal{E})$.

7. Se $\mathbf{A}$ é da forma $(\forall x)\mathbf{B}$, então:

   $\mathcal{E}(\mathbf{A}) = 1$ se, e somente se, $\mathcal{E}(\mathbf{B}_X[i]) = 1$ para todo i em $\mathcal{L}\tau(\mathcal{E})$.

Teorema 1. Sejam $\mathbf{A}, \mathbf{B}, \mathbf{C}$ fórmulas quaisquer de $\mathbf{Q}\tau$. Os conectivos $\to, \wedge, \vee$, $\neg^*$, juntos com os quantificadores $\forall$ e $\exists$, possuem todas as propriedades da implicação, disjunção, conjunção e negação clássicas, bem como dos quantificadores $\forall$ e $\exists$ clássicos, respectivamente. Por exemplo, tem-se que:

1. $\vdash \neg^*\exists x\mathbf{B} \vee \mathbf{C} \leftrightarrow \exists x (\mathbf{B} \vee \mathbf{C})$;

2. $\vdash \neg^* \exists x \mathbf{B} \lor \exists x \ \mathbf{C} \leftrightarrow \exists x \ (\mathbf{B} \lor \mathbf{C})$;

3. $\vdash \neg^* \forall x \mathbf{A} \leftrightarrow \neg^* \exists x \ \neg^* \mathbf{A}$;

4. $\vdash \neg^* \exists x \mathbf{A} \leftrightarrow \neg^* \forall x \ \neg^* \mathbf{A}$.

O sistema de postulados – esquemas de axiomas e regras de inferência – para $\mathbf{Q}\tau$, que é apresentado a seguir, será denominado de $\mathbf{A}\tau$.

Na parte positiva, a axiomática da LPA é igual a da clássica (itens a), b) e c)) acrescida da Lei de Peirce (item A"13). Os axiomas da negação são A"10, A"11 e A"12, a seguir [30], [37]:

d") Esquemas de axiomas da negação

Sendo **A, B, C** fórmulas quaisquer, **F** e **G** fórmulas complexas, **p** uma variável proposicional e μ, μ_j, $1 \leq j \leq n$, constantes de anotação, x, x_1, ..., x_n, y_1, ..., y_n variáveis individuais, tem-se:

A"10) $\mathbf{F} \lor \neg \ \mathbf{F}$

A"11) $\mathbf{F} \to (\neg \mathbf{F} \to \mathbf{A})$

A"12) $(\mathbf{F} \to \mathbf{G}) \to ((\mathbf{F} \to \neg \ \mathbf{G}) \to \neg \ \mathbf{F})$

A"13) $((\mathbf{A} \to \mathbf{B}) \to \mathbf{A}) \to \mathbf{A}$ (Lei de Peirce)

e") Esquemas de axiomas e regras de inferência da quantificação:

A"14) $\forall x \mathbf{A}(x) \to \mathbf{A}(c)$

A"15) $$\frac{\mathbf{A} \to \mathbf{B}(x)}{\mathbf{A} \to \forall x \mathbf{B}(x)}$$

A"16) $\mathbf{A}(c) \to \exists x \mathbf{A}(x)$

A"17) $$\frac{\mathbf{A}(x) \to \mathbf{B}}{\exists x \mathbf{A}(x) \to \mathbf{B}}$$

f") Esquemas de axiomas específicos da LPA:

A"18) $\mathbf{p}_\perp$

A"19) $(\neg^k \mathbf{p}_\mu) \leftrightarrow (\neg^{k-1} \mathbf{p}_{-\mu}) \ k \geq 1$

A"20) $\mathbf{p}_\mu \to \mathbf{p}_\lambda$, onde $\mu \geq \lambda$

A"21) $\mathbf{p}_{\mu_1} \land \mathbf{p}_{\mu_2} \land ... \land \mathbf{p}_{\mu_n} \to \mathbf{p}_\mu$,
onde $\mu = \sup \mu_j$, $j = 1, 2, ... , n$

A"22) $x = x$

A"23) $x_1 = y_1 \to ... \to x_n = y_n \to \mathbf{f}(x_1,...,x_n) = \mathbf{f}(y_1, ..., y_n)$

A"24) $x_1 = y_1 \to ... \to x_n = y_n \to \mathbf{p}_\mu(x_1,...,x_n) = \mathbf{p}_\mu(y_1, ..., y_n)$
com as restrições usuais.

Teorema 2. $\mathbf{Q}\tau$ é paraconsistente se, e somente se, $\#\tau \geq 2^1$. ($\#\tau$ = cardinalidade de τ).

---

[1]   O símbolo # indica o número cardinal de τ.

Teorema 3. Se $Q\tau$ é paracompleto, então $\#\tau \geq 2$. Se $\#\tau \geq 2$, existem sistemas $Q\tau$ que são paracompletos e existem $Q\tau$ que não são paracompletos.

Teorema 4. Se $Q\tau$ é não alética, então $\#\tau \geq 2$. Se $\#\tau \geq 2$, existem sistemas $Q\tau$ que são não aléticos e sistemas $Q\tau$ que não são não aléticos.

Por conseguinte, vê-se que os sistemas $Q\tau$ são em geral paraconsistentes, paracompletos e não aléticos.

Teorema 5. O cálculo $Q\tau$ é não trivial.

Em [1] foram demonstrados teoremas de correção e de completude para os cálculos $Q\tau$ quando o reticulado for finito[2]. Além disso, J.M. Abe mostrou como a teoria padrão de modelos pode ser estendida para as lógicas anotadas de 1ª ordem. Nesta mesma referência evidencia-se que a teoria anotada dos conjuntos é extraordinariamente forte, envolvendo, como caso particular, a teoria dos conjuntos difusos – *fuzzy sets.*

Em consequência, a Matemática Anotada, que envolve a Matemática *Fuzzy*, afigura-se da mais alta relevância; basta lembrar as aplicações feitas em Ciência da Computação e o significado do ponto de vista das aplicações das lógicas e matemáticas *fuzzy*.

A lógica paraconsistente anotada, ainda muito jovem, descoberta no entardecer do século passado, é uma das grandes conquistas no campo das lógicas não clássicas nos últimos tempos. A sua composição, como lógica bissortida, na qual uma das variáveis possui uma estrutura matemática, produziu resultados incríveis com respeito a computabilidade e implementações eletrônicas. Constitui uma nova lógica alternativa, extremamente interessante, capaz de manipular conceitos como os de incerteza, inconsistência e paracompleteza em seu interior, com implementações computacional e eletrônica bastante naturais.

Acreditamos que a LPA tenha horizontes muito amplos, com potencial enorme de aplicação e também como fundamento para elucidar o denominador comum de muitas lógicas não clássicas. Quiçá, um dia venha mesmo a rivalizar com a lógica *fuzzy* no tocante às aplicações.

---

[2] Quando o reticulado for infinito, devido ao esquema (τ_4) caímos numa lógica infinitária, que resta ainda por ser investigada.

CAPÍTULO 2

A LÓGICA PARACONSISTENTE ANOTADA EVIDENCIAL Eτ

Neste capítulo detalha-se o embasamento teórico necessário para o modelo proposto (ao qual se fará referência algumas vezes como "modelo paraconsistente") para as investigações, bem como para as aplicações apresentadas nesta obra.

2.1 ASPECTOS GERAIS

Apresenta-se a Lógica Paraconsistente Anotada Evidencial Eτ, que é a base teórica para o modelo a ser discutido. Tal escolha se deve ao fato de essa lógica permitir, como já se mencionou, manipular dados imprecisos, inconsistentes e paracompletos.

Na lógica Eτ associa-se a cada proposição **p**, no sentido comum, uma constante de anotação constituída de um par (*a*; *b*), representando da seguinte forma: $\mathbf{p}_{(a; b)}$. *a* e *b* variam no intervalo fechado real [0, 1]. Portanto, o par (*a*; *b*) pertence ao produto cartesiano [0, 1] × [0, 1]. Intuitivamente, *a* representa o grau de evidência favorável (ou grau de crença) expresso em **p**, e *b*, o grau de evidência contrária (ou grau de descrença) expresso em **p**. O par (*a*; *b*) é chamado de constante de anotação ou, simplesmente, anotação e pode ser representado por μ. Assim, escreve-se: μ = (*a*; *b*). As proposições atômicas da lógica Eτ são do tipo $\mathbf{p}_\mu$ ou $\mathbf{p}_{(a; b)}$.

Desse modo, podem ser destacadas algumas situações extremas, que correspondem aos chamados estados extremos (ou cardeais).

$\mathbf{p}_{(1; 0)}$ representa evidência favorável máxima e nenhuma evidência contrária em **p**; diz-se que a proposição **p** é **verdadeira (V)** e que o par (1; 0) traduz o estado de **verdade (V)**.

$\mathbf{p}_{(0; 1)}$ representa nenhuma evidência favorável e evidência contrária máxima em **p**; diz-se que a proposição **p** é **falsa (F)** e que o par (0; 1) traduz o estado de **falsidade (F)**.

$\mathbf{p}_{(1; 1)}$ representa evidência favorável máxima e evidência contrária máxima em **p**; diz-se que a proposição **p** é **inconsistente (⊤)** e que o par (1; 1) traduz o estado de **inconsistência (⊤)**.

$p_{(0;0)}$ representa nenhuma evidência favorável e nenhuma evidência contrária em **p**; diz-se que a proposição **p** é **paracompleta ($\perp$)** e que o par $(0; 0)$ traduz o estado de **paracompleteza ($\perp$)**.

$p_{(0,5;0,5)}$ pode ser lida como uma proposição indefinida (evidência favorável e evidência contrária iguais a 0,5).

Note-se que o conceito paracompleto é o dual do conceito de inconsistência.

Exemplo 1. Seja a proposição **p** $\equiv$ "A Rua Macieira é adequada para a instalação do novo empreendimento". Tem-se então:

$p_{(1,0;0,0)}$ pode ser lida como "A Rua Macieira é adequada para a instalação do novo empreendimento", com evidência favorável total e evidência contrária nula. Intuitivamente, trata-se de uma proposição verdadeira.

$p_{(0,0;1,0)}$ pode ser lida como "A Rua Macieira é adequada para a instalação do novo empreendimento", com evidência favorável nula e evidência contrária total. Intuitivamente, trata-se de uma proposição falsa.

$p_{(1,0;1,0)}$ pode ser lida como "A Rua Macieira é adequada para a instalação do novo empreendimento", com evidência favorável total e evidência contrária também total. Intuitivamente, trata-se de uma proposição contraditória.

$p_{(0,0;0,0)}$ pode ser lida como "A Rua Macieira é adequada para a instalação do novo empreendimento", com evidência favorável nula e evidência contrária também nula. Intuitivamente, trata-se de uma proposição paracompleta.

$p_{(0,5;0,5)}$ pode ser lida como "A Rua Macieira é adequada para a instalação do novo empreendimento", com evidência favorável igual a 0,5 e com evidência contrária também igual a 0,5. Intuitivamente, tem-se aí uma indefinição.

Embasados nos estados extremos (ou cardeais), e pelo uso das propriedades dos números reais, cuidadosamente, será construída uma estrutura matemática com o fito de materializar as ideias de como se quer manipular mecanicamente o conceito de incerteza, contradição e de paracompleteza, entre outros. Tal mecanismo ambarcará, naturalmente, de algum modo, os estados verdadeiro e falso tratados dentro do escopo da lógica clássica, com todas as suas consequências.

Exemplo 2. Seja a proposição **p** $\equiv$ "O aluno passou no exame". Tem-se então:

Se for anotada com $(1,0; 0,0)$, a leitura intuitiva será "O aluno passou no exame", com evidência favorável total (= há uma evidência total que o aluno passou no exame).

Se for anotada com $(0,0; 1,0)$, a leitura intuitiva será "O aluno passou no exame", com evidência contrária total (= há uma evidência total que o aluno foi reprovado no exame).

Se for anotada com $(1,0; 1,0)$, a leitura intuitiva será "O aluno passou no exame", com evidência totalmente inconsistente. Isto pode ocorrer se o aluno não estudou o suficiente e ao mesmo tempo uma pessoa amiga diz tê-lo visto confiante após o exame.

Se for anotada com (0,0; 0,0), a leitura intuitiva será "O aluno passou no exame", com ausência total de evidência, nem favorável, nem contrária.

Exemplo 3. Sejam **p** a proposição "A canção mais popular de *Johnny Mathis* é *Misty*" e **q** a proposição "*Johnny Mathis* ficará para a história da música popular". Então, lê-se a conjunção $\mathbf{p}_{(1,0;\ 0,0)} \wedge \mathbf{q}_{(0,9;\ 0,1)}$ como "A canção mais popular de *Johnny Mathis* é *Misty*", com uma evidência favorável total e nenhuma evidência contrária **e** "*Johnny Mathis* ficará para a história da música popular", com uma evidência favorável de 90% e uma evidência contrária de 10%. Isto equivale a "É certo que a canção mais popular de *Johnny Mathis* é *Misty*", **e** é praticamente certo que ele ficará para a história da música popular.

Exemplo 4. Seja **p** a proposição "A rota do robô é para a direita". Lê-se, então, a implicação $\mathbf{p}_{(0,7;\ 0,6)} \to \mathbf{p}_{(0,5;\ 0,4)}$ como "A rota do robô é para a direita", com uma evidência favorável de 70% e uma evidência contrária de 60% **acarreta** "A rota do robô é para a direita", com uma evidência favorável de 50% e uma evidência contrária de 40%.

Exemplo 5. Seja **p** a proposição "O paciente está acometido de gripe". Então, lê-se a equivalência $\mathbf{p}_{(0,7;\ 0,2)} \leftrightarrow \neg\ \mathbf{p}_{(0,2;\ 0,7)}$ como "O paciente está acometido de gripe", com uma evidência favorável de 70% e uma evidência contrária de 20% que equivale a se dizer que **não é o caso** que "O paciente está acometido de gripe", com uma evidência favorável de 20% e uma evidência contrária de 70% ou "O paciente **não** está acometido de gripe", com uma evidência favorável de 20% e uma evidência contrária de 70%.

2.2 O RETICULADO DAS CONSTANTES DE ANOTAÇÕES

Seja $|\tau| = [0, 1] \times [0, 1]$, ou seja, $|\tau|$ é o produto cartesiano do intervalo fechado unitário real $[0, 1]$ por ele mesmo, que também pode ser representado por $[0, 1]^2$. No conjunto $|\tau| \times |\tau|$ define-se uma relação de ordem total $\leq^*$ da seguinte forma:

$$((a_1; b_1), (a_2; b_2)) \in \leq^* \quad \text{ou} \quad (a_1; b_1) \leq^* (a_2; b_2) \Leftrightarrow a_1 \leq a_2 \quad \text{e} \quad b_2 \leq b_1$$

sendo $\leq$ a relação de ordem usual dos números reais.

A estrutura $\tau = <|\tau|, \leq^*>$ é um reticulado fixo, chamado **reticulado τ das anotações**. O par $(0; 0)$ é representado por $\perp$; o par $(1; 1)$ é representado por $\top$. Uma representação deste reticulado pode ser feita pelo chamado diagrama de Hasse generalizado (Figura 2.1).

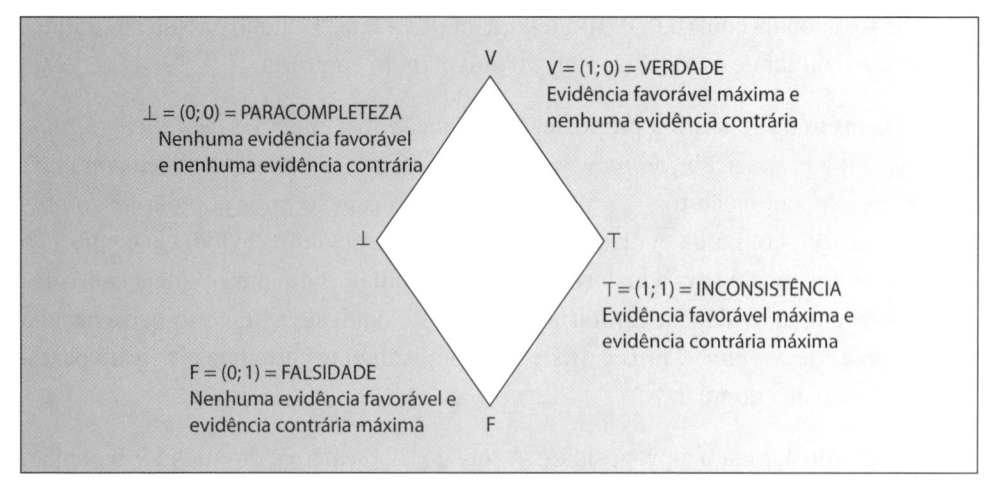

FIGURA 2.1 Representação do reticulado τ das anotações pelo diagrama de Hasse generalizado.

Exemplos:

a) $(0,6; 0,4) \leq^* (0,8; 0,3)$; b) $(0,5; 0,5) \leq^* (0,7; 0,5)$;

c) $(0,8; 0,6) \leq^* (0,8; 0,5)$; d) $(0,8; 0,8) \leq^* (0,8; 0,8)$;

e) $(a; b) \leq^* (1,0; 0,0)$ para quaisquer $0 \leq a, b \leq 1$;

f) $(0,0; 1,0) \leq^* (a; b)$ para quaisquer $0 \leq a, b \leq 1$.

De e) e f) obtemos $(0,0; 1,0) \leq^* (a; b) \leq^* (1,0; 0,0)$ para quaisquer $0 \leq a, b \leq 1$.

Contraexemplos:

a) é falso que $(0,9; 0,7) \leq^* (0,8; 0,6)$; b) é falso que $(0,4; 0,6) \leq^* (0,8; 0,7)$;

c) é falso que $(0,9; 0,4) \leq^* (0,8; 0,6)$.

Propriedades:

a) $\forall a, b \in \tau, (a; b) \leq^* (a; b)$ (reflexividade);

b) $\forall\, a_1, b_1, a_2, b_2 \in \tau, (a_1; b_1) \leq^* (a_2; b_2)$ e $(a_2; b_2) \leq^* (a_1; b_1)$ implicam $(a_1; b_1) = (a_2; b_2)$ (antissimetria);

c) $\forall\, a_1, b_1, a_2, b_2, a_3, b_3 \in \tau, (a_1; b_1) \leq^* (a_2; b_2)$ e $(a_2; b_2) \leq^* (a_3; b_3)$ implicam $(a_1; b_1) \leq^* (a_3; b_3)$ (transitividade);

As propriedades a), b) e c) permitem dizer que $\leq^*$ é uma relação de ordem em $|\tau| \times |\tau|$.

d) $\forall\, a_1, b_1, a_2, b_2 \in \tau$, existe o supremo de $\{(a_1; b_1); (a_2; b_2)\}$ indicado por
sup $\{(a_1; b_1), (a_2; b_2)\} = (\text{máx}\{a_1, a_2\}; \text{mín}\{b_1, b_2\})$;

e) $\forall\, a_1, b_1, a_2, b_2 \in \tau$, existe o ínfimo de $\{(a_1; b_1); (a_2; b_2)\}$ indicado por
inf $\{(a_1; b_1), (a_2; b_2)\} = (\text{mín}\{a_1, a_2\}; \text{máx}\{b_1, b_2\})$;

f) $\forall\, a, b \in \tau; (0; 1) \leq^* (a; b) \leq^* (1; 0)$. Portanto, inf $\tau = (0; 1)$ e sup $\tau = (1; 0)$.

As propriedades anteriores (de a) a f)) permitem dizer que o conjunto $[0,1]^2$ com a ordem $\leq^*$ constitui um reticulado.

Exercício. Verifique cada uma das propriedades acima.

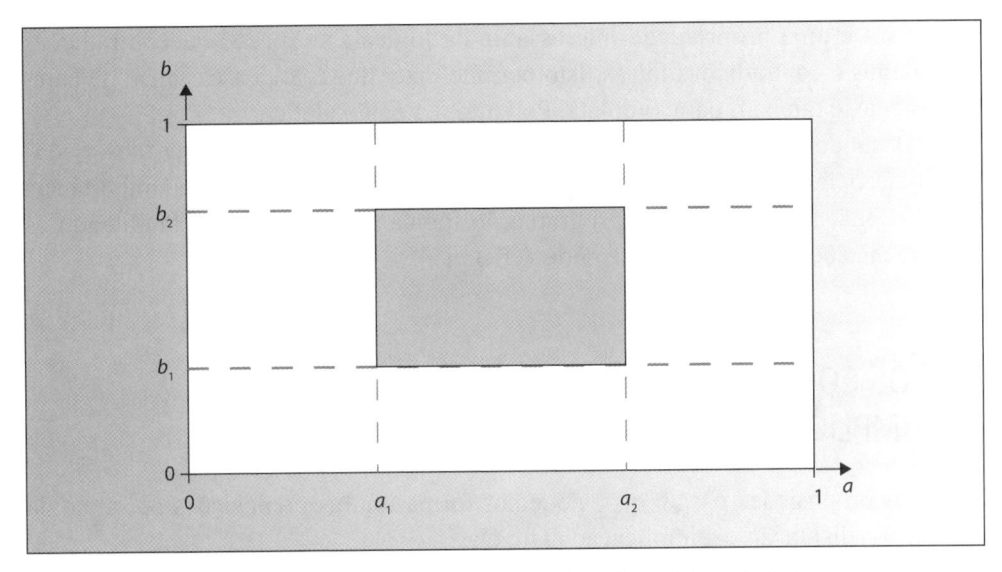

FIGURA 2.2   Interpretação da relação de ordem ≤* do reticulado τ.

Interpretação gráfica:

Com relação à Figura 2.2, tem-se que todas as constantes de anotação $(a; b)$ da região sombreada, incluindo os bordos, são tais que $(a; b) \leq^* (a_2; b_1)$ e, também, $(a_1; b_2) \leq^*$ $(a; b)$. Somente para $(a_2; b_1)$ e $(a_1; b_2)$ essas propriedades são válidas com relação às anotações $(a; b)$ da região sombreada. $(a_2; b_1)$ é o supremo da região sombreada e $(a_1; b_2)$ é o seu ínfimo.

2.3 O CONECTIVO DA NEGAÇÃO

Define-se o operador $\sim : |\tau| \rightarrow |\tau|$, conforme [37], da seguinte maneira:
$\sim(a; b) = (b; a)$. Ele tem o "significado" da negação lógica de Eτ.

Com relação a este operador, é oportuno o comentário seguinte. Imagine a sentença a seguir: "A equipe do Brasil será a campeã olímpica", com evidência favorável de 0,9 (ou grau de crença = 0,9) e com evidência contrária de 0,2 (ou grau de descrença = 0,2). Sua negação é "A equipe do Brasil será a campeã olímpica", com evidência favorável de 0,2 (ou grau de crença = 0,2) e com evidência contrária de 0,9 (ou grau de descrença = 0,9). Portanto,

$$\neg \mathbf{P}_{(0,9; 0,2)} \leftrightarrow \mathbf{P}_{(0,2; 0,9)} \leftrightarrow \mathbf{P}_{(\sim (0,9; 0,2))} \quad \text{ou, generalizando,} \quad \neg \mathbf{P}_{(a; b)} \leftrightarrow \mathbf{P}_{(b; a)} \leftrightarrow \mathbf{P}_{(\sim(a; b))}.$$

Note que $\neg \mathbf{P}_{(0,5; 0,5)} \leftrightarrow \mathbf{P}_{(0,5; 0,5)}$, ou seja, $\mathbf{P}_{(0,5; 0,5)}$ é equivalente a sua negação $\neg \mathbf{P}_{(0,5; 0,5)}$. Portanto, se $\mathbf{P}_{(0,5; 0,5)}$ é verdadeira, sua negação $\neg \mathbf{P}_{(0,5; 0,5)}$ também é verdadeira, ou seja, uma fórmula e sua negação são ambas verdadeiras. Logo, a lógica Eτ intuitivamente aceita contradições, isto é, ela é uma lógica paraconsistente. Analogamente, se $\mathbf{P}_{(0,5; 0,5)}$ for falsa, sua negação $\neg \mathbf{P}_{(0,5; 0,5)}$ também o é, e, portanto, intuitivamente a lógica Eτ é paracompleta.

Essa é uma propriedade interessante da lógica Eτ: apresentar contradições verdadeiras e contradições falsas. Isto permite dizer que a lógica Eτ, além de paraconsistente, é também paracompleta. Portanto, Eτ é não alética.

De modo geral temos $\neg \mathbf{p}_{(a;\ b)} \leftrightarrow \mathbf{p}_{(b;\ a)}$. O fato de a negação lógica ser "absorvida" na anotação, faz com que a lógica Eτ tenha propriedades de fundamental importância e de extrema fecundidade em programação lógica paraconsistente, facilitando as implementações físicas, como se pode ver em [1].

2.4 OS CONECTIVOS DA CONJUNÇÃO, DISJUNÇÃO E IMPLICAÇÃO

Dadas as proposições $\mathbf{p}_{(a;\ b)}$ e $\mathbf{q}_{(c;\ d)}$ podemos formar outras preposições por meio da conjunção, disjunção e a implicação entre elas:

$\mathbf{p}_{(a;\ b)} \wedge \mathbf{q}_{(c;\ d)}$ – leia-se a conjunção de $\mathbf{p}_{(a;\ b)}$ e $\mathbf{q}_{(c;\ d)}$

$\mathbf{p}_{(a;\ b)} \vee \mathbf{q}_{(c;\ d)}$ – leia-se a disjunção de $\mathbf{p}_{(a;\ b)}$ e $\mathbf{q}_{(c;\ d)}$

$\mathbf{p}_{(a;\ b)} \rightarrow \mathbf{q}_{(c;\ d)}$ – leia-se a implicação de $\mathbf{q}_{(c;\ d)}$ por $\mathbf{p}_{(a;\ b)}$

O conectivo da bi-implicação é introduzido de modo habitual:

$\mathbf{p}_{(a;\ b)} \leftrightarrow \mathbf{q}_{(c;\ d)} = (\mathbf{p}_{(a;\ b)} \rightarrow \mathbf{q}_{(c;\ d)}) \wedge (\mathbf{q}_{(c;\ d)} \rightarrow \mathbf{p}_{(a;\ b)})$ – leia-se $\mathbf{p}_{(a;\ b)}$ equivale a $\mathbf{q}_{(c;\ d)}$.

Exemplo: Suponha-se que a proposição $\mathbf{p}_{(0,6;\ 0,4)}$ seja "Amanhã choverá", com evidência favorável de 60% e evidência contrária de 40% e que a proposição $\mathbf{q}_{(0,3;\ 0,6)}$ seja "Esta noite fará frio". com evidência favorável de 30% e evidência contrária de 60%.

A proposição $\mathbf{p}_{(0,6;\ 0,4)} \wedge \mathbf{q}_{(0,3;\ 0,6)}$ deve ser lida como "Amanhã choverá", com evidência favorável de 60% e evidência contrária de 40% **e** "Esta noite fará frio", com evidência favorável de 30% e evidência contrária de 60%.

A proposição $\mathbf{p}_{(0,6;\ 0,4)} \vee \mathbf{q}_{(0,3;\ 0,6)}$ deve ser lida como "Amanhã choverá", com evidência favorável de 60% e evidência contrária de 40% **ou** "Esta noite fará frio", com evidência favorável de 30% e evidência contrária de 60%.

A proposição $\mathbf{p}_{(0,6;\ 0,4)} \rightarrow \mathbf{q}_{(0,3;\ 0,6)}$ deve ser lida como "Amanhã choverá", com evidência favorável de 60% e evidência contrária de 40% **acarreta que** "Esta noite fará frio", com evidência favorável de 30% e evidência contrária de 60%.

Podemos introduzir o conectivo da bi-implicação de modo usual:

$\mathbf{p}_{(a;\ b)} \leftrightarrow \mathbf{q}_{(c;\ d)}$ – leia-se $\mathbf{p}_{(a;\ b)}$ equivale a $\mathbf{q}_{(c;\ d)}$.

Assim, a proposição $\mathbf{p}_{(0,6;\ 0,4)} \leftrightarrow \mathbf{q}_{(0,3;\ 0,6)}$ deve ser lida como "Amanhã choverá", com evidência favorável de 60% e evidência contrária de 40% equivale a "Esta noite fará frio", com evidência favorável de 30% e evidência contrária de 60%.

2.5 QUADRADO UNITÁRIO DO PLANO CARTESIANO (QUPC)

O conjunto das constantes de anotação (*a*; *b*) pode ser representado no sistema de coordenadas cartesianas pelo quadrado unitário [0, 1] × [0, 1], chamado de quadrado unitário de plano cartesiano (QUPC), que representa o reticulado τ. Um ponto **X** = (*a*; *b*), deste quadrado representa a proposição genérica $\mathbf{p}_{(a;\,b)}$.

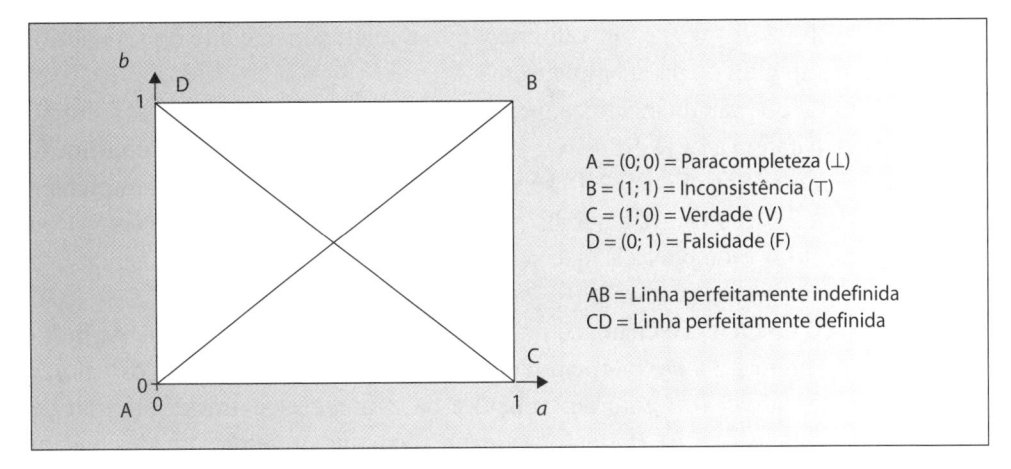

FIGURA 2.3   Quadrado unitário do plano cartesiano (QUPC).

Para que se possa lidar mecanicamente com os conceitos de imprecisão, inconsistência e paracompleteza, bem como com os de verdade e de falsidade, serão introduzidas algumas definições.

Observe-se que as extremidades do segmento de reta **CD** (Figura 2.3) são pontos que traduzem situações de perfeita definição (verdade ou falsidade). Por isso, o segmento CD é chamado de **linha (ou segmento) perfeitamente definida** (LPD). A equação desta linha é *a* + *b* − 1 = 0.

À medida que se afasta da linha **CD** no sentido do ponto **A** ou do ponto **B**, as incertezas vão aumentando. Quando se desloca no sentido da LPD para **B**, ambas as evidências, favorável e contrária, aumentam, tendendo a 1. Portanto, tende-se a evidências, favorável e contrária, grandes (próximas de 1), o que representa uma situação de incerteza chamada de inconsistência (ou de contradição). Da mesma forma, quando se desloca no sentido de LPD para **A**, as evidências, favorável e contrária, diminuem, tendendo para 0. Nesse caso, tende-se a graus de evidências, favorável e contrária, pequenos (próximos de 0), o que representa uma situação de incerteza chamada de paracompleteza.

Diante do exposto, é bastante razoável definir grau de incerteza da anotação (*a*; *b*) como sendo

$$G\,(a;\,b) = a + b - 1,$$

que traduz a distância do ponto $X = (a; b)$ à reta CD, multiplicada por $\sqrt{2}$ e afetada pelo sinal + ou – (aqui foi considerada distância métrica como na geometria analítica).

Observe que $-1 \le G \le 1$.

Exemplo. $G(0,8; 0,9) = 0,8 + 0,9 - 1 = 0,7$. Logo, o grau de incerteza da constante de anotação $(0,8; 0,9)$ é $0,7$; é um valor positivo e relativamente alto, acusando um alto grau de inconsistência (ou de contradição). Por outro lado, $G(0,2; 0,1) = 0,2 + 0,1 - 1 = - 0,7$; é um valor negativo e relativamente alto (em módulo), acusando um alto grau de paracompleteza.

Cada valor do grau de incerteza, pertencente ao intervalo aberto $]-1, 1[$, define um segmento, paralelo a LPD. Se $0 < G < 1$, esse segmento é chamado de **linha-limite de inconsistência** (RS, na Figura 2.4); se $-1 < G < 0$, **linha-limite de paracompleteza** (MN, na Figura 2.4); se $G = 0$, é a linha perfeitamente definida (LPD); se $G = -1$ ou 1, tem-se o ponto A ou o ponto B, que são os estados extremos de paracompleteza e de inconsistência, respectivamente.

A reta AB do QUPC é chamada de **linha (ou segmento) perfeitamente indefinida** (LPI) (Figura 2.3). De fato, em todos os pontos do segmento AB, os valores da evidência favorável (ou grau de crença) e da evidência contrária (ou grau de descrença) são iguais ($a = b$). Portanto, são pontos em que os valores citados podem ser ambos pequenos, caracterizando a paracompleteza (pontos próximos de A ou o próprio A), ou ambos grandes, caracterizando a inconsistência (pontos próximos de B ou o próprio B). A equação da reta AB é $a - b = 0$.

À medida que se afasta da LPI, a indefinição vai diminuindo, ou seja, a certeza vai aumentando. Afastando-se da LPI, no sentido do ponto C, a evidência favorável aumenta e a evidência contrária diminui, tendendo-se a uma situação bem definida, de certeza máxima, de verdade (ponto C). Ao contrário, afastando-se no sentido da LPI para o ponto D, a evidência favorável diminui e a evidência contrária aumenta, tendendo-se, também, a uma situação bem definida, de certeza mínima, de falsidade (ponto D).

Define-se **grau de certeza** de uma anotação $(a; b)$ como sendo

$$H (a; b) = a - b,$$

que traduz, intuitivamente, a distância do ponto $X = (a; b)$ à reta AB (LPI), multiplicada por $\sqrt{2}$ e afetada pelo sinal + ou – (aqui também foi considerada distância métrica como na geometria analítica).

Observe que $-1 \le H \le 1$.

Exemplo. $H(0,9; 0,1) = 0,9 - 0,1 = 0,8$. Logo, o grau de certeza da constante de anotação $(0,9; 0,1)$ é $0,8$; portanto, é alto e positivo, acusando um alto grau de verdade. Por outro lado, $H(0,1; 0,9) = 0,1 - 0,9 = - 0,8$; neste caso, o grau de certeza é alto (em módulo) e negativo, acusando um alto grau de falsidade.

Cada valor do grau de certeza, pertencente ao intervalo aberto]–1, 1[, define um segmento paralelo à LPI. Se $0 < H < 1$, esse segmento é chamado de **linha limite de verdade** (PQ, na Figura 2.4); se $–1 < H < 0$, **linha-limite de falsidade** (TU, na Figura 2.4); se $H = 0$, é a linha perfeitamente indefinida (LPI); se $H = –1$ ou 1, tem-se o ponto **D** ou o ponto **C**, que são os estados extremos de falsidade e de verdade, respectivamente.

Observe-se que a situação de "máxima verdade" ocorre no ponto C, quando a evidência favorável é máxima ($a = 1$) e evidência contrária é mínima ($b = 0$); neste caso, o grau de certeza é máximo ($H = 1$).

Já a situação de "máxima falsidade" ocorre no ponto D, quando a evidência contrária é máxima ($b = 1$) e a evidência favorável é nula ($a = 0$). Nessa situação, o grau de certeza é mínimo ($H = –1$).

2.6 O RETICULADO τ E OS ESTADOS DE DECISÃO

A LPD divide o QUPC em duas regiões. Essa divisão diz se a situação representada pelo ponto $X = (a; b)$ é de paracompleteza (região **ACD**) ou de inconsistência (região **BCD**) (ver Figura 2.3).

Comentário análogo vale para as divisões do QUPC feitas pela LPI em duas regiões ou pelas duas, LPD e LPI, em quatro regiões (Figura 2.3).

Quando se deseja fazer uma divisão do QUPC de modo que as regiões traduzam com mais precisão a situação analisada (representada pelo ponto $X = (a; b)$), deve-se fazê-lo em maior número de regiões. Isto pode ser feito com certos critérios, que serão mostrados e comentados. Para começar, o exemplo mostrado na Figura 2.4.

Observe-se que, nesta divisão, além dos segmentos de retas **CD** (LPD): $a + b – 1 = 0$ e **AB** (LPI): $a – b = 0$, usam-se duas paralelas a cada uma delas, que são:

Reta **MN**: $a + b – 1 = – 0,6$ $\Rightarrow$ $G = – 0,6$;

Reta **RS**: $a + b – 1 = + 0,6$ $\Rightarrow$ $G = + 0,6$;

Reta **TU**: $a – b = – 0,6$ $\Rightarrow$ $H = – 0,6$;

Reta **PQ**: $a – b = + 0,6$ $\Rightarrow$ $H = + 0,6$.

Com esta divisão, podem ser destacadas quatro regiões extremas e uma região central.

Região **AMN**: $–1 \leq G \leq – 0,6$ (região de paracompleteza)

Região **BRS**: $0,6 \leq G \leq 1$ (região de inconsistência)

Nestas regiões têm-se situações de alta indefinição. Portanto, se um ponto $X = (a; b)$, que traduz uma situação genérica em estudo, pertence a uma delas, não se tem uma situação de alta definição. Muito ao contrário, são situações de alta indefinição: alta paracompleteza (região **AMN**) ou alta inconsistência (região **BRS**).

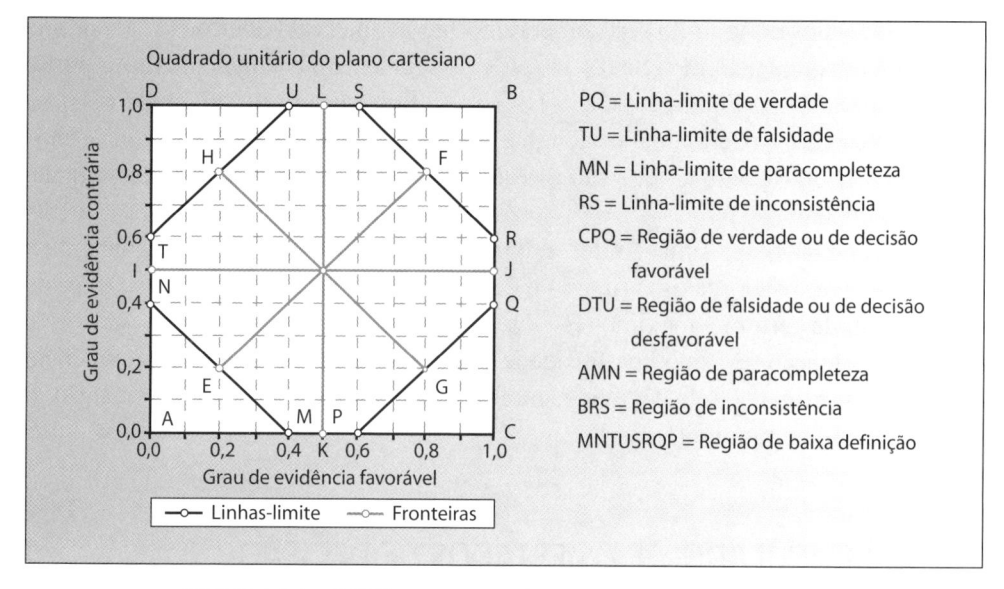

FIGURA 2.4   QUPC, as quatro regiões extremas e as linhas-limite.

As linhas **MN** e **RS** são chamadas de **linha-limite de paracompleteza** e **linha-limite de inconsistência**, respectivamente. Por convenção, elas pertencem às regiões analisadas.

Portanto, essas linhas-limite podem ser definidas da seguinte maneira:

Linha-limite de paracompleteza (**MN**): $G = -k_1$ ou $a + b - 1 = -k_1$, com $0 < k_1 < 1$;

Linha-limite de inconsistência (**RS**): $G = k_1$ ou $a + b - 1 = k_1$, com $0 < k_1 < 1$.

Nessas definições, foi usado o mesmo valor k_1 para as duas, dando simetria a essas linhas. Entretanto, isso não é obrigatório. Poderiam ser adotados para k_1 valores diferentes, k'_1 e k''_1, para a definição de cada uma.

   Região **CPQ**: $0,6 \leq H \leq 1$ (região de verdade)

   Região **DTU**: $-1 \leq H \leq -0,6$ (região de falsidade)

Ao contrário das anteriores, nestas regiões têm-se situações de alta definição (verdade ou falsidade). Portanto, se o ponto $X = (a; b)$ pertence a uma destas regiões, tem-se: grau de certeza próximo de 1, caracterizando uma verdade (**CPQ**: região de verdade) ou grau de certeza próximo de –1, caracterizando uma falsidade (**DTU**: região de falsidade).

Com os conceitos acima apresentados, passa-se a trabalhar com "região de verdade" ao invés de a "verdade" ser um conceito inflexível. Neste trabalho, intuitivamente, verdade é uma região de alta certeza, favorável com respeito à proposição considerada; falsidade é uma região de alta certeza, contrária com respeito à proposição considerada.

Observe-se, pois, que uma grande certeza (alto valor do módulo do grau de certeza H) significa verdade, se H for próximo de 1, e falsidade, se H for próximo de –1.

Os segmentos **PQ** e **TU** são chamados, respectivamente, de **linha-limite de verdade** e **linha-limite de falsidade**, que, por convenção, pertencem às regiões analisadas.

Portanto, essas linhas-limite podem ser definidas da seguinte maneira:

Linha-limite de verdade (**PQ**): $H = k_2$ ou $a - b = k_2$, com $0 < k_2 < 1$;

Linha-limite de falsidade (**TU**): $H = -k_2$ ou $a - b = -k_2$, com $0 < k_2 < 1$.

Nessas definições, foi usado o mesmo valor k_2 para as duas, dando simetria a essas linhas. Entretanto, isso não é obrigatório. Poderiam ser adotados para k_2 valores diferentes, k'_2 e k''_2, para a definição de cada uma.

Neste livro será adotado $k_1 = k_2 = k$, dando simetria ao gráfico, como na Figura 2.4, na qual se tem $k_1 = k_2 = k = 0,60$. O valor de k_2 será chamado de **nível de exigência**, pois representa o mínimo valor de |H| para que o ponto $X \equiv (a; b)$ pertença à região de falsidade ou de verdade.

Quando se quiser um critério mais rigoroso, ou seja, maior precisão para a conceituação de verdade ou de falsidade, é suficiente aproximar as linhas **PQ** e **TU** de **C** e **D**, respectivamente, aumentando o valor de k_2, ou seja, do nível de exigência. Observe-se que o nível de exigência será estipulado para cada aplicação, "calibrando-se" o dispositivo de decisão de acordo com as peculiaridades que a aplicação apresenta.

Note-se, por exemplo, que, quando ponto $X = (a; b)$ é interno à região **CPQ** (ver Figura 2.4), a verdade estará sendo definida com grau de certeza alto ($0,6 \leq H \leq 1$), mas com um pequeno grau de incerteza ($-0,4 \leq G \leq 0,4$). Portanto, como já mencionado anteriormente, é uma lógica que permite análises que levam em conta as inconsistências nas informações, e as aceitam até um limite estabelecido.

Região **MNTUSRQP**: $-0,6 < G < 0,6$ e $-0,6 < H < 0,6$

Esta é uma região de baixa definição, pois nela G e H são pequenos. A seguir, como exemplo, uma análise detalhada de uma de suas sub-regiões.

Sub-região **OFSL**: $0,5 \leq a < 0,8$ e $0,5 \leq b \leq 1$; $0 \leq G < 0,6$ e $-0,5 \leq H < 0$

Nesta sub-região tem-se uma situação de inconsistência e falsidade relativamente pequenas, mas mais próxima da situação de inconsistência total (ponto **B**) do que da situação de falsidade total (ponto **D**). Por isso, esta sub-região é definida com de **quase inconsistência tendendo à falsidade**.

Observe-se que o QUPC dividido nessas doze regiões permite analisar o estado lógico de uma proposição da lógica Eτ representada pelo ponto $X = (a; b)$. Por isso mesmo é que essa configuração foi chamada de **algoritmo para-analisador** [37].

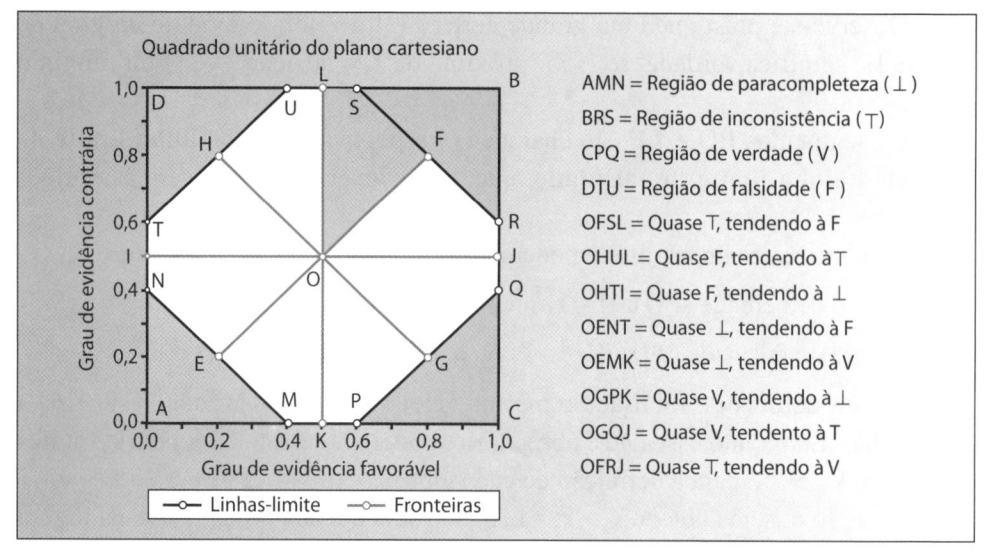

FIGURA 2.5 Análise de algumas regiões do QUPC.

A Tabela 2.1 apresenta um resumo do estado lógico em cada uma das quatro regiões extremas e nas oito sub-regiões destacadas nesta análise, as quais representam os estados lógicos de decisão.

TABELA 2.1 Resumo da análise de doze regiões do quadrado unitário do plano cartesiano (QUPC).

Região	a	b	G	H	Descrição	Representação
AMN	[0; 0,4]	[0; 0,4]	[–1; –0,6]	[–0,4; 0,4]	Paracompleteza (ou Indeterminação)	⊥
BRS	[0,6; 1]	[0,6; 1]	[0,6; 1]	[–0,4; 0,4]	Inconsistência	T
CPQ	[0,6; 1]	[0; 0,4]	[–0,4; 0,4]	[0,6; 1]	Verdade	V
DTU	[0; 0,4]	[0,6; 1]	[–0,4; 0,4]	[–1; –0,6]	Falsidade	F
OFSL	[0,5; 0,8[	[0,5; 1]	[0; 0,6[	[–0,5; 0[	Quase inconsistência tendendo à falsidade	QT → F
OHUL	]0,2; 0,5[	[0,5; 1]	[0; 0,5[	]–0,6; 0[	Quase falsidade tendendo à inconsistência	QF → T
OHTI	[0; 0,5[	[0,5; 0,8[	[–0,5; 0[	]–0,6; 0[	Quase falsidade tendendo à paracompleteza	QF → ⊥
OENI	[0; 0,5[	]0,2; 0,5[	]–0,6; 0[	]–0,5; 0[	Quase paracompleteza tendendo à falsidade	Q⊥ → F
OEMK	]0,2; 0,5[	[0; 0,5[	]–0,6; 0[	[0; 0,5[	Quase paracompleteza tendendo à verdade	Q⊥ → V
OGPK	[0,5; 0,8[	[0; 0,5[	[–0,5; 0[	[0; 0,6[	Quase verdade tendendo à paracompleteza	QV → ⊥
OGQJ	[0,5; 1]	]0,2; 0,5[	[0; 0,5[	[0; 0,6[	Quase verdade tendendo à inconsistência	QV → T
OFRJ	[0,5; 1]	[0,5; 0,8[	[0; 0,6[	[0; 0,5]	Quase inconsistência tendendo à verdade	QT → V

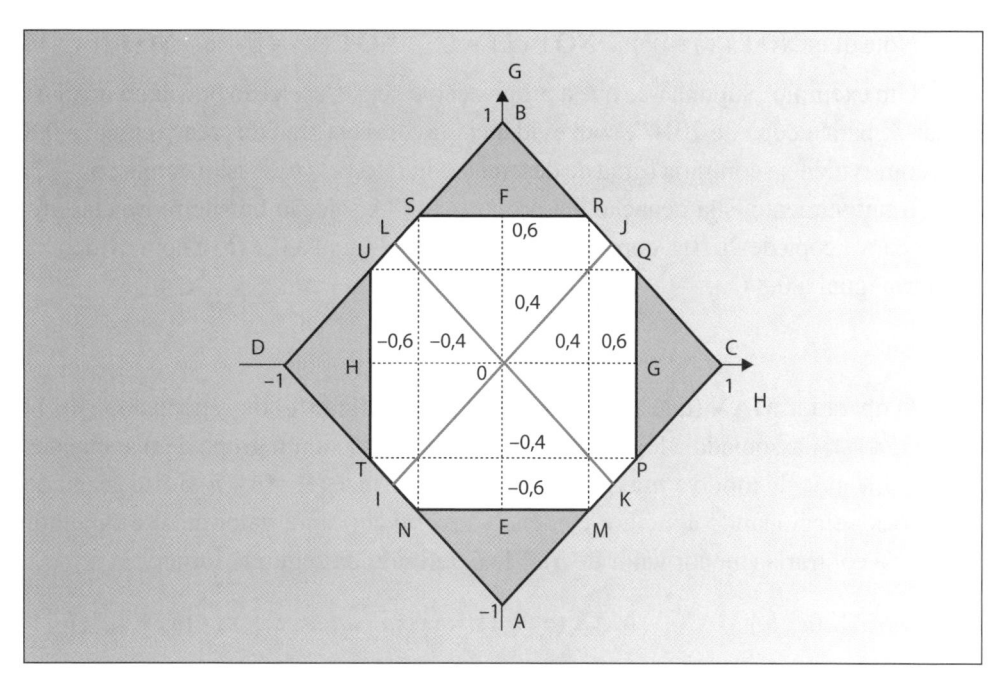

FIGURA 2.6   Representação do reticulado associado a Eτ com os graus de certeza em abscissa e os graus de contradição em ordenada.

Já foi vista com detalhes a representação do reticulado $\tau = < |\tau|, \leq^* >$ no plano cartesiano, colocando-se no eixo das abscissas os valores do grau de evidência favorável (a) e no eixo das ordenadas os valores do grau de evidência contrária (b). Obtiveram-se os chamados quadrado unitário do plano cartesiano (QUPC) e algoritmo para-analisador.

Entretanto, outra representação do referido reticulado pode ser obtida no plano cartesiano, colocando-se no eixo das abscissas os valores do grau de certeza (H) e no eixo das ordenadas os valores do grau de incerteza (G). Nesse caso, obtém-se também um quadrado (que não é unitário) como mostra a Figura 2.6.

2.7   OPERADORES DA LÓGICA Eτ (NOT, MÁX E MÍN)

Nos parágrafos seguintes serão definidos os operadores **NOT**, **MÁX** e **MÍN** sobre o reticulado $\tau = < [0, 1] \times [0, 1], \leq^* >$, associado à lógica paraconsistente anotada evidencial Eτ.

O operador **NOT** é definido por **NOT**(a; b) = (b; a). Portanto, este operador corresponde à **negação** ($\neg$) da lógica Eτ.

De fato: ~ (a; b) = (b; a)   e   **NOT** (a; b) = (b; a).

Numericamente: ~ (0,8; 0,3) = (0,3; 0,8)   ou   **NOT** (0,8; 0,3) = (0,3; 0,8).

Note que: **NOT** $(\top) = \top$;   **NOT** $(\bot) = \bot$;   **NOT** $(V) = F$ e   **NOT** $(F) = V$.

Um exemplo: Suponha-se que a proposição **p** seja "A seleção brasileira irá classificar-se para a copa de 2014", com evidência favorável (grau de crença) igual a 0,8 (**a**) e com evidência contrária (grau de descrença) igual a 0,3 (**b**). Assim, temos: $\mathbf{p}_{(0,8;\,0,3)}$.

Intuitivamente, sua negação é a proposição: "A seleção brasileira irá classificar-se para a copa de 2010", com evidência favorável igual a 0,3 (**b**) e com evidência contrária igual a 0,8 (**a**).

Então: $\neg \mathbf{p}_{(0,8;\,0,3)} = \mathbf{p}_{(0,3;\,0,8)} = \mathbf{p}_{[\sim (0,8;\,0,3)]}$.

O operador **MÁX** (que será chamado de **maximizante**) do reticulado $< [0, 1] \times [0, 1], \leq^* >$, associado à lógica Eτ, é para ser aplicado a um grupo de **n** anotações $(n \geq 1)$. Ele atua de modo a **maximizar** o grau de certeza $(H = \boldsymbol{a} - \boldsymbol{b})$ desse grupo de anotações, selecionando a melhor evidência favorável (maior valor de **a**) e a melhor evidência contrária (menor valor de **b**). Ele é definido da seguinte forma:

$$(a_1; b_1)\, \mathbf{M\acute{A}X}\, (a_2; b_2)\, \mathbf{M\acute{A}X} \ldots \mathbf{M\acute{A}X}\, (a_n; b_n) = (\text{máx}\{a_1, a_2, \ldots, a_n\}; \text{mín}\{b_1, b_2, \ldots, b_n\})$$

ou, utilizando outra representação:

$$\mathbf{M\acute{A}X}\, \{(a_1; b_1), (a_2; b_2), \ldots (a_n; b_n)\} = (\text{máx}\{a_1, a_2, \ldots, a_n\}; \text{mín}\{b_1, b_2, \ldots, b_n\})$$

Portanto, para se obter a anotação resultante da aplicação do operador **MÁX** às duas anotações $(a_1; b_1)$ e $(a_2; b_2)$, faz-se a maximização entre os valores da evidência favorável e, depois, a minimização entre os valores da evidência contrária. Os valores resultantes das evidências, favorável e contrária, são, respectivamente:

$$a' = \text{máx}\{a_1, a_2\} \quad \text{e} \quad b' = \text{mín}\{b_1, b_2\}$$

Observe que o operador **MÁX** atua de modo a escolher, dentro do conjunto de anotações, um grau de evidência favorável e um grau de evidência contrária, de tal forma que o ponto $X = (a'; b')$ do QUPC definido pelo par resultante $(a'; b')$ fique o mais próximo do ponto **C**, ponto extremo (ou cardeal) de verdade (ver Figura 2.7).

O operador **MÍN** (que será chamado de **minimizante**) do reticulado $< [0, 1] \times [0, 1], \leq^* >$, associado à lógica Eτ, é para ser aplicado a um grupo de **n** anotações $(n \geq 1)$. Ele atua de modo a **minimizar** o grau de certeza $(H = \boldsymbol{a} - \boldsymbol{b})$ desse grupo de anotações, selecionando a pior evidência favorável (menor valor de **a**) e a pior evidência contrária (maior valor de **b**). Ele é definido da seguinte forma:

$$(a_1; b_1)\, \mathbf{M\acute{I}N}\, (a_2; b_2)\, \mathbf{M\acute{I}N} \ldots \mathbf{M\acute{I}N}\, (a_n; b_n) = (\text{mín}\{a_1, a_2, \ldots, a_n\}; \text{máx}\{b_1, b_2, \ldots, b_n\})$$

ou, utilizando outra representação:

$$\mathbf{M\acute{I}N}\, \{(a_1; b_1), (a_2; b_2), \ldots (a_n; b_n)\} = (\text{mín}\{a_1, a_2, \ldots, a_n\}; \text{máx}\{b_1, b_2, \ldots, b_n\})$$

Portanto, para se obter a anotação resultante da aplicação do operador **MÍN** às duas anotações $(a_1; b_1)$ e $(a_2; b_2)$, faz-se a minimização entre os valores da evidência favorável e, depois, a maximização entre os valores da evidência contrária. Os valores resultantes das evidências, favorável e contrária, são, respectivamente:

$$a" = \min\{a_1, a_2\} \quad e \quad b" = \max\{b_1, b_2\}$$

Observe que o operador **MÍN** atua de modo a escolher, dentro do conjunto de anotações, um grau de evidência favorável e um grau de evidência contrária, de tal forma que o ponto $X = (a"; b")$ do QUPC definido pelo par resultante $(a"; b")$ fique o mais próximo do ponto **D**, ponto extremo (ou cardeal) de falsidade (ver Figura 2.7).

Sendo $\mu_1 = (a_1; b_1)$, $\mu_2 = (a_2; b_2)$ e $a_1 \leq a_2$ e $b_1 \leq b_2$, decorre que

$$\textbf{MÁX} \ \{\mu_1, \mu_2\} = \textbf{MÁX} \ \{(a_1; b_1), (a_2; b_2)\} = (a_2; b_1) \ e$$

$$\textbf{MÍN} \ \{\mu_1, \mu_2\} = \textbf{MÍN} \ \{(a_1; b_1), (a_2; b_2)\} = (a_1; b_2).$$

A interpretação gráfica desta aplicação dos operadores **MÁX** e **MÍN** está na Figura 2.7.

Nas aplicações dos operadores **MÁX** e **MÍN** em estudo de casos reais, para o auxílio nas tomadas de decisão, alguns detalhes devem ser observados.

Como já foi visto, o operador **MÁX** tem o sentido de fazer a **maximização** do grau de certeza para um conjunto de anotações; portanto, deve ser aplicado em situações em que os dois ou mais itens considerados **não são todos determinantes**, bastando que um deles tenha condição favorável para se considerar satisfatório o resultado da análise.

O operador **MÍN** tem o sentido de fazer a **minimização** do grau de certeza para um conjunto de anotações; portanto, ele deve ser aplicado em situações em que os dois ou mais itens considerados **são todos determinantes**, sendo indispensável que todos apresentem condições favoráveis para que se possa considerar o resultado da análise satisfatório.

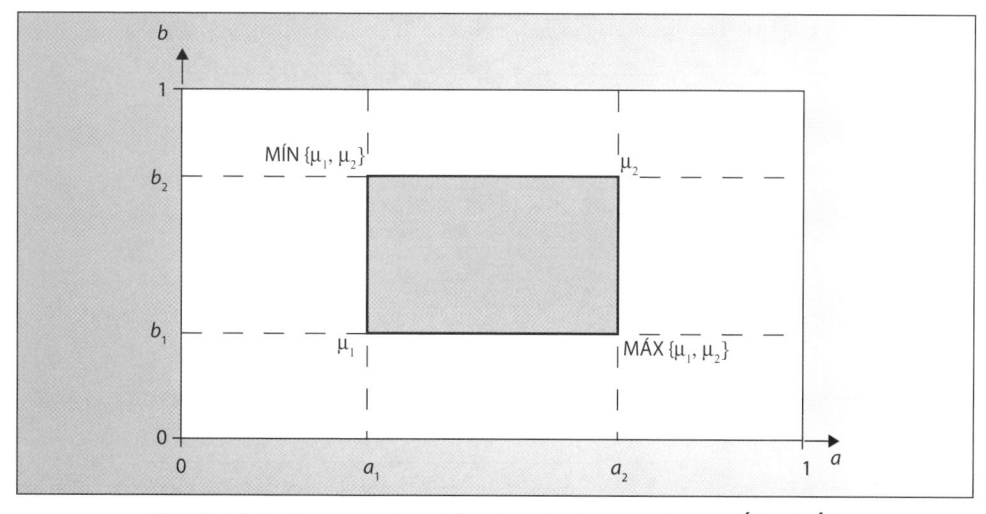

FIGURA 2.7 Interpretação gráfica da ação dos operadores **MÁX** e **MÍN**.

Normalmente, o que se faz, ao se projetar a análise de uma situação real, é separar os itens pesquisados (ou os especialistas) em grupos [44]. Estes devem ser constituídos de tal forma que:

a) a existência de um item (ou um especialista) dentro de cada grupo com condição favorável seja suficiente para se considerar o resultado do grupo como satisfatório;

b) haja tantos grupos quanto for o número mínimo de itens (ou de especialistas), que devem ter condições favoráveis para se considerar o resultado da pesquisa como satisfatório.

Feita esta divisão, aplica-se o operador **MÁX** dentro de cada grupo (intragrupos) e, depois, o operador **MÍN** entre os resultados obtidos nos grupos (entre grupos).

A seguir, a análise de um exemplo simples para um melhor entendimento. Imagine-se que uma obra estrutural de engenharia tenha apresentado algumas trincas. Para verificar a gravidade do problema, o responsável pela obra colheu a opinião de quatro engenheiros, especialistas em mecânica dos solos (E_1), estruturas (E_2), materiais de construção civil (E_3) e fundações (E_4).

Para analisar as opiniões dos engenheiros à luz da Eτ, uma maneira sensata de agrupá-los é constituir um grupo A formado pelos especialistas em mecânica dos solos e fundações (E_1 e E_4) e outro grupo B, pelos especialistas em estruturas e materiais de construção civil (E_2 e E_3).

Aqui está-se admitindo que, se a opinião de E_1 **ou** de E_4 for no sentido de afirmar que o problema é grave, isso é suficiente para considerar o grupo A favorável à gravidade do problema; raciocínio análogo se aplica ao grupo B. Entretanto, para se concluir por meio dessa análise que o problema é realmente grave, é necessário que os dois grupos, A **e** B, opinem pela gravidade do problema.

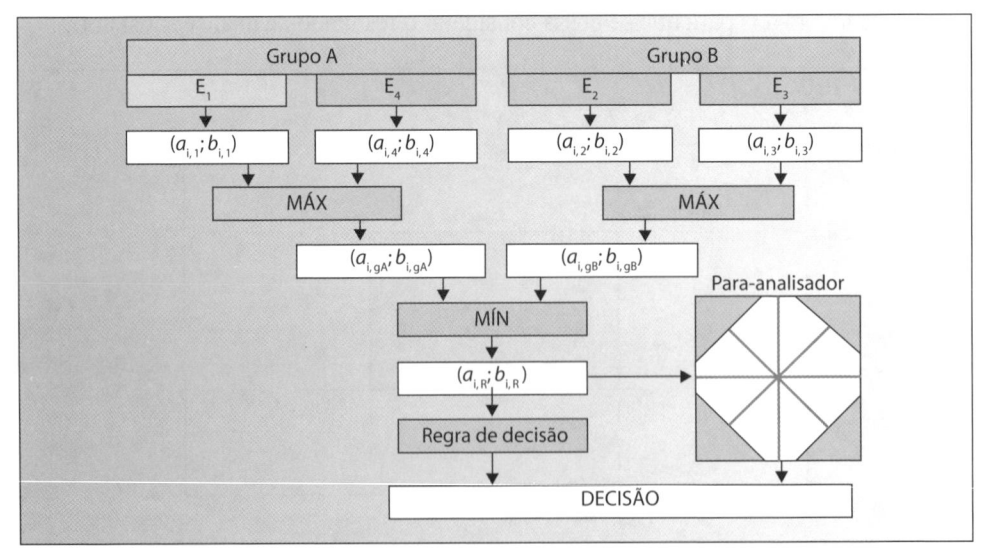

FIGURA 2.8   Esquema de uma aplicação dos operadores **MÁX** e **MÍN**.

Sendo assim, aplica-se a regra de maximização (operador **MÁX**) dentro de cada grupo (intragrupos) e a regra de minimização (operador **MÍN**) para os resultados obtidos nos dois grupos (entre grupos). A aplicação das regras, neste caso, fica assim:

$$[(E_1) \ \textbf{MÁX} \ (E_4)] \ \textbf{MÍN} \ [(E_2) \ \textbf{MÁX} \ (E_3)] \quad \text{ou} \quad [G_A] \ \textbf{MÍN} \ [G_B]$$

ou, utilizando outra representação:

$$\textbf{MÍN}\{\textbf{MÁX} \ [(E_1), (E_4)]; \ \textbf{MÁX} \ [(E_2), (E_3)]\} \quad \text{ou} \quad \textbf{MÍN} \ \{[G_A]; [G_B]\}$$

Esta maneira de aplicar as regras de maximização e de minimização para tomadas de decisão é conhecida como **princípio do mín/máx** ou de decisão otimista, pois minimiza o maior grau de certeza.

A Figura 2.8 representa de maneira esquemática a aplicação dessas regras.

A aplicação desses operadores permite determinar possíveis inconsistências da base de dados e verificar até que ponto elas são aceitáveis ou não em tomadas de decisão.

A lógica paraconsistente anotada evidencial Eτ, embora de descoberta muito recente, vem encontrando aplicações em diversos campos de atividades. Acredita-se que a adequação da lógica Eτ a essas aplicações se deva ao fato de permitir que se trabalhe com bases de conhecimentos contendo dados imprecisos, inconsistentes e paracompletos, mas não triviais. De fato, na maioria das vezes, quando se faz uma pesquisa entre clientes ou fornecedores ou mesmo entre especialistas, as informações obtidas são vagas ou nem sempre são consistentes, e pode-se mesmo deparar com dados incompletos. Dessa forma, para se tratar uma base de dados com essas características, é conveniente uma ferramenta que seja de simples aplicação, eficiente e, de preferência, seja facilmente informatizada. E este é exatamente o perfil da lógica Eτ. Por intermédio dela consegue-se analisar os dados, apesar de imprecisos, inconsistentes ou paracompletos, filtrá-los e chegar a um resultado final que, analisado no reticulado τ, permitirá uma conclusão.

Exercícios

2.1 Dadas as proposições: $\mathbf{p} \equiv$ 'Pedrinho está com febre' e $\mathbf{q} \equiv$ 'Pedrinho tem que descansar', expresse utilizando anotações convenientes na linguagem da lógica Eτ:
a) 'Pedrinho não está com febre';
b) 'Pedrinho está com febre e não está com febre';
c) 'Pedrinho tem que descansar'.

2.2 Dadas as constantes de anotação, calcule os graus de certeza e de contradição. Verifique de que estado cardeal (ou extremo) cada uma delas está mais próxima.
a) (0,9; 0,2);   b) (0,1; 0,7);   c) (0,1; 0,2);   d) (0,8; 0,9);   e) (0,5; 0,5).

2.3 Faça as figuras do algoritmo para-analisador (figuras análogas à Figura 2.4) com:
   a) nível de exigência 0,5;   b) nível de exigência 0,4.

2.4 Calcule:
   a) **MÁX** [(0,9; 0,8), (0,5; 0,3), (0,1; 0,7];
   b) **MÍN** [(0,9; 0,8), (0,5; 0,3), (0,1; 0,7] ;
   c) **MÁX** {**MÁX** [(0,9; 0,8), (0,5; 0,3), (0,1; 0,7]; **MÍN** [(0,9; 0,8), (0,5; 0,3), (0,1; 0,7] };
   d) **MÍN** {**MÁX** [(0,9; 0,8), (0,5; 0,3), (0,1; 0,7]; **MÍN** [(0,9; 0,8), (0,5; 0,3), (0,1; 0,7] }.

Respostas

2.1 a) $\mathbf{p}_{(0;\,1)}$;   b) $\mathbf{p}_{(1;\,1)}$;   c) $\mathbf{q}_{(1;\,0)}$.

2.2 a) G(0,9; 0,2) = 0,7;   H(0,9; 0,2) = 0,1;   Verdade.
   b) G(0,1; 0,7) = –0,6;   H(0,1; 0,7) = –0,2;   Falsidade.
   c) G(0,1; 0,2) = –0,1;   H(0,1; 0,2) = –0,7;   Paracompleteza.
   d) G(0,8; 0,9) = –0,1;   H(0,8; 0,9) = 0,7;   Inconsistência.
   e) G(0,5; 0,5) = 0;   H(0,5; 0,5) = 0;
Tal constante de anotação está equidistante de todos os estados cardeais.

2.3

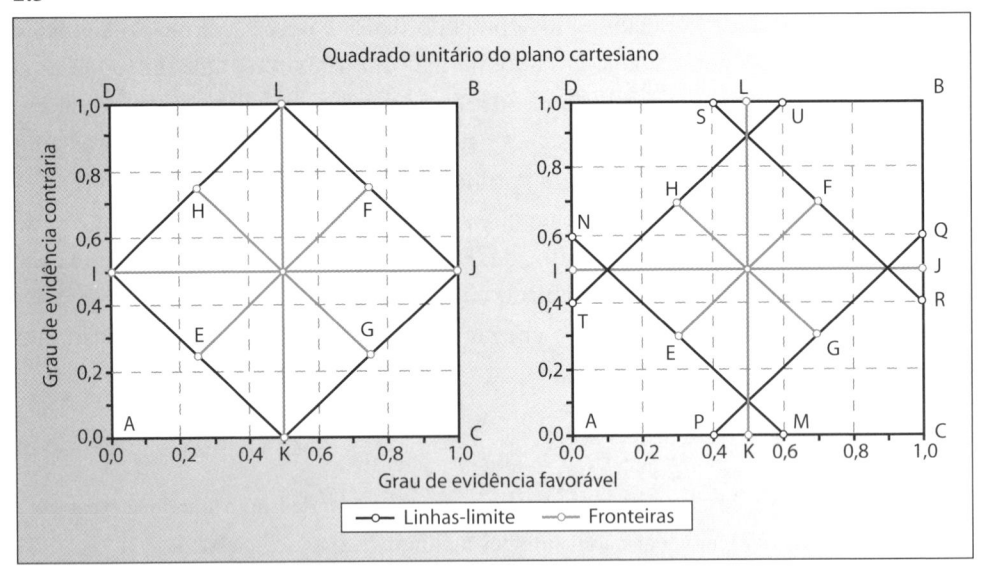

2.4 a) (0,9; 0,3);   b) (0,1; 0,8);   c) (0,9; 0,3);   d) (0,1; 0,8).

CAPÍTULO 3

REGRA DE DECISÃO

3.1 CONSIDERAÇÕES GERAIS

Uma divisão conveniente do reticulado τ é vista na Figura 3.1, na qual o quadrado unitário é dividido em doze regiões. Destas destacam-se as quatro regiões, denominadas regiões extremas, que serão objeto de análise mais detalhada.

Nessa divisão de τ, são destacados os segmentos **AB**, chamado de linha perfeitamente indefinida (LPI), e **CD**, chamado de linha perfeitamente definida (LPD).

Para uma dada constante de anotação (**a**; **b**), são definidos o

- **grau de incerteza**, pela expressão $G(a; b) = a + b - 1$ (proporcional à distância do ponto que a representa à LPD); e, também, o

- **grau de certeza**, pela expressão $H(a; b) = a - b$ (proporcional à distância do ponto que a representa à LPI).

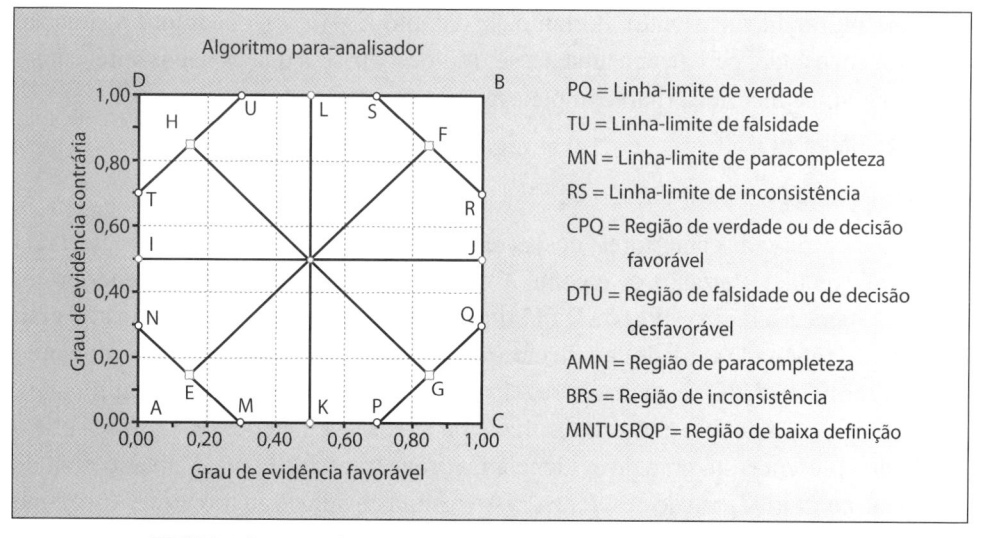

FIGURA 3.1 Regiões extremas com graus de contradição e de certeza, em módulo, iguais ou maiores que 0,70.

Para pontos X = (*a*; *b*) próximos de **A,** os valores do grau de evidência favorável (ou grau de crença) (*a*) e do grau de evidência contrária (ou grau de descrença) (*b*) são próximos de 0, caracterizando uma região de paracompleteza (**AMN**); próximo de **B**, ao contrário, os valores de *a* e *b* são próximos de 1, caracterizando região de inconsistência (**BRS**); nas proximidades de **C**, os valores de *a* são próximos de 1 e os de *b*, próximos de 0, definindo uma região com alto grau de certeza (próximo de 1), chamada região de verdade (**CPQ**); e, finalmente, nas proximidades de **D,** os valores de *a* são próximos de 0 e os de *b*, próximos de 1, definindo uma região com baixo grau de certeza (próximo de –1), mas alto em módulo, chamada região de falsidade (**DTU**).

Definem-se ainda:

Linha-limite de paracompleteza: reta **MN**, tal que $G = -k_1 = -0,70$, para $0 < k_1 < 1$;

Linha-limite de inconsistência: reta **RS**, tal que $G = k_1 = 0,70$, para $0 < k_1 < 1$;

Linha-limite de falsidade: reta **TU**, tal que $H = -k_2 = -0,70$, para $0 < k_2 < 1$;

Linha-limite de verdade: reta **PQ**, tal que $H = k_2 = 0,70$, para $0 < k_2 < 1$.

Salvo referência em contrário, neste livro será adotado $k_1 = k_2 = k$, dando simetria ao gráfico, como na Figura 3.1, onde $k_1 = k_2 = k = 0,70$. O valor de k_2 será chamado de **nível de exigência**, como se verá mais adiante.

Como se viu no capítulo anteiror, na Figura 3.1 destacam-se quatro regiões extremas e uma região central.

Região **AMN**: $-1,0 \le G \le -0,70 \Rightarrow$ região de paracompleteza

Região **BRS**: $0,70 \le G \le 1,0 \Rightarrow$ região de inconsistência

Nestas regiões deparam-se com situações de alta indefinição ('muito' paracompleta ou 'muito' inconsistente). Portanto, se o ponto **X** = (*a*; *b*), que traduz a situação genérica em estudo, pertencer a uma dessas regiões, dir-se-á que os dados apresentam um alto grau de incerteza (paracompleteza ou inconsistência).

Região **CPQ**: $0,70 \le H \le 1,0 \Rightarrow$ região de verdade

Região **DTU**: $-1,0 \le H \le -0,70 \Rightarrow$ região de falsidade

Ao contrário das anteriores, nestas regiões são situações de alta definição (verdade ou falsidade). Portanto, se o ponto **X** = (*a*; *b*), que traduz a situação genérica em estudo, pertencer à região **CPQ** ou **DTU**, dir-se-á que a situação apresenta um alto grau de certeza favorável (verdade) ou de certeza contrária (falsidade), respectivamente.

A primeira, **CPQ**, é chamada região de decisão favorável (ou de viabilidade), pois, quando o ponto que traduz o resultado da análise a ela pertence, significa que o resultado apresenta alto grau de evidência favorável (grau de crença) e baixo grau de evidência contrária (grau de descrença). Isto resulta em alto grau de certeza (próximo de 1), que leva a uma decisão favorável, traduzindo a viabilidade do empreendimento.

A segunda, **DTU**, é chamada de região de decisão desfavorável (ou de inviabilidade), pois, pertencendo a esta região, o resultado apresenta baixo grau de evidência favorável e alto grau de evidência contrária. Isto resulta em baixo grau de certeza (próximo de -1), que leva a decisão desfavorável, traduzindo a inviabilidade do empreendimento.

Região **MNTUSRQP**:

$$|G| < 0,70 \Rightarrow -0,70 < G < 0,70 \quad e \quad |H| < 0,70 \Rightarrow -0,70 < H < 0,70$$

Esta é uma região que não permite conclusões destacadas, ou seja, quando o ponto que traduz o resultado da análise pertence a essa região, não se pode dizer que o resultado tem alto grau de certeza ou de incerteza. Essa região traduz apenas a tendência da situação analisada, conforme os estados de decisão considerados (ver seção 2.6, Tabela 2.1).

Sendo assim, a decisão favorável (viabilidade) é tomada quando o ponto que traduz o resultado da análise pertence à região de verdade (**CPQ**); e a decisão desfavorável (inviabilidade), quando o resultado pertence à região de falsidade (**DTU**).

3.2 O NÍVEL DE EXIGÊNCIA E A REGRA DE DECISÃO

Em decorrência das considerações feitas na seção anterior, para a configuração da Figura 3.1, pode-se enunciar a seguinte regra de decisão [45]:

> $H \geq 0,70 \Rightarrow$ **decisão favorável (o empreendimento é viável);**
>
> $H \leq -0,70 \Rightarrow$ **decisão desfavorável (o empreendimento é inviável);**
>
> $-0,70 < H < 0,70 \Rightarrow$ **análise não conclusiva.**

Observe-se que, para essa configuração, a decisão (favorável ou desfavorável) somente é tomada quando $|H| \geq 0,70$, ou seja, quando $k_2 = 0,70$. Portanto, este valor ($k_2 = 0,70$) representa o menor valor do módulo do grau de certeza para o qual uma decisão é tomada. Por isso, ele está sendo denominado de **nível de exigência** (**NE**) da decisão. Com isso, a regra de decisão, representada de forma mais genérica, fica assim:

> $H \geq NE \Rightarrow$ **decisão favorável (o empreendimento é viável);**
>
> $H \leq -NE \Rightarrow$ **decisão desfavorável (o empreendimento é inviável);**
>
> $-NE < H < NE \Rightarrow$ **análise não conclusiva.**

É oportuno salientar que o nível de exigência depende da segurança, da confiança que se quer ter na decisão, que, por sua vez, depende da responsabilidade que ela implica, do investimento que está em jogo, do envolvimento ou não de risco para vidas humanas etc.

Se quisermos um critério mais rigoroso para as tomadas de decisão, ou seja, se quisermos decisões mais seguras, mais confiáveis, é necessário aumentar o **nível de exigência**, isto é, deve-se aproximar as linhas **PQ** e **TU** dos pontos **C** e **D**, respectivamente.

Observe-se que, se o resultado pertence à região **BRS** (região de inconsistência), a análise é não conclusiva quanto à viabilidade do empreendimento, mas acusa um alto grau de inconsistência dos dados ($G \geq 0,70$).

Analogamente, se o resultado pertence à região **AMN** (de paracompleteza), significa que os dados apresentam um alto grau de paracompleteza ou, equivalentemente, grande falta de informação sobre os dados ($G \leq -0,70$).

Nesses casos, portanto, o resultado não permite conclusão quanto à viabilidade do empreendimento, mas possibilita concluir que a base de dados, que muitas vezes será constituída pelas opiniões dos especialistas, apresenta alto grau de incerteza (paracompleteza ou inconsistência). Portanto, permite, pelo menos, que se tenha informação quanto ao grau de incerteza dos elementos constantes na base de dados. Essa é uma grande vantagem de se usar uma lógica paraconsistente anotada evidencial Eτ, que consegue lidar com dados, mesmo que sejam dotados de paracompletezas ou inconsistências (ou contradições).

Como se vê, a aplicação das técnicas da lógica paraconsistente anotada permite determinar possíveis inconsistências da base de dados e verificar até que ponto elas são aceitáveis ou não nas tomadas de decisão.

A importância da análise de uma situação real por meio dos operadores **MÁX** e **MÍN** está no fato de que, mesmo que as condições analisadas apresentem resultados contraditórios, estes são levados em conta. Isto significa que esse método aceita bases de dados que apresentam contradições, ou paracompletezas, ou seja, consegue lidar com situações dotadas de incertezas desde que não sejam triviais. É o grande mérito das lógicas paraconsistentes anotadas.

Verifica-se, então, que o reticulado τ com a divisão em doze estados lógicos de decisão (Figura 3.1) permite análises para tomadas de decisão; por isso, ele foi chamado de **algoritmo (ou dispositivo) para-analisador** [37] e [41].

O PROCESSO DE TOMADA DE DECISÃO
Método Paraconsistente de Decisão (MPD)

4.1 CONSIDERAÇÕES INICIAIS

Toda decisão sensata deve ser baseada em grande série de fatores que podem influenciar no empreendimento em análise. Destes, cada um vai influenciar de uma maneira, dando indicação pela viabilidade (decisão favorável) ou pela inviabilidade (decisão desfavorável) do empreendimento, ou, ainda, o fator pode se mostrar não conclusivo, não dando indicação, nem favorável e nem contraria. Isso fica bem perceptível quando se utiliza o algoritmo para-analisador, ou seja, quando os valores da evidência favorável (graus de crença) ($a_{i,R}$) e da evidência contrária (graus de descrença) ($b_{i,R}$), resultantes para cada fator, são plotados, de modo que cada fator fique representado por um ponto $X = (a; b)$ do reticulado τ.

    Entretanto, trabalhar com um número muito grande de fatores não é razoável, pois tornaria o método exaustivo e dispendioso. Assim, o que se propõe é escolher e utilizar apenas os mais importantes, os de maior influência na decisão, dentro do limite da racionalidade limitada preconizada por Simon, "que trabalha com um modelo simplificado da realidade, considerando que muitos aspectos da realidade são substancialmente irrelevantes em dado instante; ele efetua sua escolha de alternativa baseado no padrão satisfatório da situação real considerando apenas alguns dos fatores mais relevantes e cruciais" [94].

    Normalmente, saber como é a influência isolada de cada fator não apresenta interesse relevante. O que realmente interessa na análise da viabilidade de um empreendimento é a influência conjunta de todos os fatores escolhidos, que é traduzida por um estado lógico final que se denominou **baricentro** (**W**). Este é representado por um ponto **W** do reticulado τ, cujas coordenadas (a_w e b_w) são determinadas pela média ponderada das coordenadas do pontos $X_i = (a_{i,R}, b_{i,R})$ de τ, que traduzem a influência resultante de cada um dos fatores.

$$\text{Assim: } a_w = \frac{\sum P_i \times a_{i,R}}{\sum P_i} \qquad e \qquad b_w = \frac{\sum P_i \times b_{i,R}}{\sum P_i} \qquad (4.1)$$

onde P_i são os pesos dos fatores na análise da viabilidade do empreendimento.

Observe-se que o baricentro **W** corresponde ao centro de gravidade dos pontos X_i que representam os fatores isoladamente no reticulado τ. Se todos os fatores tiverem o mesmo peso na decisão, o ponto **W** coincidirá com o centro geométrico desses pontos. Portanto, para se obter o resultado final da análise e tomar-se a decisão, é necessário analisar o baricentro dos pontos que representam os fatores no reticulado τ.

O Método Paraconsistente de Decisão (MPD) consiste, basicamente, de oito etapas aqui enumeradas e que serão detalhadas na sequência do texto.

1. Fixar o nível de exigência da decisão que se pretende tomar.

2. Selecionar os fatores mais importantes e de maior influência na decisão.

3. Estabelecer as seções para cada um dos fatores (podem ser estabelecidas três, quatro, cinco ou mais seções, dependendo do caso e da detalhamento desejado).

4. Construir a base de dados, que é constituída pelos pesos atribuídos aos fatores (quando se quer distingui-los pela importância) e pelos valores da evidência favorável (ou grau de crença) (*a*) e da evidência contrária (ou grau de descrença) (*b*) atribuídos a cada um dos fatores em cada uma das seções; os pesos e os valores das evidências são atribuídos por especialistas escolhidos convenientemente para opinar. (A base de dados pode, também, ser construída com dados estatísticos armazenados, obtidos em experiências anteriores na realização de empreendimentos similares).

5. Fazer a pesquisa de campo (ou levantamento de dados) para verificar, no caso em análise, em que seção (condição) cada um dos fatores se encontra.

6. Obter o valor da evidência favorável ($a_{i,R}$) e o valor da evidência contrária ($b_{i,R}$), resultantes, com $1 \leq i \leq n$, para cada um dos fatores (F_i) escolhidos, nas seções encontradas na pesquisa (S_{pj}), por meio de aplicações das técnicas de maximização (operador **MÁX**) e de minimização (operador **MÍN**) da lógica Eτ.

7. Obter o grau de evidência favorável (a_W) e o grau de evidência contrária (b_W) do baricentro dos pontos que representam os fatores escolhidos no reticulado τ.

8. Tomar a decisão, aplicando-se a regra de decisão ou o algoritmo para-analisador.

4.2 ETAPAS DO MÉTODO PARACONSISTENTE DE DECISÃO (MPD) [46]

Para se fazer uma análise de viabilidade de um empreendimento para uma tomada de decisão, o planejamento fica sob a coordenação uma determinada pessoa (o próprio empresário, um engenheiro, um consultor etc.). Este trabalhará os dados de tal forma a "traduzi-los" para a linguagem da lógica Eτ, permitindo, assim, uma "plotagem" adequada às análises do ferramental oferecido por essa lógica. Esse especialista será chamado de engenheiro do conhecimento (EC). Portanto, cabe ao engenheiro do conhecimento organizar todo o processo de análise para a tomada de decisão final.

4.2.1 Fixação do nível de exigência

A primeira tarefa do EC é fixar o nível de exigência da decisão a ser tomada. Não é difícil de entender que o nível de exigência depende da segurança que se pretende para a decisão, a qual, por sua vez, depende da responsabilidade que ela implica (do montante do investimento em jogo, do envolvimento ou não de risco para vidas humanas etc.).

Quando o EC fixa o nível de exigência da decisão, automaticamente ele está fixando as regiões de decisão e, por consequência, também a regra de decisão e o algoritmo para-analisador. De fato, por exemplo, se for fixado o nível de exigência igual a 0,70 (ou seja, se for estabelecido que a decisão somente será tomada quando o módulo da diferença entre os graus de evidência favorável e de evidência contrária do baricentro for, pelo menos, 0,70), a regra de decisão e o algoritmo para-analisador serão os representados na Figura 4.1.

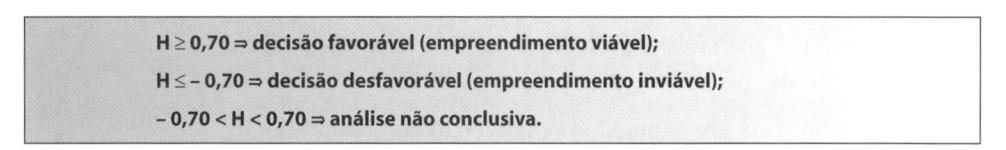

H ≥ 0,70 ⇒ decisão favorável (empreendimento viável);

H ≤ − 0,70 ⇒ decisão desfavorável (empreendimento inviável);

− 0,70 < H < 0,70 ⇒ análise não conclusiva.

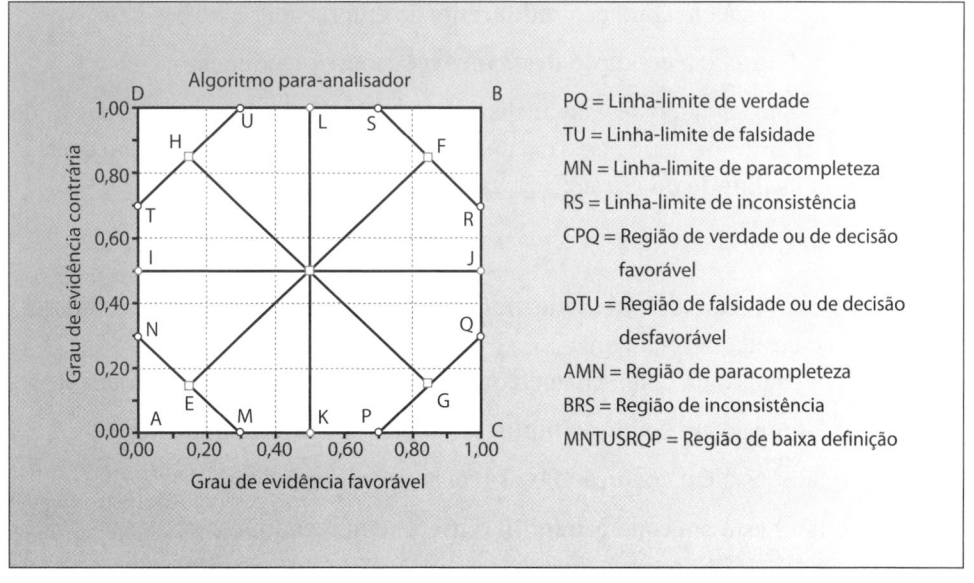

FIGURA 4.1   Regra de decisão e algoritmo para-analisador, para nível de exigência igual a 0,70.

4.2.2   Escolha dos fatores de influência

A segunda tarefa do EC é pesquisar e verificar quais são os fatores que influem no sucesso (ou fracasso) do empreendimento. Essa pesquisa engloba todo tipo de consulta que ele pode fazer: consulta a pessoal que milita em instituição de mesmo ramo ou de ramo similar, a compêndios especializados, a especialistas no assunto, consulta a outros projetos do mesmo empreendimento ou de empreendimentos similares etc.

Pesquisados os fatores que influem no sucesso (ou fracasso) do empreendimento, também cabe ao EC selecionar os **n** fatores F_i ($1 \leq i \leq$ **n**) mais importantes e de maior influência, ou seja, aqueles cujas condições poderão afetar acentuadamente a viabilidade do empreendimento. Um desses fatores em condições muito favoráveis faz o resultado da análise tender bastante para a viabilidade (decisão favorável) do empreendimento. Se os fatores escolhidos podem influir de maneiras diferentes ou se têm importâncias diferentes na decisão, um mais que outros, essas diferenças poderão ser compensadas pela atribuição de pesos diferentes a cada um dos fatores escolhidos.

4.2.3   Estabelecimento das seções para cada fator

A missão seguinte do EC é estabelecer as **s** seções S_j ($1 \leq j \leq$ **s**), que traduzem as condições em que cada fator poderá ser encontrado. Então, dependendo do refinamento que pretende dar à análise, ele pode fixar mais (ou menos) seções.

Se o EC optar por fixar três seções, elas serão:

S_1 – o fator está em condição **favorável** ao empreendimento;

S_2 – o fator está em condição **indiferente** ao empreendimento;

S_3 – o fator está em condição **desfavorável** ao empreendimento.

Por exemplo, quando se está analisando a viabilidade de uma instituição de ensino superior abrir um novo curso em uma determinada região e o fator em questão é **valor da mensalidade do curso** (M_c), as três seções fixadas podem ser:

$$S_1: M_c < 80\% \ M_m; \qquad S_2: 80\% \ M_m \leq M_c \leq 120\% \ M_m; \qquad S_3: M_c > 120\% \ M_m,$$

sendo M_m o valor médio das mensalidades do mesmo curso (ou de cursos similares) nas outras escolas da mesma região.

Se o engenheiro do conhecimento optar por fixar cinco seções, elas serão:

S_1 – o fator está em condição **muito favorável** ao empreendimento;

S_2 – o fator está em condição **favorável** ao empreendimento;

S_3 – o fator está em condição **indiferente** ao empreendimento;

S_4 – o fator está em condição **desfavorável** ao empreendimento;

S_5 – o fator está em condição **muito desfavorável** ao empreendimento.

Por exemplo, quando se analisa a viabilidade do lançamento de um novo produto e o fator em questão é o **preço (Q) do produto no mercado**, as cinco seções a serem fixadas podem ser:

S_1: $Q < 70\%P$; S_2: $70\%P \leq Q < 90\%P$;

S_3: $90\%P \leq Q \leq 110\%P$; S_4: $110\%P < Q \leq 130\%P$;

S_5: $Q > 130\%P$,

sendo P o preço médio do mesmo produto (ou de produtos similares) já existente no mercado.

4.2.4 Construção da base de dados

Uma tarefa importante a ser executada pelo EC é a construção da base de dados. Para isso, deverá escolher **m** especialistas E_k ($1 \leq k \leq$ **m**), da área ou de áreas afins. Cada um dos especialistas escolhidos usará seus conhecimentos, experiências, vivência, sensibilidade, intuição, bom senso etc. para dar informações sobre as possibilidades do empreendimento nas condições estabelecidas pelas seções, para cada um dos fatores de influência escolhidos.

Na escolha dos especialistas, se possível, deve-se procurar pessoas com formações diferentes, para que a atribuição de valores não seja decorrente de uma única linha de pensamento.

Por exemplo, um quadro de especialistas adequado para analisar a viabilidade de uma instituição de ensino superior abrir um novo curso em uma determinada região é composto de um profissional com formação de sociólogo, outro economista, outro pedagogo e um último com formação em administração de empresas (ou administração escolar).

Evidentemente, é possível aumentar a abrangência do processo com relação às áreas de formação dos especialistas. Para isso, basta utilizar mais de quatro especialistas e/ou profissionais de outras áreas de formação. Nada impede também que se utilize mais de um especialista da mesma área de formação. Cabe ao EC decidir sobre a escolha dos especialistas.

Note-se que o processo apresenta uma grande versatilidade, uma vez que permite a escolha de mais (ou menos) fatores de influência, permite o estabelecimento de três ou mais seções para cada fator, como também a utilização de um número maior (ou menor) de especialistas. Embora o processo permita, não é aconselhável a utilização de menos de quatro especialistas, para que o resultado não fique dotado de muita subjetividade.

Primeiramente, os especialistas dirão se, dentre os fatores escolhidos, há distinção quanto à importância. Se não houver, a eles será atribuído o mesmo peso (que pode ser igual a 1 (um) para todos); se houver, cada especialista atribuirá a cada fator o peso $q_{i,k}$ que julgar adequado, levando-se em conta a importância do fator em relação aos outros na decisão que será tomada.

$q_{i,k}$ = peso atribuído pelo especialista k ao fator i.

Na atribuição desses pesos, algumas restrições podem ser impostas pelo EC. Por exemplo, pode ser imposto que os pesos devam ser números inteiros positivos e que pertençam ao intervalo [1, 10]. Atribuídos os pesos a todos os fatores por todos os especialistas convocados, adotar-se-á como peso final P_i de cada fator a média aritmética dos pesos atribuídos pelos especialistas.

$$P_i = \frac{\sum_{k=1}^{m} q_{i,k}}{m} = \text{peso do fator i devido a todos os especialistas.} \tag{4.2}$$

Observe-se que há a possibilidade de o EC distinguir os especialistas conforme o *background* (prática, experiência, conhecimento) de cada um, atribuindo ele mesmo pesos diferentes r_k aos especialistas. Nesse caso, o peso final P_i de cada fator deixaria de ser uma média aritmética e passaria a ser uma média ponderada.

r_k = peso atribuído pelo engenheiro do conhecimento ao especialista k.

$$P_i = \frac{\sum_{k=1}^{m} r_k q_{i,k}}{\sum_{k=1}^{m} r_k} = \text{peso do fator i devido a todos os especialistas.} \tag{4.3}$$

Essa é apenas uma nuance do método, mostrando a sua versatilidade e a grande quantidade de opções que dá ao Engenheiro do Conhecimento (EC).

Estabelecidos os pesos finais dos fatores, deve-se solicitar aos especialistas que atribuam o valor da evidência favorável (ou grau de crença) (*a*) e da evidência contrária (ou grau de descrença) (*b*) a cada um dos fatores nas condições em que poderá ser encontrado, as quais são caracterizadas pelas seções estabelecidas. É claro que nessas atribuições cada especialista deverá, também, fazer uso de seus conhecimentos, experiências, vivência, sensibilidade, intuição, bom-senso etc.

Cada par ordenado ($a_{i,j,k}$; $b_{i,j,k}$) formado pelos valores das evidências favorável e contrária, atribuídos por um especialista E_k a um fator F_i dentro da condição definida por uma seção S_j, constitui uma constante de anotação simbolizada por $\mu_{i,j,k}$.

A base de dados é constituída pela matriz dos pesos, M_p, matriz coluna [P_i] de **n** linhas formada pelos pesos médios P_i dos fatores; e pela matriz das anotações, M_A, a matriz [$\mu_{i,j,k}$] de **n** × **s** linhas e **m** colunas, ou seja, com **n** × **s** × **m** elementos (anotações bivaloradas), formada por todas as anotações que os **m** especialistas atribuem a cada um dos **n** fatores dentro das condições definidas pelas **s** seções.

A matriz [$\mu_{i,j,k}$] pode ser representada por [($a_{i,j,k}$; $b_{i,j,k}$)], uma vez que cada um de seus elementos $\mu_{i,j,k}$ é um par ordenado da forma ($a_{i,j,k}$; $b_{i,j,k}$).

Por exemplo, numa situação com quatro especialistas (**m** = 4), cinco fatores (**n** = 5) e três seções para cada fator (**s** = 3), a matriz dos pesos, M_p, é um matriz coluna de 5 linhas (**n** = 5) e a matriz das anotações, M_A, é da forma 15 × 4 (**n** × **s** = 5 × 3 = 15 e **m** = 4) como está indicado na Tabela 4.1.

TABELA 4.1 Base de Dados: matrizes dos pesos, M_p, e das anotações, M_A.

Fator	P	Seção	E_1	E_2	E_3	E_4
Fator F_1	P_1	Seção S_1	$\mu_{1,1,1}$	$\mu_{1,1,2}$	$\mu_{1,1,3}$	$\mu_{1,1,4}$
		Seção S_2	$\mu_{1,2,1}$	$\mu_{1,2,2}$	$\mu_{1,2,3}$	$\mu_{1,2,4}$
		Seção S_3	$\mu_{1,3,1}$	$\mu_{1,3,2}$	$\mu_{1,3,3}$	$\mu_{1,3,4}$
Fator F_2	P_2	Seção S_1	$\mu_{2,1,1}$	$\mu_{2,1,2}$	$\mu_{2,1,3}$	$\mu_{2,1,4}$
		Seção S_2	$\mu_{2,2,1}$	$\mu_{2,2,2}$	$\mu_{2,2,3}$	$\mu_{2,2,4}$
		Seção S_3	$\mu_{2,3,1}$	$\mu_{2,3,2}$	$\mu_{2,3,3}$	$\mu_{2,3,4}$
Fator F_3	P_3	Seção S_1	$\mu_{3,1,1}$	$\mu_{3,1,2}$	$\mu_{3,1,3}$	$\mu_{3,1,4}$
		Seção S_2	$\mu_{3,2,1}$	$\mu_{3,2,2}$	$\mu_{3,2,3}$	$\mu_{3,2,4}$
		Seção S_3	$\mu_{3,3,1}$	$\mu_{3,3,2}$	$\mu_{3,3,3}$	$\mu_{3,3,4}$
Fator F_4	P_4	Seção S_1	$\mu_{4,1,1}$	$\mu_{4,1,2}$	$\mu_{4,1,3}$	$\mu_{4,1,4}$
		Seção S_2	$\mu_{4,2,1}$	$\mu_{4,2,2}$	$\mu_{4,2,3}$	$\mu_{4,2,4}$
		Seção S_3	$\mu_{4,3,1}$	$\mu_{4,3,2}$	$\mu_{4,3,3}$	$\mu_{4,3,4}$
Fator F_5	P_5	Seção S_1	$\mu_{5,1,1}$	$\mu_{5,1,2}$	$\mu_{5,1,3}$	$\mu_{5,1,4}$
		Seção S_2	$\mu_{5,2,1}$	$\mu_{5,2,2}$	$\mu_{5,2,3}$	$\mu_{5,2,4}$
		Seção S_3	$\mu_{5,3,1}$	$\mu_{5,3,2}$	$\mu_{5,3,3}$	$\mu_{5,3,4}$

4.2.5 Pesquisa de campo

As providências tomadas pelo EC até a construção da base de dados (de 1 até 4) completam o seu dispositivo de tomadas de decisão. A partir disso, ele está apto para aplicar o método e chegar à decisão final, usando informações que serão coletadas por meio de pesquisa sobre a condição (definida pela seção) de cada fator de influência. Portanto, o passo seguinte é fazer a pesquisa de campo e verificar qual é a condição real de cada um dos fatores de influência, ou seja, é pesquisar em que seção S_j cada fator F_i se encontra.

Assim, usando o exemplo anterior (seção 4.2.3) da abertura de um curso por uma instituição de ensino, se a mensalidade M_c necessária para o funcionamento sadio do curso for igual a $130\%M_m$, dir-se-á que o fator "**valor da mensalidade do curso**" está em condição desfavorável para a abertura do curso, ou seja, que a condição desse fator é traduzida pela seção S_3 ou que esse fator está na seção S_3.

Analogamente, se no outro exemplo visto na mesma seção 4.2.3, a pesquisa mostrar que o preço Q de lançamento do produto é $80\%P$, dir-se-á que o fator "**preço do produto no mercado**" está em condição favorável para o lançamento do produto, ou seja, que a condição desse fator é traduzida pela seção S_2 ou que esse fator está na seção S_2.

Feita essa pesquisa, o EC obtém um conjunto de **n** seções resultantes da pesquisa, S_{pi}, com $1 \leq i \leq$ **n**, uma para cada fator, que traduzem em que condições reais os fatores se encontram. Esses **n** valores das seções resultantes da pesquisa constituem uma matriz coluna de **n** linhas, que será chamada de matriz pesquisada, $M_{pq} = [S_{pi}]$. Com essa seleção das seções, feita por meio da pesquisa de campo, pode-se buscar na base de dados as opiniões dos especialistas sobre a viabilidade do empreendimento nas condições em que os fatores se encontram. Essas opiniões são traduzidas pelos valores das evidências favorável e contrária por eles atribuídos aos fatores nas condições das seções obtidas na pesquisa.

Dessa forma, da matriz M_A da base de dados, pode ser destacada outra matriz, subconjunto dela, que será chamada de matriz dos dados pesquisados, $M_{Dpq} = [\lambda_{i,k}]$, de **n** linhas e **m** colunas, constituída pelas linhas de M_A correspondentes às seções S_{pi} obtidas na pesquisa.

TABELA 4.2 Matrizes dos pesos, M_{pi}, pesquisada, M_{pq}, e dos dados pesquisados, M_{Dpq}.

			E_1	E_2	E_3	E_4
Fator F_1	P_1	S_{p1}	$\lambda_{1,1}$	$\lambda_{1,2}$	$\lambda_{1,3}$	$\lambda_{1,4}$
Fator F_2	P_2	S_{p2}	$\lambda_{2,1}$	$\lambda_{2,2}$	$\lambda_{2,3}$	$\lambda_{2,4}$
Fator F_3	P_3	S_{p3}	$\lambda_{3,1}$	$\lambda_{3,2}$	$\lambda_{3,3}$	$\lambda_{3,4}$
Fator F_4	P_4	S_{p4}	$\lambda_{4,1}$	$\lambda_{4,2}$	$\lambda_{4,3}$	$\lambda_{4,4}$
Fator F_5	P_5	S_{p5}	$\lambda_{5,1}$	$\lambda_{5,2}$	$\lambda_{5,3}$	$\lambda_{5,4}$

4.2.6   Cálculo das anotações resultantes

Além do resultado obtido na pesquisa (matriz dos dados pesquisados, M_{Dpq}), para a aplicação das técnicas da lógica Eτ, uma providência deve ser tomada pelo EC: dividir os especialistas em grupos segundo critérios que ele mesmo deverá definir. Ou seja, como serão constituídos os grupos de especialistas?

Na constituição dos grupos de especialista para aplicação dos operadores **MÁX** e **MÍN** em estudo de casos reais de auxílio às tomadas de decisão, alguns detalhes devem ser observados.

Como foi visto na seção 2.7, o operador **MÁX** tem o sentido de fazer a maximização do grau de certeza dentro de um conjunto de anotações, escolhendo o maior grau de evidência favorável e o menor grau de evidência contrária. Portanto, deve ser aplicado em situações em que as opiniões de dois ou mais especialistas (ou itens pesquisados) não são todas determinantes, bastando a opinião favorável de apenas um deles para se considerar o resultado do grupo satisfatório. Assim, se entre os especialistas houver um que mereça especial destaque no assunto, ele deve ficar sozinho em um grupo, para que sua opinião seja necessariamente considerada. Mas, se houver dois especialistas de mesmo nível e atuantes na mesma área ou em áreas correlatas, os dois podem ser colocados no mesmo grupo, pois, se a opinião de um for satisfatória, já é suficiente para se considerar a opinião desse grupo como favorável ao empreendimento.

O operador **MÍN**, que tem o sentido de fazer a minimização do grau de certeza dentro de um conjunto de anotações, escolhendo o menor grau de evidência favorável e o maior grau de evidência contrária (ver seção 2.7). Portanto, deve ser aplicado em situações em que as opiniões dos dois ou mais especialistas (ou itens pesquisados) são todas determinantes, sendo indispensável que todas sejam favoráveis para que se possa considerar o resultado da análise satisfatório.

Assim, por exemplo, tendo-se entre os especialistas dois de alto gabarito, esses devem ficar em grupos diferentes e sozinhos, para que as opiniões de ambos sejam necessariamente consideradas e não compartilhadas com as de outros.

Um exemplo que pode esclarecer a formação dos grupos é o seguinte. Imagine os quatro setores de um time de futebol: o goleiro (um jogador com o número 1), a defesa (quatro jogadores numerados de 2 a 5), o meio de campo (três jogadores numerados de 6 a 8) e o ataque (três jogadores numerados de 9 a 11). É o que os futebolistas chamam de esquema 4-3-3. Um técnico (aqui, o engenheiro do conhecimento) entende que, para o time ser ótimo, deve ter um jogador ótimo em cada setor, ou seja, goleiro ótimo, um defensor ótimo, um meio campista ótimo e um atacante ótimo.

Assim, numa análise da viabilidade do time, os grupos já estão naturalmente constituídos. O goleiro, que é único no setor, constitui um grupo (A); os quatro da defesa constituem outro grupo (B), pois basta que um deles seja ótimo para atender à exigência de o time ser ótimo; analogamente, os três do meio campo constituem o terceiro grupo (C) e os três atacantes, o quarto grupo (D).

A distribuição dos grupos para aplicação dos operadores **MÁX** e **MÍN** é a seguinte:

$$\textbf{MÍN } \{[\text{Grupo A}], [\text{Grupo B}], [\text{Grupo C}], [\text{Grupo D}]\} \text{ ou}$$

$$\textbf{MÍN } \{[1], \textbf{MÁX } [2, 3, 4, 5], \textbf{MÁX } [6, 7, 8], \textbf{MÁX } [9, 10, 11]\} \text{ ou}$$

$$\textbf{MÍN } [(a_A; b_A)], [(a_B; b_B)], [(a_C; b_C)], [(a_D; b_D)]\},$$

que pode ser representado pelo esquema da Figura 4.2.

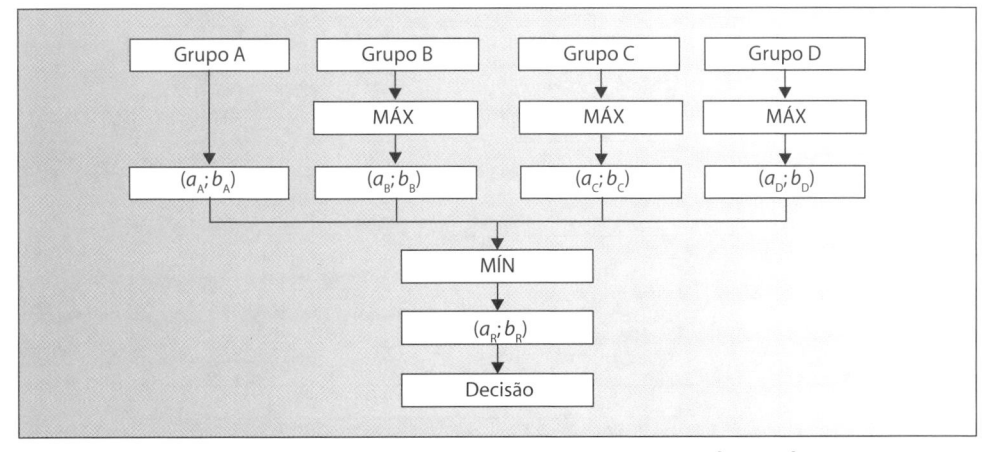

FIGURA 4.2 Esquema da aplicação dos operadores **MÁX** e **MÍN**.

Observe-se que a influência do goleiro é muito acentuada, porque ele determina sozinho o resultado do grupo A.

Para maiores detalhes sobre este exemplo, veja o Capítulo 9.

Como outro exemplo ilustrativo, imagine que se tenha a desconfiança que um indivíduo esteja com certa doença, porque ele vem apresentando alguns sintomas de dores no abdômen. Para se fazer uma análise empregando-se o para-analisador, colhem-se as opiniões de quatro especialistas (médicos): um clínico geral (E_1), um gastroenterologista (E_2), um urologista (E_3) e um endoscopista (E_4).

Numa situação como essa, suponha-se que a opinião do clínico geral (E_1) e a do endoscopista (E_4) sejam indispensáveis e decisivas, mas que as opiniões do gastroenterologista (E_2) e a do urologista (E_3) não tenham o mesmo peso, podendo prevalecer apenas a opinião de um deles.

Nessa situação, naturalmente, já se tem uma formação adequada para os grupos: grupo A, formado pelo clínico geral (E_1); grupo B, pelo endoscopista (E_4); e grupo C, formado pelo gastroenterologista (E_2) e urologista (E_3). Tendo-se os grupos, aplica-se o operador maximizante (**MÁX**) intragrupos (que, neste caso, se resume a aplicá-lo ao grupo C) e, depois, o operador minimizante (**MÍN**) entre os grupos A, B e C (entre grupos). Neste caso, a aplicação dos operadores fica assim:

$$\textbf{MÍN}\ \{[\ E_1\ ], [\ E_4\ ], \textbf{MÁX}\ [\ E_2, E_3\ ]\} \quad \text{ou} \quad \textbf{MÍN}\ \{[G_A], [G_B], [G_C]\}$$

Nesse caso, uma representação esquemática da aplicação das regras de maximização e de minimização é traduzida pela Figura 4.3.

Observe-se que os exemplos apresentados têm apenas o objetivo de dar a ideia de como se faz a distribuição dos itens pesquisados em grupos e a aplicação dos operadores **MÁX** e **MÍN**, não cabendo aqui entrar em qualquer discussão quanto à correção técnica dos mesmos.

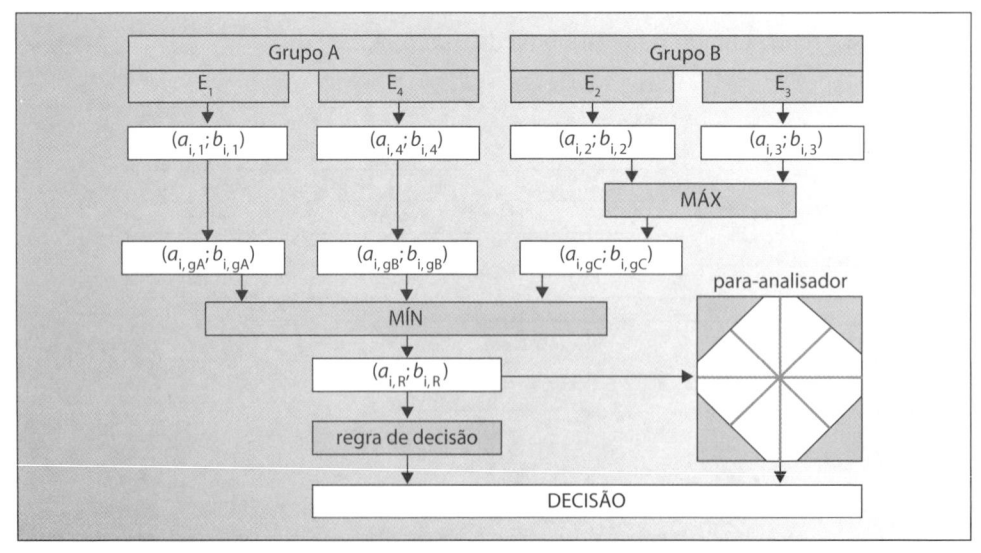

FIGURA 4.3 Esquema de uma aplicação dos operadores **MÁX** e **MÍN**.

A importância da análise de uma situação real por meio dos operadores **MÁX** e **MÍN** está no fato de que, mesmo que as condições analisadas apresentem resultados contraditórios, estes são levados em conta. Isto significa que este método aceita bases de dados que apresentam contradições, ou seja, consegue lidar com situações incertas (inconsistentes ou paracompletas).

A aplicação destes operadores permite determinar os valores da evidência favorável ($a_{i,R}$) e da evidência contrária ($b_{i,R}$), com $1 \leq i \leq$ **n**, resultantes, para cada fator F_i, na seção S_{pj} encontrada na pesquisa.

Lembrando que cada anotação (μ ou λ) é, neste trabalho, um par ordenado da forma ($a; b$), concluímos que a matriz $M_{Dpq} = [\lambda_{i,k}]$ dos dados pesquisados pode ser representada por [($a_{i,k}; b_{i,k}$)]. Assim, a Tabela 4.2 passa a ter a forma da Tabela 4.3.

TABELA 4.3   Matrizes dos pesos, M_{Pi}, pesquisada, M_{pq}, e dos dados pesquisados, M_{Dpq}.

		E_1	E_2	E_3	E_4
Fator F_1	P_1	($a_{1,1}; b_{1,1}$)	($a_{1,2}; b_{1,2}$)	($a_{1,3}; b_{1,3}$)	($a_{1,4}; b_{1,4}$)
Fator F_2	P_2	($a_{2,1}; b_{2,1}$)	($a_{2,2}; b_{2,2}$)	($a_{2,3}; b_{2,3}$)	($a_{2,4}; b_{2,4}$)
Fator F_3	P_3	($a_{3,1}; b_{3,1}$)	($a_{3,2}; b_{3,2}$)	($a_{3,3}; b_{3,3}$)	($a_{3,4}; b_{3,4}$)
Fator F_4	P_4	($a_{4,1}; b_{4,1}$)	($a_{4,2}; b_{4,2}$)	($a_{4,3}; b_{4,3}$)	($a_{4,4}; b_{4,4}$)
Fator F_5	P_5	($a_{5,1}; b_{5,1}$)	($a_{5,2}; b_{5,2}$)	($a_{5,3}; b_{5,3}$)	($a_{5,4}; b_{5,4}$)

Suponha-se que o engenheiro do conhecimento (EC) distribua os **m** especialistas em **p** grupos G_h, com $1 \leq h \leq$ **p**, cada um com g_h especialistas, sendo $\sum_{h=1}^{p} g_h =$ **m** .

Assim, o grupo G_h será constituído pelos seguintes g_h especialistas: E_{1h}, E_{2h}, ..., $E_{g h h}$. Então, a aplicação da regra de maximização dentro de grupo G_h (intragrupo), pode ser assim esquematizada:

$$\text{MÁX} \left[(E_{1h}), (E_{2h}), \dots (E_{g h h}) \right] \text{ ou}$$

$$\text{MÁX} \left[(a_{i,1h}; b_{i,1h}), (a_{i,2h}; b_{i,2h}), \dots (a_{i,g h h}; b_{i,g h h}) \right]$$

Como resultado dessa maximização obtém-se o par ordenado ($a_{i,h}; b_{i,h}$), no qual

$$a_{i,h} = \text{máx. } \{a_{i,1h}, a_{i,2h}, \dots, a_{i,g h h} \} \quad \text{e} \quad b_{i,h} = \text{mín. } \{b_{i,1h}, b_{i,2h}, \dots, b_{i,g h h} \}$$

Como são **n** fatores, obtém-se **n** pares ordenados dessa forma, constituindo a matriz resultante do grupo G_h, $M_{Gh} = [(a_{i,h}; b_{i,h})]$, com **n** linhas, pois $1 \leq i \leq$ **n**, e uma coluna. Observe-se que, como são **p** grupos, obtém-se **p** matrizes coluna semelhantes a esta.

Voltando ao exemplo ilustrativo de **n** = 5 fatores, **s** = 3 seções e **m** = 4 especialistas, e admitindo que os quatro especialistas foram distribuídos em dois grupos

($p = 2$), o primeiro, G_1, pelos especialistas E_1 e E_4 e o segundo, G_2, pelos especialistas E_2 e E_3, a aplicação da regra de maximização seria feita da seguinte maneira:

dentro do grupo G_1: **MÁX** [(E_1), (E_4)];

dentro do grupo G_2: **MÁX** [(E_2), (E_3)] ou

MÁX [($a_{i,1}$; $b_{i,1}$), ($a_{i,4}$; $b_{i,4}$)], resultando em ($a_{i,g1}$; $b_{i,g1}$) para o grupo G_1; e

MÁX [($a_{i,2}$; $b_{i,2}$), ($a_{i,3}$; $b_{i,3}$)], resultando em ($a_{i,g2}$; $b_{i,g2}$) para o grupo G_2, sendo

$a_{i,g1}$ = máx $\{a_{i,1}, a_{i,4}\}$; \qquad $b_{i,g1}$ = mín $\{b_{i,1}, b_{i,4}\}$; e

$a_{i,g2}$ = máx $\{a_{i,2}, a_{i,3}\}$; \qquad $b_{i,g2}$ = mín $\{b_{i,2}, b_{i,3}\}$.

Obtém-se, então, $p = 2$ matrizes colunas com $n = 5$ linhas como resultado da aplicação da regra de maximização dentro dos grupos G_1 e G_2 (intragrupos). São elas:

$$M_{G1} = [(a_{i,g1}; b_{i,g1})] = [\rho_{i,g1}] \quad e \quad M_{G2} = [(a_{i,g2}; b_{i,g2})] = [\rho_{i,g2}] ,$$

que podem ser representadas de outra forma, como na Tabela 4.4.

TABELA 4.4 Matrizes dos grupos, M_{G1} e M_{G2}, resultantes da aplicação da regra de maximização.

$$M_{G1} = \begin{pmatrix} (a_{1,g1}; b_{1,g1}) \\ (a_{2,g1}; b_{2,g1}) \\ (a_{3,g1}; b_{3,g1}) \\ (a_{4,g1}; b_{4,g1}) \\ (a_{5,g1}; b_{5,g1}) \end{pmatrix} = \begin{pmatrix} \rho_{1,g1} \\ \rho_{2,g1} \\ \rho_{3,g1} \\ \rho_{4,g1} \\ \rho_{5,g1} \end{pmatrix} \qquad M_{G2} = \begin{pmatrix} (a_{1,g2}; b_{1,g2}) \\ (a_{2,g2}; b_{2,g2}) \\ (a_{3,g2}; b_{3,g2}) \\ (a_{4,g2}; b_{4,g2}) \\ (a_{5,g2}; b_{5,g2}) \end{pmatrix} = \begin{pmatrix} \rho_{1,g2} \\ \rho_{2,g2} \\ \rho_{3,g2} \\ \rho_{4,g2} \\ \rho_{5,g2} \end{pmatrix}$$

Aplicadas as regras de maximização (operador **MÁX**) dentro dos grupos (intragrupos), o passo seguinte é a aplicação da regra de minimização (operador **MÍN**) entre os p grupos (entre grupos), que pode ser assim esquematizada:

$$\text{MÍN } \{[G_1], [G_2], ... [G_h], ... [G_p]\} \text{ ou}$$

$$\text{MÍN } \{(a_{i,g1}; b_{i,g1}), (a_{i,g2}; b_{i,g2}), ... (a_{i,gh}; b_{i,gh}), ... (a_{i,gp}; b_{i,gp})\},$$

donde se obtém para cada fator F_i a anotação resultante ($a_{i,R}$; $b_{i,R}$), na qual

$$a_{i,R} = \text{mín } \{a_{i,g1}, a_{i,g2}, ..., a_{i,gh}, ..., a_{i,gp}\}; \text{ e}$$

$$b_{i,R} = \text{máx } \{b_{i,g1}, b_{i,g2}, ..., b_{i,gh}, ..., b_{i,gp}\}.$$

Como são n fatores, estes resultados vão constituir uma matriz coluna com n linhas, que será chamada de matriz resultante, $M_R = [(a_{i,R}; b_{i,R})] = [\omega_{i,R}]$.

Voltando ao exemplo, de **n** = 5 fatores, **s** = 3 seções e **m** = 4 especialistas, a aplicação da regra de minimização se reduziria a **MÍN** $\{[G_1], [G_2]\}$, obtendo-se:

$a_{1,R} = \text{mín } \{a_{1,g1}, a_{1,g2}\}$ e $b_{1,R} = \text{máx } \{b_{1,g1}, b_{1,g2}\}$;

$a_{2,R} = \text{mín } \{a_{2,g1}, a_{2,g2}\}$ e $b_{2,R} = \text{máx } \{b_{2,g1}, b_{2,g2}\}$;

$a_{3,R} = \text{mín } \{a_{3,g1}, a_{3,g2}\}$ e $b_{3,R} = \text{máx } \{b_{3,g1}, b_{3,g2}\}$;

$a_{4,R} = \text{mín } \{a_{4,g1}, a_{4,g2}\}$ e $b_{4,R} = \text{máx } \{b_{4,g1}, b_{4,g2}\}$;

$a_{5,R} = \text{mín } \{a_{5,g1}, a_{5,g2}\}$ e $b_{5,R} = \text{máx } \{b_{5,g1}, b_{5,g2}\}$.

A matriz resultante, matriz coluna de 5 linhas, fica representada como na Tabela 4.5.

TABELA 4.5   Matriz resultante, M_R.

$$M_R = \begin{pmatrix} (a_{1,R}; b_{1,R}) \\ (a_{2,R}; b_{2,R}) \\ (a_{3,R}; b_{3,R}) \\ (a_{4,R}; b_{4,R}) \\ (a_{5,R}; b_{5,R}) \end{pmatrix} = \begin{pmatrix} \omega_{1,R} \\ \omega_{2,R} \\ \omega_{3,R} \\ \omega_{4,R} \\ \omega_{5,R} \end{pmatrix}$$

A aplicação das regras de maximização (**MÁX**) e de minimização (**MÍN**) a esse exemplo que está sendo analisado pode ser assim resumida:

$$\text{MÍN } \{\text{MÁX } [(E_1)(E_4)], \text{ MÁX } [(E_2)(E_3)]\} \quad \text{ou} \quad \text{MÍN } \{[G_1], [G_2]\}.$$

Nas aplicações, as matrizes vistas nas Tabelas 4.2 e 4.3 (matrizes dos pesos, pesquisada e dos dados pesquisados), 4.4 (matrizes dos grupos) e 4.5 (matriz resultante) serão colocadas como colunas da tabela de cálculos, que tem o formato das Tabelas 4.6 ou 4.7.

TABELA 4.6   Tabela de cálculos, com a indicação das anotações bivaloradas.

	M_p	M_{pq}	M_{Dpq}				M_{G1}	M_{G2}	M_R
F_i	P_i	S_{pi}	E_1	E_2	E_3	E_4	**MÁX** $[E_1, E_4]$	**MÁX** $[E_2, E_3]$	**MÍN** $\{G_1, G_2\}$
F_1	P_1	S_{p1}	$\lambda_{1,1}$	$\lambda_{1,2}$	$\lambda_{1,3}$	$\lambda_{1,4}$	$\rho_{1,g1}$	$\rho_{1,g2}$	$\omega_{1,R}$
F_2	P_2	S_{p2}	$\lambda_{2,1}$	$\lambda_{2,2}$	$\lambda_{2,3}$	$\lambda_{2,4}$	$\rho_{2,g1}$	$\rho_{2,g2}$	$\omega_{2,R}$
F_3	P_3	S_{p3}	$\lambda_{3,1}$	$\lambda_{3,2}$	$\lambda_{3,3}$	$\lambda_{3,4}$	$\rho_{3,g1}$	$\rho_{3,g2}$	$\omega_{3,R}$
F_4	P_4	S_{p4}	$\lambda_{4,1}$	$\lambda_{4,2}$	$\lambda_{4,3}$	$\lambda_{4,4}$	$\rho_{4,g1}$	$\rho_{4,g2}$	$\omega_{4,R}$
F_5	P_5	S_{p5}	$\lambda_{5,1}$	$\lambda_{5,2}$	$\lambda_{5,3}$	$\lambda_{5,4}$	$\rho_{5,g1}$	$\rho_{5,g2}$	$\omega_{5,R}$

TABELA 4.7 Tabela de cálculos, com a indicação dos valores das evidências favorável (a) e contrária (b).

	M_p	M_{pq}	M_{Dpq}				M_{G1}	M_{G2}	M_R
F_i	P_i	S_{pi}	E_1	E_2	E_3	E_4	MÁX $[E_1, E_4]$	MÁX $[E_2, E_3]$	MÍN $\{G_1, G_2\}$
F_1	P_1	S_{p1}	$a_{1,1} b_{1,1}$	$a_{1,2} b_{1,2}$	$a_{1,3} b_{1,3}$	$a_{1,4} b_{1,4}$	$a_{1,g1} b_{1,g1}$	$a_{1,g2} b_{1,g2}$	$a_{1,R} b_{1,R}$
F_2	P_2	S_{p2}	$a_{2,1} b_{2,1}$	$a_{2,2} b_{2,2}$	$a_{2,3} b_{2,3}$	$a_{2,4} b_{2,4}$	$a_{2,g1} b_{2,g1}$	$a_{2,g2} b_{2,g2}$	$a_{2,R} b_{2,R}$
F_3	P_3	S_{p3}	$a_{3,1} b_{3,1}$	$a_{3,2} b_{3,2}$	$a_{3,3} b_{3,3}$	$a_{3,4} b_{3,4}$	$a_{3,g1} b_{3,g1}$	$a_{3,g2} b_{3,g2}$	$a_{3,R} b_{3,R}$
F_4	P_4	S_{p4}	$a_{4,1} b_{4,1}$	$a_{4,2} b_{4,2}$	$a_{4,3} b_{4,3}$	$a_{4,4} b_{4,4}$	$a_{4,g1} b_{4,g1}$	$a_{4,g2} b_{4,g2}$	$a_{4,R} b_{4,R}$
F_5	P_5	S_{p5}	$a_{5,1} b_{5,1}$	$a_{5,2} b_{5,2}$	$a_{5,3} b_{5,3}$	$a_{5,4} b_{5,4}$	$a_{5,g1} b_{5,g1}$	$a_{5,g2} b_{5,g2}$	$a_{5,R} b_{5,R}$

Os valores das evidências favorável ($a_{i,R}$) e contrária ($b_{i,R}$), resultantes, obtidos para todos os fatores, permitem determinar como é a influência de cada fator na viabilidade do empreendimento. Isto é feito por meio do algoritmo para-analisador.

Basta plotar no plano cartesiano os pares ($a_{i,R}$; $b_{i,R}$), obtendo **n** pontos que representam os **n** fatores, e verificar a posição desses pontos no reticulado τ. Se o ponto pertencer à região de verdade, o fator correspondente influi no sentido de recomendar a execução do empreendimento; se pertencer à região de falsidade, o fator recomenda a não execução do empreendimento; mas, se o ponto pertencer a uma região diferente dessas, dir-se-á que o fator é não conclusivo, ou seja, que não recomenda a execução e nem a não execução do empreendimento.

Essa análise da influência dos fatores também pode ser feita, calculando-se o grau de certeza ($H_i = a_{i,R} - b_{i,R}$) para cada fator e aplicando-se a regra de decisão. Se $H_i \geq NE$, o fator F_i recomenda a execução do empreendimento; se $H_i \leq -NE$, o fator F_i recomenda a não execução do empreendimento; e se $-NE < H_i < NE$, o fator F_i é não conclusivo, ou seja, não recomenda a execução e nem a não execução do empreendimento.

4.2.7 Determinação do baricentro

De um modo geral, não há muito interesse em saber a influência de cada fator, isoladamente. Entretanto, é de fundamental importância saber como é a influência conjunta de todos os fatores sobre a viabilidade do empreendimento, pois isso leva à decisão final. A influência conjunta dos fatores é determinada pela análise do centro de gravidade ou baricentro (**W**) dos pontos que os representam no plano cartesiano (no reticulado τ). Para determinar o baricentro, calculam-se suas coordenadas que são os graus de evidências favorável (a_W) e contrária (b_W). O grau de evidência favorável do baricentro (a_W) é igual à média ponderada das evidências favoráveis resultantes de todos os fatores, tomando-se como coeficientes (pesos) os pesos (P_i) atribuídos pelos especialistas aos fatores. Analogamente, é calculado o grau de evidência contrária do baricentro (b_W).

$$a_W = \frac{\sum_{i=1}^{n} P_i a_{i,R}}{\sum_{i=1}^{n} P_i} \qquad \text{e} \qquad b_W = \frac{\sum_{i=1}^{n} P_i b_{i,R}}{\sum_{i=1}^{n} P_i} \qquad (4.4)$$

No caso particular em que todos os fatores têm os pesos (P_i) iguais, as médias ponderadas em (4.4) se transformam em médias aritméticas e o centro de gravidade dos pontos que representam os fatores passa a ser o centro geométrico desses pontos.

Nesse caso: $\qquad a_W = \dfrac{\sum_{i=1}^{n} a_{i,R}}{n} \qquad \text{e} \qquad b_W = \dfrac{\sum_{i=1}^{n} b_{i,R}}{n} \qquad (4.5)$

4.2.8 Tomada de decisão

Determinados os valores da evidência favorável (a_W) e contrária (b_W) do baricentro, já se está em condições de efetuar a tomada de decisão final, por meio do algoritmo para-analisador.

Para isso, é suficiente plotar o par ordenado $(a_W; b_W)$ no plano cartesiano e verificar a que região do reticulado τ o baricentro **W** pertence. Se pertence à região de verdade, a decisão é favorável, isto é, o empreendimento é viável; se pertence à região de falsidade, a decisão é desfavorável, isto é, o empreendimento é não viável; mas se pertence a qualquer região do reticulado τ diferente dessas duas, diz-se que a análise é não conclusiva. Neste caso, não se conclui pela viabilidade do empreendimento e nem pela sua inviabilidade; diz-se apenas que a análise foi não conclusiva e que, se for de interesse, novos estudos devem ser feitos para se tentar chegar a uma conclusão positiva (viabilidade ou inviabilidade), sempre tendo como apoio os estados não extremos correspondentes.

Uma outra maneira de se obter a decisão final é pela aplicação da regra decisão. Neste caso, basta calcular o grau de certeza do baricentro $(H_W = a_W - b_W)$ e aplicar a regra de decisão. Se $H_W \geq NE$, a decisão é favorável e recomenda a execução do empreendimento (viável); se $H_W \leq -NE$, a decisão é desfavorável e recomenda a não execução do empreendimento (inviável); e se $-NE < H_W < NE$, diz-se que a análise é não conclusiva, ou seja, o resultado não recomenda a execução e nem a não execução do empreendimento. Sugere apenas que, se for de interesse, novos estudos sejam feitos para se tentar resolver a indecisão.

Observe-se, pois, que o grau de certeza do baricentro (H_W) é o número final, bem determinado, que permite a decisão procurada. Todo o processo acaba levando a esse número, fundamental para a tomada de decisão com a obtenção de novas evidências.

Encerrando este capítulo, cumpre observar que todas as operações descritas: busca das opiniões dos especialistas na base de dados, uma vez conhecido o resultado da pesquisa (etapa 5); cálculo dos valores das evidências favorável e contrária para cada um dos fatores (etapa 6); cálculo dos valores das evidências favorável e contrária do baricentro (etapa 7); e a tomada de decisão (etapa 8) são feitas por um programa de computador desenvolvido com o auxílio da planilha eletrônica do Excel. Esse programa passará a ser chamado de Programa de Cálculos para o Método Paraconsistente de Decisão (PC do MPD).

Com a intenção de auxiliar os menos treinados no uso da planilha Excel, no Capítulo 5, mostra-se como se faz a montagem do PC do MPD.

CAPÍTULO 5

PROGRAMA DE CÁLCULOS PARA O MÉTODO PARACONSISTENTE DE DECISÃO (PC DO MPD)

O PC do MPD nada mais é do que uma aplicação da planilha Excel. Dessa forma, com a intenção de ajudar aqueles menos familiarizados com essa planilha, tomou-se a liberdade de mostrar como, com o auxílio do Excel, são feitos os cálculos necessários para aplicação do MPD. De antemão, pede-se a compreensão dos *experts* em Excel, para que não reparem se alguma coisa não foi feita da melhor forma e solicita-se deles a gentileza de apresentarem as sugestões de melhorias que julgarem pertinentes.

É claro que esses cálculos poderiam ser feitos sem os recursos da computação, mas eles se tornariam tão demorados e enfadonhos, que inviabilizariam o método.

Para que esta exposição fique afinada com o texto da apresentação do método (Capítulo 4), ela seguirá a sequência das etapas do MPD, que são executadas pelo programa de cálculos. Usaremos a planilha Excel do Office 2003; para a versão 2007, algumas pequenas adaptações serão necessárias.

5.1 BUSCA DAS OPINIÕES DOS ESPECIALISTAS NA BASE DE DADOS, UMA VEZ CONHECIDO O RESULTADO DA PESQUISA (ETAPA 5)

Para que a explicação fique mais acessível, ela será acompanhada de um exemplo numérico. Para isso, será considerada a base de dados a seguir.

TABELA 5.1   Base de dados para quatro fatores F_i, três seções S_j e quatro especialistas E_k.

	A	B	C	D	E	F	G	H	I	J	K	L
1	**BASE DE DADOS**											
2												
3	**Fator**	**Peso**	**Seção**	**F e S**	**Especialista 1**		**Especialista 2**		**Especialista 3**		**Especialista 4**	
4					$a_{i,j,1}$	$b_{i,j,1}$	$a_{i,j,2}$	$b_{i,j,2}$	$a_{i,j,3}$	$b_{i,j,3}$	$a_{i,j,4}$	$b_{i,j,4}$
5			S_1	F_1S_1	1,0	0,0	0,9	0,1	1,0	0,2	0,8	0,3
6	F_1	4	S_2	F_1S_2	**0,7**	**0,6**	**0,6**	**0,4**	**0,6**	**0,6**	**0,5**	**0,6**
7			S_3	F_1S_3	0,3	1,0	0,3	1,0	0,2	0,8	0,2	1,0
8			S_1	F_2S_1	**0,9**	**0,2**	**1,0**	**0,2**	**0,9**	**0,1**	**0,8**	**0,1**
9	F_2	3	S_2	F_2S_2	0,6	0,5	0,6	0,6	0,4	0,4	0,5	0,4
10			S_3	F_2S_3	0,3	0,9	0,2	0,8	0,1	0,8	0,0	0,9
11			S_1	F_3S_1	0,9	0,2	0,8	0,2	0,8	0,0	0,7	0,2
12	F_3	2	S_2	F_3S_2	**0,5**	**0,4**	**0,4**	**0,4**	**0,6**	**0,5**	**0,5**	**0,5**
13			S_3	F_3S_3	0,3	1,0	0,0	1,0	0,3	1,0	0,1	0,9
14			S_1	F_4S_1	1,0	0,2	0,8	0,0	1,0	0,2	0,9	0,4
15	F_4	1	S_2	F_4S_2	0,5	0,6	0,6	0,6	0,6	0,4	0,5	0,6
16			S_3	F_4S_3	**0,1**	**0,9**	**0,2**	**0,9**	**0,2**	**1,0**	**0,0**	**0,9**

Ou seja, será utilizada uma base de dados correspondente a uma análise com quatro fatores de influência, três seções para cada fator e quatro especialistas.

Ao leitor: se quiser acompanhar as explicações e, ao mesmo tempo, executá-las numa planilha Excel, ficará mais fácil se você mantiver a numeração das linhas e das colunas usadas no decorrer deste texto.

Suponha-se que o resultado da pesquisa tenha acusado que os fatores F_1 a F_4 se encontram nas condições traduzidas pelas seções S_2, S_1, S_2 e S_3, respectivamente. Portanto, estes são os elementos da matriz pesquisada. Logo, a transposta dessa matriz é $[S_{pj}]^t = [S_2, S_1, S_2, S_3]$. Será considerado que a transposta da matriz dos pesos é $[P_j]^t = [4, 3, 2, 1]$, o que já consta da base de dados.

O problema é buscar na base de dados os valores dos graus de evidência, favorável e contrária, correspondentes a essas seções, os quais estão destacados em negrito na Tabela 5.1.

Essa tarefa é resolvida com o auxílio da função PROCV conjugada com a função CONCATENAR. A primeira tem três argumentos: Valor_procurado, Matriz_tabela e Número_índice_coluna; a segunda tem tantos argumentos quantos forem os textos a serem concatenados (texto 1, texto 2, ...). No PC do MPD teremos, normalmente, apenas dois textos a serem concatenados: o indicador do fator (F_i) e o indicador da seção (S_j).

Assim, a conjugação das duas funções resulta na função:

PROCV(CONCATENAR(Fator;Seção); Matriz_tabela; Número_índice_coluna).

Para a aplicação desta função, é necessário inserir uma coluna a mais, D, na base de dados (coluna base ou chave), onde os dois textos da função CONCATENAR (Fator e Seção) são agrupados (ver Tabela 5.1). Dessa forma, a Matriz_tabela passa a ser o segmento da base de dados que vai da linha 5 a 16 e da coluna D a L, ou seja, ($D$5:$L$16). Portanto, a coluna D é a coluna 1 da Matriz_tabela.

A ordem da coluna (Número_índice_coluna), como o próprio nome diz, é a ordem da coluna da Matriz_tabela onde está o dado que se quer buscar. Se quiser o grau de evidência favorável do especialista 1 ($a_{i,j,1}$), a coluna é E e a ordem da coluna é 2, porque a primeira coluna da Matriz_tabela é D; se quiser o grau de evidência contrária do especialista 1 ($b_{i,j,1}$), a coluna é F e a ordem da coluna é 3, porque a primeira coluna da Matriz_tabela é D; assim sucessivamente, até chegar à coluna L, cuja ordem é 9.

Um detalhe: para que o Excel execute a função PROCV, é necessário que a coluna base (ou chave) da Matriz_tabela (coluna D) seja colocada em ordem crescente. Aqui, no exemplo que está sendo analisado, a coluna D já está devidamente ordenada. Não se deve esquecer, ao se colocar a coluna base em ordem crescente, de fazer com que todas as outras colunas acompanhem o ordenamento.

Assim, a primeira parte da tabela de cálculos do PC do MPD terá a forma apresentada na Tabela 5.2b, na qual a 4ª coluna (P) conterá os valores dos graus de evidência favorável atribuídos pelo especialista E_1 aos fatores, nas condições das seções pesquisadas ($a_{i,1}$); a 5ª coluna (Q), os graus de evidência contrária ($b_{i,1}$); e assim sucessivamente até a última coluna (W), que conterá os graus de evidência contrária atribuídos pelo especialista E_4. Na Tabela 5.2a estão as fórmulas que permitem buscar esses valores na base de dados (Tabela 5.1).

TABELA 5.2a Fórmulas para buscar os dados na base de dados.

	M	N	O	P	Q	R	S	T	U	V	W
1	TABELA DE CÁLCULOS										
2											
3	Fator	Peso	Seção	E_1		E_2		E_3		E_4	
4				$a_{i,1}$	$b_{i,1}$	$a_{i,2}$	$b_{i,2}$	$a_{i,3}$	$b_{i,3}$	$a_{i,4}$	$b_{i,4}$
5	F_1	P_1	S_2	=PROCV(CONCATENAR($M5;$N5);$D$5:$L$16;2)							=PROCV(CONCATENAR($M5;$N5);$D$5:$L$16;9)
6	F_2	P_2	S_1	=PROCV(CONCATENAR($M6;$N6);$D$5:$L$16;2)							=PROCV(CONCATENAR($M6;$N6);$D$5:$L$16;9)
7	F_3	P_3	S_2	=PROCV(CONCATENAR($M7;$N7);$D$5:$L$16;2)							=PROCV(CONCATENAR($M7;$N7);$D$5:$L$16;9)
8	F_4	P_4	S_3	=PROCV(CONCATENAR($M8;$N8);$D$5:$L$16;2)							=PROCV(CONCATENAR($M8;$N8);$D$5:$L$16;9)
9	'=SOMA(N5:N8)										

TABELA 5.2b Valores encontrados na base de dados pela aplicação das fórmulas da Tabela 5.2a.

	M	N	O	P	Q	R	S	T	U	V	W
1	TABELA DE CÁLCULOS										
2											
3	Fator	Peso	Seção	E_1		E_2		E_3		E_4	
4				$a_{i,1}$	$b_{i,1}$	$a_{i,2}$	$b_{i,2}$	$a_{i,3}$	$b_{i,3}$	$a_{i,4}$	$b_{i,4}$
5	F_1	4	S_2	0,7	0,6	0,6	0,4	0,6	0,6	0,5	0,6
6	F_2	3	S_1	0,9	0,2	1,0	0,2	0,9	0,1	0,8	0,1
7	F_3	2	S_2	0,5	0,4	0,4	0,4	0,6	0,5	0,5	0,5
8	F_4	1	S_3	0,1	0,9	0,2	0,9	0,2	1,0	0,0	0,9
9		10									

Observe que na Tabela 5.2a somente estão as fórmulas correspondentes às colunas P e W, porque as demais (colunas Q, R, S, T, U e V) são obtidas de modo análogo, apenas trocando a ordem da coluna (Número_índice_coluna) por 3, 4, 5, 6, 7 e 8, respectivamente.

Aplicando-se essas 32 fórmulas (4 linhas e 8 colunas), obtém-se a Tabela 5.2b, que contém exatamente os valores destacados em negrito na base de dados (Tabela 5.1).

5.2 OBTENÇÃO DOS VALORES RESULTANTES DA EVIDÊNCIA FAVORÁVEL E DA EVIDÊNCIA CONTRÁRIA PARA CADA UM DOS FATORES (ETAPA 6)

Vamos admitir que os quatro especialistas sejam distribuídos em dois grupos: Grupo A, constituído pelos especialistas E_1 e E_2, e Grupo B, constituído pelos especialistas E_3 e E_4.

A maximização (operador **MÁX**) é aplicada intragrupos, ou seja, dentro do grupo A e do grupo B, e a minimização (operador **MÍN**) é aplicada entre grupos, ou seja, entre os resultados obtidos pela maximização aplicada aos grupos A e B. Assim, o esquema a ser adotado para aplicar as técnicas da lógica $E\tau$ é o seguinte:

$$\textbf{MÍN } \{\textbf{MÁX } [(E_1), (E_2)]; \textbf{MÁX } [(E_3), (E_4)]\} \quad \text{ou}$$

$$\textbf{MÍN } \{[G_A]; [G_B]\}.$$

Portanto, para obter os valores da evidência favorável e da evidência contrária para cada um dos quatro fatores, as fórmulas a serem aplicadas são as da Tabela 5.3a, que é a continuação da tabela de cálculos do MPD.

Aplicando-se essas fórmulas aos valores da Tabela 5.2b, obtém-se a Tabela 5.3b.

TABELA 5.3a Fórmulas para a aplicação das regras de maximização (MÁX) e minimização (MÍN).

	X	Y	Z	AA	AB	AC	AD	AE
1	TABELA DE CÁLCULOS							
2	Grupo A		Grupo B		Graus resultantes		Certeza e incerteza	
3	MÁX |(E$_1$), (E$_2$)|		MÁX |(E$_3$), (E$_4$)|		MÍN {G$_A$, G$_B$}			
4	$a_{i,A}$	$b_{i,A}$	$a_{i,B}$	$b_{i,B}$	$a_{i,LR}$	$b_{i,LR}$	H	G
5	=MAXIMO(P5;R5)	=MINIMO(Q5;S5)			=MINIMO(X5;Z5)	=MAXIMO(Y5;AA5)	=AB5–AC5	=AB5+AC5–1
6	=MAXIMO(P6;R6)	=MINIMO(Q6;S6)			=MINIMO(X6;Z6)	=MAXIMO(Y6;AA6)	=AB6–AC6	=AB6+AC6–1
7	=MAXIMO(P7;R7)	=MINIMO(Q7;S7)			=MINIMO(X7;Z7)	=MAXIMO(Y7;AA7)	=AB7–AC7	=AB7+AC7–1
8	=MAXIMO(P8;R8)	=MINIMO(Q8;S8)			=MINIMO(X8;Z8)	=MAXIMO(Y8;AA8)	=AB8–AC8	=AB8+AC8–1
9	Baricentro W: médias dos graus resultantes				=AG9/N9	=AH9/N9	=AB9–AC9	=AB9+AC9–1

TABELA 5.3b Resultados da aplicação das regras de maximização (MÁX) e minimização (MÍN).

	X	Y	Z	AA	AB	AC	AD	AE
1	TABELA DE CÁLCULOS							
2	Grupo A		Grupo B		Graus resultantess		Certeza e incerteza	
3	MÁX |(E$_1$), (E$_2$)|		MÁX |(E$_3$), (E$_4$)|		MÍN {G$_A$, G$_B$}			
4	$a_{i,A}$	$b_{i,A}$	$a_{i,B}$	$b_{i,B}$	$a_{i,LR}$	$b_{i,LR}$	H	G
5	0,7	0,6	0,6	0,6	0,6	0,6	0,0	0,2
6	1,0	0,2	0,9	0,1	0,9	0,1	0,8	0,0
7	0,5	0,4	0,6	0,5	0,5	0,4	0,1	–0,1
8	0,2	0,9	0,2	1,0	0,2	0,9	–0,7	0,1
9	Baricentro W: médias dos graus resultantes				0,63	0,44	0,19	0,07

5.3 CÁLCULO DOS VALORES DOS GRAUS DE EVIDÊNCIA, FAVORÁVEL E CONTRÁRIA, DO BARICENTRO (ETAPA 7)

Esta etapa já foi resolvida nas Tabelas 5.3a e 5.3b, na linha 9, colunas AB e AC.

As fórmulas usadas para o cálculo dos graus de evidência do baricentro são as da média ponderada:

$$a_{\mathrm{W}} = \frac{\sum_{i=1}^{n} P_i a_{i,R}}{\sum_{i=1}^{n} P_i} \qquad e \qquad b_{\mathrm{W}} = \frac{\sum_{i=1}^{n} P_i b_{i,R}}{\sum_{i=1}^{n} P_i} \qquad (4.4)$$

A ponderação que aparece nos numeradores destas fórmulas é mostrada nas Tabelas 5.4a e 5.4b, colunas AG e AH, e a soma dos pesos dos denominadores é obtida na célula N9 da Tabela 5.2.

Observe-se que, no caso particular de os pesos serem todos iguais, as médias ponderadas acima se reduzem ao caso particular das médias aritméticas traduzidas pelas fórmulas:

$$a_{\mathrm{W}} = \frac{\sum_{i=1}^{n} a_{i,R}}{n} \qquad e \qquad b_{\mathrm{W}} = \frac{\sum_{i=1}^{n} b_{i,R}}{n} \qquad (4.5)$$

Entretanto, isso de nada altera o cálculo, pois o PC do MPD, como está sendo construído aqui, já contempla essa particularização.

5.4 A TOMADA DE DECISÃO (ETAPA 8)

A tomada de decisão é feita calculando-se o grau de certeza, e aplicando a regra de decisão. Isso pode ser feito para cada fator isoladamente ($H_i = a_{i,R} - b_{i,R}$), quando se deseja saber a influência de cada fator no empreendimento; ou para o baricentro ($H_{\mathrm{W}} = a_{\mathrm{W}} - b_{\mathrm{W}}$), quando se deseja saber a influência conjunta de todos os fatores no empreendimento (Coluna AD da Tabela 5.3).

Para se saber se os dados relativos a cada fator estão ou não contraditórios, calcula-se o grau de incerteza, $G_i = a_{i,R} + b_{i,R} - 1$ (Coluna AE da Tabela 5.3).

Para se aplicar a regra de decisão e fazer a ponderação dos graus resultantes dos fatores para o cálculo dos graus de evidência o baricentro, as fórmulas são as da Tabela 5.4a.

TABELA 5.4a Fórmulas para a tomada de decisão e ponderação para o cálculo das médias dos graus resultantes.

	AF	AG	AH
1	**TABELA DE CÁLCULOS**		
2	**Nível de exigência**	**Ponderação dos graus resultantes**	
3	**NE**		
4	**Decisão**	$P_i \times a_{i,R}$	$P_i \times b_{i,R}$
5	= SE(AD5<=-AF$3;"INVIÁVEL";SE(AD5<AF$3;"NÃO CONCLUSIVA";"VIÁVEL"))	N5*AB5	N5*AC5
6	= SE(AD6<=-AF$3;"INVIÁVEL";SE(AD6<AF$3;"NÃO CONCLUSIVA";"VIÁVEL"))	N6*AB6	N6*AC6
7	= SE(AD7<=-AF$3;"INVIÁVEL";SE(AD7<AF$3;"NÃO CONCLUSIVA";"VIÁVEL"))	N7*AB7	N7*AC7
8	= SE(AD8<=-AF$3;"INVIÁVEL";SE(AD8<AF$3;"NÃO CONCLUSIVA";"VIÁVEL"))	N8*AB8	N8*AC8
9	**= SE(AD9<=-AF$3;"INVIÁVEL";SE(AD9<AF$3;"NÃO CONCLUSIVA"; "VIÁVEL"))**	**=SOMA(AG5:AG8)**	**=SOMA(AH5:AH8)**

TABELA 5.4b Tomada de decisão e ponderação para o cálculo das médias dos graus resultantes.

	M	AD	AE	AF	AG	AH
1	**TABELA DE CÁLCULOS**					
2	**Fator**	**Certeza e incerteza**		**Nível de exigência 0,60**	**Ponderação dos graus resultantes**	
3		**H**	**G**	**Decisão**	$P_i \times a_{i,R}$	$P_i \times b_{i,R}$
4	F1	0,0	0,2	NÃO CONCLUSIVA	2,4	2,4
5	F2	0,8	0,0	VIÁVEL	2,7	0,3
6	F3	0,1	–0,1	NÃO CONCLUSIVA	1,0	0,8
7	F4	–0,7	0,1	INVIÁVEL	0,2	0,9
8	**Baricentro**	**0,19**	**0,07**	**NÃO CONCLUSIVA**	**6,3**	**4,4**

A Tabela 5.5 permite uma visão completa da tabela de cálculos do MPD.

TABELA 5.5 Tabela de cálculos do MPD.

	M	N	O	P	Q	R	S	T	U	V	W	X	Y	Z	AA	AB	AC	AD	AE	AF	AG	AH
1	**TABELA DE CÁLCULOS**																					
2												Grupo A		Grupo B		Graus resultantes		Certeza e incerteza		Nível de exigência	Ponderação dos graus resultantes	
3	Fator	Peso	Seção	E_1		E_2		E_3		E_4		MÁX $[E_1, E_2]$		MÁX $[E_3, E_4]$		MÍN $\{G_A, G_B\}$				0,60		
4				$a_{i,1}$	$b_{i,1}$	$a_{i,2}$	$b_{i,2}$	$a_{i,3}$	$b_{i,3}$	$a_{i,4}$	$b_{i,4}$	$a_{i,A}$	$b_{i,A}$	$a_{i,B}$	$b_{i,B}$	$a_{i,R}$	$b_{i,R}$	H	G	Decisão	$P_i \times a_{i,R}$	$P_i \times b_{i,R}$
5	F_1	4	S_2	0,7	0,6	0,6	0,4	0,6	0,6	0,5	0,6	0,7	0,6	0,6	0,6	0,6	0,6	0,0	0,2	NÃO CONCLUSIVA	2,4	2,4
6	F_2	3	S_1	0,9	0,2	1,0	0,2	0,9	0,1	0,8	0,1	1,0	0,2	0,9	0,1	0,9	0,1	0,8	0,0	VIÁVEL	2,7	0,3
7	F_3	2	S_2	05,	0,4	0,4	0,4,	0,6	0,5	0,5	0,5	0,5	0,4	0,6	0,5	0,5	0,4	0,1	−0,1	NÃO CONCLUSIVA	1,0	0,8
8	F_4	1	S_3	0,1	0,9	0,2	0,9	0,2	1,0	0,0	0,9	0,2	0,9	0,2	1,0	0,2	0,9	−0,7	0,1	INVIÁVEL	0,2	0,9
9	**10**			Baricentro W: médias dos graus resultantes								**0,63**	**0,44**			**0,19**	**0,07**			NÃO CONCLUSIVA	**6,3**	**4,4**

As colunas desta tabela variam conforme a quantidade de especialistas, a maneira de formar os grupos etc. A quantidade de linhas depende apenas do número de fatores considerado.

5.5 A CONSTRUÇÃO DO ALGORITMO PARA-ANALISADOR (GRÁFICO)

Para atender à curiosidade de alguns, mostra-se, a seguir, como se utiliza o Excel para se montar o algoritmo para-analisador. Ou seja, para fazer o gráfico do grau de evidência contrária *versus* o grau de evidência favorável com as linhas limites e as fronteiras das regiões, e nele plotar os pontos representativos dos fatores e do baricentro.

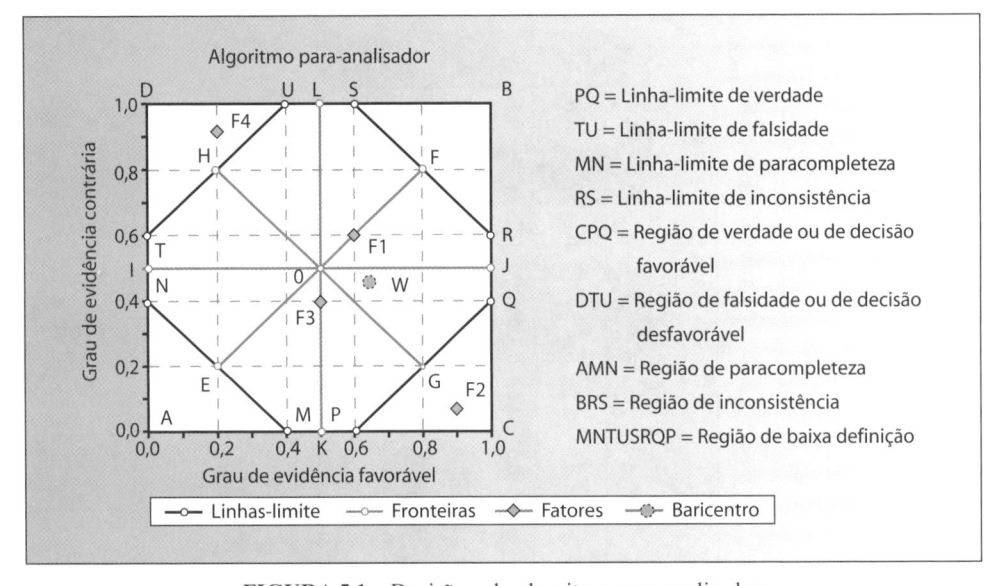

FIGURA 5.1 Decisão pelo algoritmo para-analisador.

Uma ideia é a exposta a seguir (diz-se uma ideia, porque há várias versões do Excel e, de uma para outra, os procedimentos variam ligeiramente; está-se tomando como base o Excel 2003).

Primeiramente, podem ser feitas as linhas-limite e as fronteiras. Para isso basta montar duas sequências de pontos (ver Figura 5.1): MPQRSUTNM, que define as linhas-limite e as regiões de decisão, e EOFOGOHOIOJOKOL, que define as fronteiras entre as regiões não conclusivas.

As coordenadas (graus de evidência) dos pontos da sequência MPQRSUTNM dependem exclusivamente do nível de exigência (NE) adotado. Assim, eles podem ser colocados em função desse parâmetro, obtendo-se a Tabela 5.6a.

TABELA 5.6a   Coordenadas das extremidades das linhas-limite em função
do nível de exigência.

Ponto	M	P	Q	R	S	U	T	N	M
a	1–NE	NE	1,0	1,0	NE	1–NE	0,0	0,0	1–NE
b	0,0	0,0	1–NE	NE	1,0	1,0	NE	1–NE	0,0

Dessa forma, como no exemplo que estamos analisando, o nível de exigência está na célula AF3, substituindo o NE por AF3, a Tabela 5.6a se modifica para a Tabela 5.6b.

TABELA 5.6b   Coordenadas das extremidades das linhas-limite
para nível de exigência em AF3.

Ponto	M	P	Q	R	S	U	T	N	M
a	1–AF3	AF3	1,0	1,0	AF3	1–AF3	0,0	0,0	1–AF3
b	0,0	0,0	1–AF3	AF3	1,0	1,0	AF3	1–AF3	0,0

Considerando, ainda, que, no exemplo em análise, o nível de exigência adotado é igual a 0,60, e colocando este valor na célula AF3, o Excel calcula os valores da Tabela 5.6c.

TABELA 5.6c   Coordenadas das extremidades das linhas-limite
para nível de exigência 0,6.

Ponto	M	P	Q	R	S	U	T	N	M
a	0,4	0,6	1,0	1,0	0,6	0,4	0,0	0,0	0,4
b	0,0	0,0	0,4	0,6	1,0	1,0	0,6	0,4	0,0

As coordenadas (graus de evidência) dos pontos da sequência EOFOGOHOIO-JOKOL também dependem do NE. Colocadas em função desse parâmetro, obtém-se a Tabela 5.7a.

TABELA 5.7a   Coordenadas das extremidades das fronteiras internas
da região de baixa definição em função do nível de exigência.

Ponto	O	E	F	G	H	I	J	K	L
a	0,5	(1–NE)/2	(1+NE)/2	(1+NE)/2	(1–NE)/2	0	1,0	0,5	0,5
b	0,5	(1–NE)/2	(1+NE)/2	(1+NE)/2	(1–NE)/2	0,5	0,5	0,0	1,0

Para o nível de exigência NE em AF3, obtém-se a Tabela 5.7b.

TABELA 5.7b Coordenadas das extremidades das fronteiras internas da região de baixa definição para o nível de exigência em AF3.

Ponto	O	E	F	G	H	I	J	K	L
a	0,5	(1–AF3)/2	(1+AF3)/2	(1–AF3)/2	(1+AF3)/2	0	1,0	0,5	0,5
b	0,5	(1–AF3)/2	(1+AF3)/2	(1–AF3)/2	(1+AF3)/2	0,5	0,5	0,0	1,0

Colocando o valor 0,60 do nível de exigência na célula AF3, o Excel calcula os valores da Tabela 5.7c.

TABELA 5.7c Coordenadas das extremidades das fronteiras internas da região de baixa definição para o nível de exigência 0,60.

Ponto	O	E	F	G	H	I	J	K	L
a	0,5	0,2	0,8	0,8	0,2	0	1,0	0,5	0,5
b	0,5	0,2	0,8	0,2	0,8	0,5	0,5	0,0	1,0

Com esses valores, o Excel faz o algoritmo para-analisador (o gráfico) e o altera toda vez que o nível de exigência (célula AF3, no caso deste exemplo) é alterado. As operações para que isso se realize serão vistas mais adiante.

Para representar os pontos que traduzem os fatores no algoritmo para-analisador, basta representar a sequência de pontos $F_i = (a_{i,R}; b_{i,R})$, que, no exemplo que está sendo considerado, é:

TABELA 5.8 Graus de evidência resultantes dos fatores.

Fator	F_1	F_2	F_3	F_4
$a_{i,R}$	AB5	AB6	AB7	AB8
$b_{i,R}$	AC5	AC6	AC7	AC8

ou, em números:

Fator	F_1	F_2	F_3	F_4
$a_{i,R}$	0,6	0,9	0,5	0,2
$b_{i,R}$	0,6	0,1	0,4	0,9

Para localizar o baricentro W, basta representar a sequência $W = (a_{i,W}; b_{i,W})$ constituída por um único ponto, o baricentro. No exemplo: W = (AB9; AC9) = (0,63; 0,44).

Pensando ainda no leitor menos familiarizado com o Excel (com o que se conta com a compreensão dos *experts* nessa planilha), será feito um detalhamento da sequência de passos necessários para a montagem do algoritmo para-analisador (do gráfico).

1º Passo: nas colunas de AL a AR (foram fixadas essas sete colunas para facilitar a exposição, mas poderiam ser quaisquer outras sete), faz-se uma tabela, colocando:

- em AL, a partir da linha 4 até a linha 27, as sequências MPQRSUTNM, que define as linhas limites e as regiões de decisão, e EOFOGOHOIOJOKOL, que define as fronteiras internas da região de baixa definição;

  a) em AM, os valores de *a*, como constam das Tabelas 5.6a e 5.7a;

  b) em AN, os valores de *b*, como constam das Tabelas 5.6a e 5.7a;

  c) em AO, os valores de *a*, como constam das Tabelas 5.6b e 5.7b;

  d) em AP, os valores de *b*, como constam das Tabelas 5.6b e 5.7b;

  e) em AQ, os valores de *a*, como constam das Tabelas 5.6c e 5.7c;

  f) em AR, os valores de *b*, como constam das Tabelas 5.6c e 5.7c.

O leitor já deve ter percebido que, desses seis itens, apenas os itens e) e f) são necessários, desde que se utilizem as fórmulas indicadas nos itens c) e d) logo de início. A intenção aqui foi mostrar o caminho, item por item, para os menos treinados na planilha Excel.

Com isso, obtém-se a Tabela 5.9, que exibe as fórmulas e os cálculos já efetuados (sempre lembrando que, no exemplo em análise, o NE está na célula AF3 e vale 0,60).

2º Passo: abrem-se, sucessivamente, as janelas "Inserir", "Gráfico", "Dispersão (XY)" (aqui se escolhe o terceiro da esquerda, com segmentos de reta), "Avançar", "Série", "Adicionar".

3º Passo: para fazer as linhas-limite:
Nome: Linhas-limite
Valores de X: PC!$AQ$4:$AQ$12
Valores de Y: PC!$AR$4:$AR$12

TABELA 5.9 Valores que resultam nas linhas-limite e nas fronteiras das regiões de baixa definição.

	AL	AM	AN	AO	AP	AQ	AR
1		**Linhas-limite e Fronteiras das regiões de baixa definição**					
2	**Ponto**	**Fórmulas**		**Fórmulas**		**Valores para NE = 0,60**	
3		*a*	*b*	*a*	*b*	*a*	*b*
4	M	1–NE	0,0	1–AF3	0,0	0,4	0,0
5	P	NE	0,0	AF3	0,0	0,6	0,0
6	Q	1,0	1–NE	1,0	1–AF3	1,0	0,4
7	R	1,0	NE	1,0	AF3	1,0	0,6
8	S	NE	1,0	AF3	1,0	0,6	1,0
9	U	1–NE	1,0	1–AF3	1,0	0,4	1,0
10	T	0,0	NE	0,0	AF3	0,0	0,6
11	N	0,0	1–NE	0,0	1–AF3	0,0	0,4
12	M	1–NE	0,0	1–AF3	0,0	0,4	0,0
13	E	(1–NE)/2	(1–NE)/2	(1–AF3)/2	(1–AF3)/2	0,2	0,2
14	O	0,5	0,5	0,5	0,5	0,5	0,5
15	F	(1+NE)/2	(1+NE)/2	(1+AF3)/2	(1+AF3)/2	0,8	0,2
16	O	0,5	0,5	0,5	0,5	0,5	0,5
17	G	(1+NE)/2	(1+NE)/2	(1+AF3)/2	(1–AF3)/2	0,8	0,8
18	O	0,5	0,5	0,5	0,5	0,5	0,5
19	H	(1–NE)/2	(1+NE)/2	(1–AF3)/2	(1+AF3)/2	0,2	0,8
20	O	0,5	0,5	0,5	0,5	0,5	0,5
21	I	0,0	0,5	0,0	0,5	0,0	0,5
22	O	0,5	0,5	0,5	0,5	0,5	0,5
23	J	1	0,5	1	0,5	1,0	0,5
24	O	0,5	0,5	0,5	0,5	0,5	0,5
25	K	0,5	0,0	0,5	0,0	0,5	0,0
26	O	0,5	0,5	0,5	0,5	0,5	0,5
27	L	0,5	1,0	0,5	1,0	0,5	1,0

Nota: PC é o nome da página da planilha (aparece na parte de baixo da planilha), na qual está sendo montado o PC do MPD. Para cada passo seguinte, clique novamente em "Adicionar".

4º Passo: para fazer as fronteiras internas da região de baixa definição:
Nome: Fronteiras
Valores de X: PC!$AQ$13:$AQ$27
Valores de Y: PC!$AR$13:$AR$27

5º Passo: representar os pontos que traduzem os fatores:
Nome: Fatores
Valores de X: PC!$AB$5:$AB$8
Valores de Y: PC!$AC$5:$AC$8

6º Passo: representar baricentro:
Nome: Baricentro
Valores de X: PC!$AB$9
Valores de Y: PC!$AC$9
Para encerrar, clica-se em "Avançar", "Avançar", "Concluir".

A partir daqui, só resta formatar o gráfico a critério e gosto de cada um. Para isso, quase sempre, a ação é clicar com o botão direito do *mouse* sobre aquilo que se quer formatar. Mas isso será deixado para que cada um vá descobrindo por conta e ritmo próprios.

Como foi possível observar durante a apresentação deste texto, a tabela de cálculos e o algoritmo para-analisador são dinâmicos, isto é, eles variam com a alteração dos elementos que os alimentam. As principais variações a serem consideradas são a da matriz pesquisada, constituída pelas seções (S_{pj}) obtidas na pesquisa de campo, a da matriz dos pesos ($[P_i]$) e a do nível de exigência (NE).

Você, leitor, que acompanhou o texto deste capítulo e montou o PC do MPD, poderá conferir o que fez olhando no Apêndice A – PC do MPD – Solução para o Capítulo 5, onde o programa está montado exatamente como sugerido. Se não montou, poderá usar a solução do Apêndice A para resolver os exercícios.

Além disso, há outro apêndice, Apêndice B – PC do MPD – Versão Genérica, que traz o programa parcialmente montado e permite fazer os cálculos em diferentes situações.

Exercícios

5.1 Para sentir as mudanças da planilha de cálculos e do algoritmo para-analisador, faça algumas alterações. a) Na coluna O, altere a matriz pesquisada para $[S_1, S_1, S_1, S_1]^t$ e verifique o resultado na tabela e no gráfico; b) agora altere o nível de exigência (célula AF3) para 0,70 e verifique o novamente o resultado; c) repita (b) para NE = 0,85.

5.2 Usando como matriz pesquisada a transposta de $[S_3, S_3, S_3, S_3]$, calcule os graus de evidência, favorável e contrária, e o grau de certeza do baricentro e responda qual é a decisão para os níveis de exigência a) 0,60; b) 0,75 e c) 0,85.

5.3 Repita o exercício 5.2, usando como matriz pesquisada a transposta de $[S_1, S_1, S_2, S_3]$ e como nível de exigência a) 0,50; b) 0,65 e c) 0,85.

5.4 Repita o exercício 5.3, apenas invertendo a ordem dos pesos dos fatores, isto é, adotando como transposta da matriz dos pesos: $[P_i]^t = [1, 2, 3, 4]$.

Respostas

5.1 a) Além das alterações de valores, destacam-se as seguintes: os graus de evidência do baricentro e seu grau de certeza se alteraram para $W = (0,93; 0,13)$; $H_W = 0,80$; a coluna de decisão (AF) se alterou de (NC, V, NC, V e **NC**) para (V, V, V, V e **V**); portanto, a decisão que era "Não Conclusiva" passou para "Viável"; no gráfico, os quatro pontos que representam os fatores passaram para a região de verdade (um deles, F_3, coincide com G, sobre a linha-limite de verdade);

b) Os números da tabela não se alteram; a coluna de decisão passa a ser: (V, V, V, NC e **V**); as linhas-limite mudam de posição, de modo que F_3 sai da região de verdade; a decisão continuou sendo "Viável".

c) A coluna de decisão passa a ser: (V, NC, NC, NC e **NC**); as linhas-limite mudam de posição, de modo que apenas F_1 continua na região de verdade; a decisão mudou para "Não Conclusiva".

5.2 $W = (0,19; 0,96)$; $H_W = -0,77$;
a) (I, I, I, I e **I**); Inviável;
b) (I, I, NC, NC e **I**); Inviável;
c) (NC, NC, NC, NC e **NC**); Não conclusiva.

5.3 $W = (0,79; 0,24)$ e $H_W = 0,55$;
a) (V, V, NC, I e **V**); Viável;
b) (V, V, NC, I e **NC**); Não conclusiva;
c) (V, NC, NC, NC e **NC**); Não conclusiva.

5.4 $W = (0,51; 0,51)$ e $H_W = 0,00$;
a) (V, V, NC, I e **NC**); Não conclusiva;
b) (V, V, NC, I e **NC**); Não conclusiva;
c) (V, NC, NC, NC e **NC**); Não conclusiva.

EXEMPLOS DE APLICAÇÃO

Neste capítulo serão analisadas com detalhes várias aplicações do MPD, tentando-se em cada uma introduzir uma nova nuance do método. Devido a esse acumular de derivativos do método, as aplicações irão se tornando, gradativamente, mais difíceis e exigindo mais do leitor.

Na primeira aplicação (6.1) é abordada a utilização do MPD em um problema real ligado à administração escolar [44]. Nessa aplicação, procurou-se utilizar uma situação mais simples. Um pequeno número de fatores de influência, todos com pesos iguais, apenas três seções para traduzir as condições desses fatores e quatro especialistas. Procurou-se ainda analisar a fidedignidade do método e usá-lo para que o leitor treine a montagem do programa de cálculos do método paraconsistente de decisão (PC do MPD). Alguns exercícios são propostos, com as respectivas respostas.

Na aplicação seguinte (6.2), o MPD é utilizado para analisar a viabilidade de lançamento de um novo produto no mercado [45]. Portanto, é uma aplicação do método na área de Marketing e constitui um problema com o qual os profissionais dessa área se deparam constantemente, além de ser de extrema importância. Aqui alguns aspectos adicionais são abordados. O número de fatores de influência utilizados é dez, estabeleceram-se cinco seções para traduzir as condições desses fatores, mas o número de especialistas continuou sendo quatro. Nesta aplicação, ao final, procurou-se mostrar a sensibilidade da análise em relação ao nível de exigência, verificando de que forma a decisão varia para diferentes valores desse parâmetro.

A aplicação 6.3 é estreitamente ligada à Engenharia de Produção, pois trata-se de um problema típico desta área da Engenharia. Essa aplicação mostra como se pode analisar a implantação do projeto de uma fábrica; faz a análise, utilizando fatores o mais próximos possível da realidade desse tipo de projeto e atribuindo pesos diferentes aos fatores [46]. Ao final, é feita uma análise da sensibilidade da decisão em relação às seções e ao nível de exigência.

Na aplicação 6.4, o MPD é utilizado para analisar um problema discutido por Chalos, em 1992 [22], que procura verificar se há ou não vantagem em substituir o antigo sistema de manufatura com a tecnologia tradicional por um moderno sistema de manufatura, dotado de tecnologias avançadas [48]. São discutidos os seguintes sistemas modernos de manufatura: *CAD/CAM* – Projeto e Manufatura Automatizados por Computador; *GT/CM* – Tecnologia de Grupo e Manufatura Celular; *RE* – Equipamentos de Robótica; *FMS* – Sistemas Flexíveis de Manufatura; *AA* – Montagem Automatizada;

CIM – Manufatura Integrada por Computador. Apresenta o conjunto dos fatores que podem influenciar em todos estes sistemas, do qual, para cada sistema, deve ser destacado um subconjunto. Nessa aplicação também são considerados cinco seções para traduzir as condições de cada fator e é definido um novo indicador da *performance* de um sistema, que foi chamado de **coeficiente de desempenho**.

Embora a aplicação tenha voltado a atenção para a análise de viabilidade da implantação de um Sistema Flexível de Manufatura (*FMS*), apresenta elementos que, complementados pelo capítulo *Justifying Capital Investment* de [22], permitem estudar a viabilidade de qualquer dos outros sistemas modernos de manufatura.

Vários exercícios são propostos para analisar a viabilidade de implantação de outros sistemas modernos de manufatura, além da análise da viabilidade do *FMS*, que foi estudada no texto. Há um exercício para estudar a viabilidade da implantação do *CIM* e outro para analisar a viabilidade de implantação do *GT/CM*. Além disso, outro exercício propõe um estudo comparativo desses três sistemas de manufatura, dotados de tecnologia avançada.

Na aplicação 6.5, o MPD é aplicado em previsão de diagnósticos [49], o que não deixa de ser uma tomada de decisão. De fato, diagnosticar nada mais é do que decidir, entre as opções disponíveis, qual delas é a mais provável ou é a que se apresenta com maior evidência. Essa é outra maneira de se aplicar o MPD e que, portanto, mostra mais uma diversificação do método. Evidencia também que ele pode ser aplicado mesmo em análise de problemas que envolvem bases de dados bastante grandes, sem prejudicar a presteza da resposta. Focou-se no problema da previsão de um diagnóstico médico, embora o método possa ser aplicado de maneira idêntica para previsão de outros diagnósticos, como de defeitos de máquinas industriais, de aviões, navios, automóveis, caminhões, tratores etc.

Há vários exercícios propostos. Todos são baseados na montagem do PC do MPD para um caso menos trabalhoso que o analisado no texto, pois foi limitado a apenas dez doenças e dez sintomas. Pretende-se, com esses vários exercícios, que o leitor assimile bem o processo e consiga verificar suas várias possibilidades.

6.1 DECISÃO SOBRE A ABERTURA DE UM NOVO CURSO SUPERIOR POR UMA INSTITUIÇÃO DE ENSINO

Como primeiro exemplo, será estudada a aplicação do Método Paraconsistente de Decisão (MPD) em um problema com o qual, constantemente, se deparam os administradores de universidades: estudar a viabilidade da abertura de um novo curso em uma dada região. Os fatores que influem nessa decisão são fatores de ordem legal, social, econômica e outros. Serão escolhidos os fatores de maior influência nessas decisões. Como não há necessidade de muito detalhamento nos resultados, serão estabelecidas apenas três seções para cada um. Por outro lado, como as influências dos fatores escolhidos na viabilidade do curso são praticamente iguais, admitir-se-á que todos os fatores têm o mesmo peso.

A seguir, por meio de aplicações das técnicas de maximização (**MÁX**) e de mini-mização (**MÍN**) da lógica E_τ (ver 2.7), chega-se a um valor da evidência favorável ($a_{i,R}$) e a um valor da evidência contrária ($b_{i,R}$), resultantes, para cada fator, que, plotados no reticulado τ de decisão, permitem verificar como cada fator influi na decisão (ver 4.2.6). Para a tomada de decisão final do EC, não basta saber como cada fator influi no empreendimento, mas interessa a influência conjunta de todos os fatores analisados.

Isto é determinado pelo baricentro (**W**) dos pontos que representam os fatores, separadamente, no reticulado τ. O grau de evidência favorável (a_W) de **W** é a média aritmética das evidências favoráveis resultantes de todos os fatores ($a_{i,R}$), e seu grau de evidência contrária (b_W), a média aritmética das evidências contrárias resultantes para os fatores ($b_{i,R}$). Com esses valores, pode-se verificar a que região do reticulado τ pertence o baricentro **W** ou calcular o grau de certeza de **W,** aplicar a regra de decisão (ver 4.2.7 e 4.2.8) e tomar a decisão.

6.1.1 Fixação do nível de exigência

Para este exemplo, o nível de exigência fixado é 0,60. Com isso, está estabelecido que a decisão somente será favorável se, ao final, o grau de evidência favorável superar o de evidência contrária de 0,60, pelo menos. Com esse nível de exigência, o algoritmo para-analisador e a regra de decisão são os apresentados na Figura 6.1.

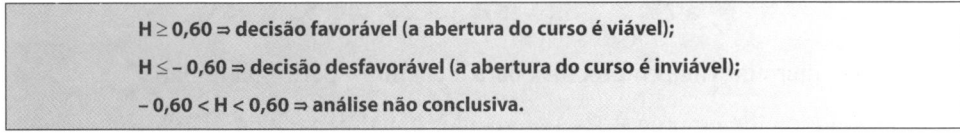

$H \geq 0,60 \Rightarrow$ decisão favorável (a abertura do curso é viável);

$H \leq -0,60 \Rightarrow$ decisão desfavorável (a abertura do curso é inviável);

$-0,60 < H < 0,60 \Rightarrow$ análise não conclusiva.

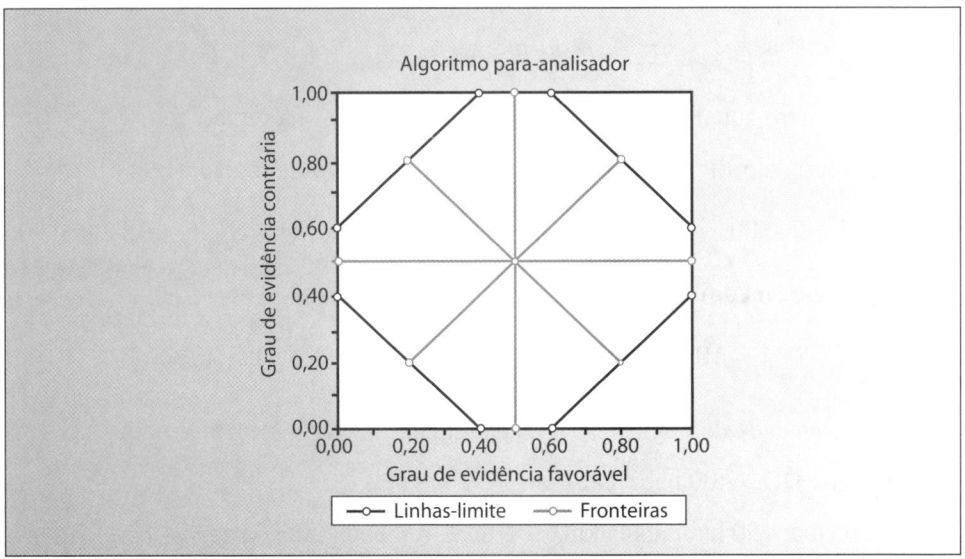

FIGURA 6.1 Regra de decisão e algoritmo para-analisador para o nível de exigência igual a 0,60.

6.1.2 Seleção dos fatores de influência e estabelecimento das seções

Para facilitar a explanação, será considerado no decorrer do texto que se está estudando a viabilidade da abertura de um novo curso X (curso de comunicação social, por exemplo) numa região Y (região de Ribeirão Preto, por exemplo).

Muitos fatores influem no sucesso (ou fracasso) de um novo curso. Foram escolhidos os doze fatores F_i (de F_1 a F_{12}), julgados serem os de maior influência na viabilidade de abertura de um curso em uma dada região. Para cada um desses fatores foram estabelecidas três seções S_j (S_1 a S_3), tais que:

S_1 traduza condições em que o fator é **favorável** ao sucesso do curso;

S_2 traduza condições em que o fator é **indiferente** ao sucesso do curso; e

S_3 traduza condições em que o fator é **desfavorável** ao sucesso do curso.

Os fatores escolhidos e as seções estabelecidas são os seguintes:

F_{01}: relação candidato/vaga (C/V) do curso X nos exames de seleção da região Y.

$$S_1: C/V > 4; \qquad S_2: 2 \leq C/V \leq 4; \qquad S_3: C/V < 2.$$

F_{02}: número de concluintes (N_c) do ensino médio na região Y.

$$S_1: N_c > 2V; \qquad S_2: V \leq N_c \leq 2V; \qquad S_3: N_c < V,$$

V = número de vagas oferecidas para o ensino superior na região Y.

F_{03}: número de empregos (N_e) oferecidos anualmente na região Y.

$$S_1: N_e > 2F; \qquad S_2: F \leq N_e \leq 2F; \qquad S_3: N_e < F.$$

F = número anual de formandos no ensino superior na região Y.

F_{04}: renda familiar mensal média (R_f) da população da região Y.

$$S_1: R_f > R\$ 6.000,00; \quad S_2: R\$ 2.000,00 \leq R_f \leq R\$ 6.000,00; \quad S_3: R_f < R\$ 2.000,00.$$

F_{05}: índice médio anual (I_a) de desistências do curso.

$$S_1: I_a < 10\%; \qquad S_2: 10\% \leq I_a \leq 40\%; \qquad S_3: I_a > 40\%.$$

F_{06}: densidade demográfica (DD) da região.

S_1: alta: DD > 400 habitantes/km²;

S_2: média: 100 habitantes/km² $\leq$ DD $\leq$ 400 habitantes/km²;

S_3: baixa: DD < 100 habitantes/km².

F_{07}: custo dos investimentos em ativos fixos (C_{af}).

S_1: $C_{af} < 75\% R_a$; S_2: $75\% R_a \leq C_{af} \leq 125\% R_a$; S_3: $C_{af} > 125\% R_a$.

R_a = receita anual prevista para o curso X.

F_{08}: conceito da instituição junto à comunidade.

S_1: conceito A ou B; S_2: conceito C; S_3: conceito D ou E.

F_{09}: custo mensal com os professores (C_{mp}).

S_1: $C_{mp} < 40\% R_m$; S_2: $40\% R_m \leq C_{mp} \leq 70\% R_m$; S_3: $C_{mp} > 70\% R_m$.

R_m = receita mensal prevista com o curso X.

F_{10}: valor da mensalidade (M_c) do curso X.

S_1: $M_c < 80\% M_m$; S_2: $80\% M_m \leq M_c \leq 120\% M_m$; S_3: $M_c > 120\% M_m$.

M_m = mensalidade média do curso X (ou similares) nas outras escolas da região Y.

F_{11}: número médio de alunos por sala (N_{as}).

S_1: $N_{as} > 80$; S_2: $50 \leq N_{as} \leq 80$; S_3: $N_{as} < 50$.

F_{12}: número médio de funcionários por turma (N_{ft}).

S_1: $N_{ft} < 5$; S_2: $5 \leq N_{ft} \leq 10$; S_3: $N_{ft} > 10$.

6.1.3 Construção da base de dados

Para construir a base de dados, o EC escolhe os especialistas e colhe suas opiniões, por meio dos valores da evidência favorável (graus de crença) (*a*) e da evidência contrária (graus de descrença) (*b*) que cada um atribui ao sucesso do curso, quando satisfeita cada uma das condições traduzidas pelas seções estabelecidas, para cada um dos fatores escolhidos. Ou seja, para cada seção de cada fator, quais são os graus de evidência favorável e de evidência contrária que cada um dos especialistas atribui?

Além disso, é solicitado aos especialistas que atribuam pesos aos fatores conforme a importância de cada um na decisão de abertura ou não do curso X na região Y. Neste caso, está sendo admitido que todos os fatores têm o mesmo peso, igual a 1 (um).

Nesta aplicação, admitiu-se que foram colhidas as opiniões de quatro especialistas (E_1: sociólogo; E_2: economista; E_3: pedagogo; E_4: administrador de empresas) e que suas opiniões estão traduzidas pela Tabela 6.1.

Observe-se que esta tabela constitui uma base de dados, que pode ser usada para a análise da viabilidade da abertura de diferentes cursos, em diferentes regiões. Neste exemplo, será usada para estudar a viabilidade do curso X na região Y.

TABELA 6.1　Base de dados: valores das evidências favorável e contrária atribuídos pelos especialistas a cada um dos fatores, nas condições das seções estabelecidas (matriz das anotações).

Fator	Seção	E_1		E_2		E_3		E_4	
F_i	S_j	$a_{i,j,1}$	$b_{i,j,1}$	$a_{i,j,2}$	$b_{i,j,2}$	$a_{i,j,3}$	$b_{i,j,3}$	$a_{i,j,4}$	$b_{i,j,4}$
F_{01}	S_1	1,0	0,0	0,9	0,1	1,0	0,2	0,8	0,3
	S_2	0,9	0,2	0,6	0,3	0,8	0,4	0,5	0,6
	S_3	0,7	0,4	0,3	0,8	0,6	0,5	0,2	0,9
F_{02}	S_1	0,9	0,2	0,8	0,2	1,0	0,3	0,8	0,1
	S_2	0,8	0,3	0,6	0,4	0,8	0,4	0,6	0,4
	S_3	0,3	0,7	0,1	0,9	0,5	0,7	0,0	0,9
F_{03}	S_1	0,9	0,1	0,8	0,2	1,0	0,1	0,7	0,3
	S_2	0,6	0,4	0,6	0,5	0,7	0,3	0,5	0,5
	S_3	0,3	0,6	0,5	0,8	0,4	0,7	0,1	0,9
F_{04}	S_1	0,9	0,2	1,0	0,1	0,8	0,3	0,7	0,4
	S_2	0,6	0,3	0,7	0,4	0,7	0,6	0,5	0,6
	S_3	0,2	0,8	0,3	0,7	0,1	0,8	0,0	0,9
F_{05}	S_1	0,9	0,1	0,8	0,2	1,0	0,1	0,7	0,3
	S_2	0,7	0,2	0,6	0,5	0,7	0,3	0,5	0,5
	S_3	0,1	0,8	0,5	0,8	0,4	0,7	0,1	0,9
F_{06}	S_1	0,8	0,1	0,8	0,2	1,0	0,3	0,8	0,1
	S_2	0,6	0,3	0,6	0,4	0,8	0,4	0,6	0,4
	S_3	0,3	0,7	0,1	0,9	0,5	0,7	0,0	0,9
F_{07}	S_1	1,0	0,0	1,0	0,1	0,8	0,3	0,7	0,4
	S_2	0,8	0,3	0,7	0,4	0,7	0,6	0,5	0,6
	S_3	0,5	0,8	0,3	0,7	0,1	0,8	0,0	0,9
F_{08}	S_1	1,0	0,0	0,9	0,1	1,0	0,2	0,8	0,3
	S_2	0,8	0,3	0,6	0,3	0,8	0,4	0,5	0,6
	S_3	0,5	0,8	0,3	0,8	0,6	0,5	0,2	0,9
F_{09}	S_1	1,0	0,0	0,9	0,2	1,0	0,1	0,8	0,3
	S_2	0,8	0,3	0,7	0,4	0,8	0,2	0,5	0,6
	S_3	0,3	0,9	0,2	0,9	0,5	0,6	0,0	0,9
F_{10}	S_1	0,9	0,0	0,8	0,2	1,0	0,3	0,8	0,1
	S_2	0,5	0,5	0,6	0,4	0,8	0,4	0,6	0,4
	S_3	0,3	0,8	0,1	0,9	0,5	0,7	0,0	0,9
F_{11}	S_1	1,0	0,0	1,0	0,1	1,0	0,0	0,8	0,2
	S_2	0,8	0,3	0,7	0,4	0,9	0,2	0,5	0,4
	S_3	0,2	0,9	0,3	0,9	0,5	0,5	0,0	1,0
F_{12}	S_1	1,0	0,1	0,8	0,2	1,0	0,3	0,8	0,1
	S_2	0,7	0,2	0,6	0,4	0,8	0,4	0,6	0,4
	S_3	0,4	0,6	0,1	0,9	0,5	0,7	0,0	0,9

6.1.4 Pesquisa de campo

O passo seguinte é fazer uma pesquisa na região Y em relação ao curso X, para verificar em que seção cada um dos fatores se encontra, ou seja, qual é a condição real de cada fator. O resultado dessa pesquisa pode ser resumido pela Tabela 6.2.

TABELA 6.2　Resultados da pesquisa para o curso X na região Y
(matriz pesquisada).

Fator F_i	F_{01}	F_{02}	F_{03}	F_{04}	F_{05}	F_{06}	F_{07}	F_{08}	F_{09}	F_{10}	F_{11}	F_{12}
Seção S_{pj}	S_1	S_1	S_3	S_3	S_2	S_1	S_3	S_1	S_2	S_1	S_3	S_2

Com os resultados obtidos na pesquisa (Tabela 6.2), podem-se extrair da base de dados (Tabela 6.1) as opiniões dos especialistas sobre o sucesso do curso X nas condições reais em que os fatores se encontram na região Y. Essa extração é feita pelo PC do MPD. A Tabela 6.3 resume os valores extraídos da base de dados.

TABELA 6.3　Graus de evidência favorável e de evidência contrária ao sucesso do curso X, atribuídos pelos especialistas, para as condições dos fatores de influência na região Y (matriz dos dados pesquisados, M_{Dpq}).

Fator	Seção	E_1		E_2		E_3		E_4	
F_i	S_{pj}	$a_{i,1}$	$b_{i,1}$	$a_{i,2}$	$b_{i,2}$	$a_{i,3}$	$b_{i,3}$	$a_{i,4}$	$b_{i,4}$
F_{01}	S_1	1,0	0,0	0,9	0,1	1,0	0,2	0,8	0,3
F_{02}	S_1	0,9	0,2	0,8	0,2	1,0	0,3	0,8	0,1
F_{03}	S_3	0,3	0,6	0,5	0,8	0,4	0,7	0,1	0,9
F_{04}	S_3	0,2	0,8	0,3	0,7	0,1	0,8	0,0	0,9
F_{05}	S_2	0,7	0,2	0,6	0,5	0,7	0,3	0,5	0,5
F_{06}	S_1	0,8	0,1	0,8	0,2	1,0	0,3	0,8	0,1
F_{07}	S_3	0,5	0,8	0,3	0,7	0,1	0,8	0,0	0,9
F_{08}	S_1	1,0	0,0	0,9	0,1	1,0	0,2	0,8	0,3
F_{09}	S_2	0,8	0,3	0,7	0,4	0,8	0,2	0,5	0,6
F_{10}	S_1	0,9	0,0	0,8	0,2	1,0	0,3	0,8	0,1
F_{11}	S_3	0,2	0,9	0,3	0,9	0,5	0,5	0,0	1,0
F_{12}	S_2	0,7	0,2	0,6	0,4	0,8	0,4	0,6	0,4

6.1.5 Obtenção dos graus de evidências favorável e contrária resultantes para os fatores

Extraídos os valores da base de dados, deve-se aplicar a regra de maximização (operador **MÁX**) e a de minimização (operador **MÍN**) da lógica paraconsistente anotada evidencial às opiniões dos especialistas, para cada um dos fatores escolhidos, nas seções obtidas na pesquisa. Isso também é feito pelo PC do MPD.

Na aplicação dessas regras é conveniente que os grupos sejam constituídos, observando-se a formação dos especialistas (ver 2.7 e 4.2.6). Serão utilizados o quadro de especialistas exemplificado anteriormente e a seguinte constituição dos grupos, julgada a mais adequada: Grupo A: sociólogo (E_1) e economista (E_2), e Grupo B: pedagogo (E_3) e administrador de empresas (E_4).

Assim, para a aplicação das regras de maximização (**MÁX**) e de minimização (**MÍN**) às opiniões desses especialistas deve-se fazer:

$$\textbf{MÍN } \{\textbf{MÁX } [(E_1), (E_2)], \textbf{MÁX } [(E_3), (E_4)]\} \quad \text{ou} \quad \textbf{MÍN } \{G_A, G_B\}$$

Dessa forma, obtém-se, para cada fator, na seção pesquisada, a conclusão combinada das opiniões dos especialistas. São os graus de evidência favorável ($a_{i,R}$) e de evidência contrária ($b_{i,R}$) resultantes para os fatores.

Como já se disse, o PC do MPD faz todas as operações: busca dos valores das evidências favorável e contrária na base de dados, uma vez conhecido o resultado da pesquisa de campo (foi o que resultou na Tabela 6.3 ou nas colunas de 3 a 10 da Tabela 6.4a e b); aplicação das regras de maximização (operador **MÁX**) (colunas 11 a 14 da Tabela 6.4a e b) e de minimização (operador **MÍN**) (colunas 15 e 16 da Tabela 6.4a e b) aos dados pesquisados na região Y em relação ao curso X (Tabela 6.3), obtendo os valores resultantes das evidências favorável e contrária, para os fatores (colunas 15 e 16 da Tabela 6.4a e b). Portanto, os graus de evidências favorável ($a_{i,R}$) e contrária ($b_{i,R}$), resultantes para todos os fatores nas condições traduzidas pelas seções pesquisadas, foram obtidos pelo PC do MPD e estão apresentados nas colunas 15 e 16 da Tabela 6.4a e b.

A partir desses valores, o PC do MPD calcula, para cada fator F_i, o grau de certeza e o grau de incerteza ($H_i = a_{i,R} - b_{i,R}$ e $G_i = a_{i,R} + b_{i,R} - 1$) (colunas 17 e 18 da Tabela 6.4 a e b).

TABELA 6.4a Tabela de cálculos do PC do MPD na análise de viabilidade do curso X na região Y, nas condições das seções S_{pj} obtidas na pesquisa.

1	2	3	4	5	6	7	8	9	10	11	12	13	14	15	16	17	18	19
Fator	Seção	Grupo A				Grupo B				A		B		MÍN {A, B}		Nível de exigência = 0,60		
		E_1		E_2		E_3		E_4		MÁX {E_1, E_2}		MÁX {E_3, E_4}				Conclusões		
F_i	S_{pj}	$a_{i,1}$	$b_{i,1}$	$a_{i,2}$	$b_{i,2}$	$a_{i,3}$	$b_{i,3}$	$a_{i,4}$	$b_{i,4}$	$a_{i,gA}$	$b_{i,gA}$	$a_{i,gB}$	$b_{i,gB}$	a_{iR}	b_{iR}	H	G	Decisão
F_{01}	S_1	1,0	0,0	0,9	0,1	1,0	0,2	0,8	0,3	1,0	0,0	1,0	0,3	1,0	0,3	0,70	0,30	VIÁVEL
F_{02}	S_1	0,9	0,2	0,8	0,2	1,0	0,3	0,8	0,1	0,9	0,2	1,0	0,1	0,9	0,2	0,70	0,10	VIÁVEL
F_{03}	S_3	0,3	0,6	0,5	0,8	0,4	0,7	0,1	0,9	0,5	0,6	0,4	0,4	0,4	0,6	−0,20	0,00	NÃO CONCLUSIVO
F_{04}	S_3	0,2	0,8	0,3	0,7	0,1	0,8	0,0	0,9	0,3	0,7	0,1	0,1	0,1	0,7	−0,60	−0,20	INVIÁVEL
F_{05}	S_2	0,7	0,2	0,6	0,5	0,7	0,3	0,5	0,5	0,7	0,2	0,7	0,5	0,7	0,5	0,20	0,20	NÃO CONCLUSIVO
F_{06}	S_1	0,8	0,1	0,8	0,2	1,0	0,3	0,8	0,1	0,8	0,1	1,0	0,1	0,8	0,1	0,70	−0,10	VIÁVEL
F_{07}	S_3	0,5	0,8	0,3	0,7	0,1	0,8	0,0	0,9	0,5	0,7	0,1	0,1	0,1	0,7	−0,60	−0,20	INVIÁVEL
F_{08}	S_1	1,0	0,0	0,9	0,1	1,0	0,2	0,8	0,3	1,0	0,0	1,0	0,3	1,0	0,3	0,70	0,30	VIÁVEL
F_{09}	S_2	0,8	0,3	0,7	0,4	0,8	0,2	0,5	0,6	0,8	0,3	0,8	0,6	0,8	0,6	0,20	0,40	NÃO CONCLUSIVO
F_{10}	S_1	0,9	0,0	0,8	0,2	1,0	0,3	0,8	0,1	0,9	0,0	1,0	0,1	0,9	0,1	0,80	0,00	VIÁVEL
F_{11}	S_3	0,2	0,9	0,3	0,9	0,5	0,5	0,0	1,0	0,3	0,9	0,5	0,5	0,3	0,9	−0,60	0,20	INVIÁVEL
F_{12}	S_2	0,7	0,2	0,6	0,4	0,8	0,4	0,6	0,4	0,7	0,2	0,8	0,4	0,7	0,4	0,30	0,10	NÃO CONCLUSIVO
Baricentro W: médias dos graus resultantes														0,64	0,45	0,19	0,09	NÃO CONCLUSIVO

6.1.6 Obtenção dos graus de evidências favorável e contrária do baricentro

Os graus de evidência favorável (a_W) e de evidência contrária (b_W) do baricentro são calculados pelas médias ponderadas dos graus de evidência favorável ($a_{i,R}$) e de evidência contrária ($b_{i,R}$) resultantes para os fatores, adotando-se os pesos que os especialistas atribuíram aos fatores (ver equações 4.4). Nesse caso, como foi admitido que todos os fatores têm o mesmo peso, igual a 1 (um), a referida média ponderada se reduz a uma simples média aritmética (ver equações 4.5) e o baricentro coincide com o centro geométrico dos pontos que representam os fatores no plano cartesiano.

Esses valores (a_W e b_W) são calculados também pelo PC do MPD e aparecem na última linha das colunas 15 e 16 da Tabela 6.4a e b. A partir desses valores, o MPD calcula o grau de certeza do baricentro ($H_W = a_W - b_W$), que aparece na última linha da coluna 17 da Tabela 6.4a e b.

Os valores dos graus de certeza, que aparecem na coluna 17 de Tabela 6.4a e b, permitem verificar como cada fator influi na viabilidade do curso e o último, o do baricentro, traduz a influência conjunta dos fatores e permite a tomada de decisão final sobre a abertura do curso X na região Y.

6.1.7 Análise dos resultados

Os resultados finais, após a aplicação das regras de maximização e de minimização, serão analisados, primeiramente, pela aplicação da regra de decisão e, depois, pelo algoritmo para-analisador (ver 6.1.1).

Para aplicar a regra de decisão, basta ter o valor do grau de certeza e compará-lo com o nível de exigência. Isto é feito pelo PC do MPD na coluna 19 da Tabela 6.4a. Portanto, observando os resultados desta coluna, verifica-se que cinco fatores, F_{01}, F_{02}, F_{06}, F_{08} e F_{10}, indicam que o empreendimento é viável, isto é, recomendam a abertura do curso X na região Y, pois seus graus de certeza resultaram maiores ou iguais a 0,60, que foi o nível de exigência estabelecido; três fatores, F_{04}, F_{07} e F_{11}, indicam que o empreendimento é inviável, isto é, recomendam a não abertura do curso X na região Y, pois seus graus de certeza resultaram menores ou iguais a –0,60; e, finalmente, quatro fatores, F_{03}, F_{05}, F_{09} e F_{12}, se mostraram não conclusivos, pois seus graus de certeza resultaram entre –0,60 e 0,60. Estes últimos não recomendam e nem deixam de recomendar a abertura do curso X na região Y.

A influência dos doze fatores juntos é traduzida pelo baricentro. Como seu grau de certeza resultou igual a 0,19 (última linha da coluna 17 da Tabela 6.4a), infere-se que a análise realizada apresentou resultado não conclusivo, pois –0,60 < 0,19 < 0,60. Portanto, a análise, tendo sido não conclusiva, apenas sugere que, se houver interesse ou alguma dúvida, novos estudos sejam feitos para que a dúvida seja dirimida.

A decisão pelo algoritmo para-analisador é feita plotando-se os graus de evidência favorável e de evidência contrária resultantes no reticulado τ de decisão, e verificando a que regiões pertencem os pontos representativos dos fatores e o baricentro. Isto, também, é feito pelo PC do MPD e é mostrado na Figura 6.2a.

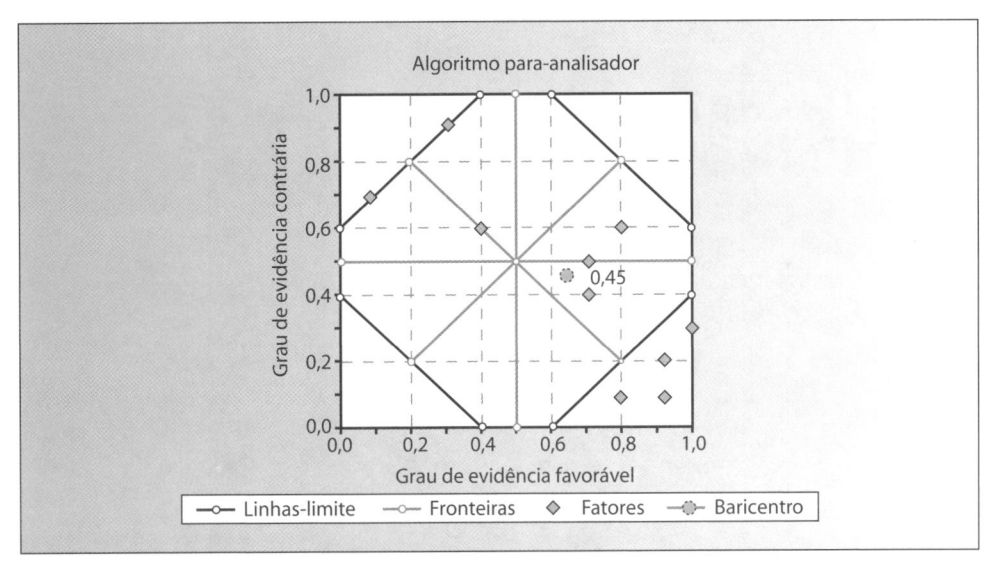

FIGURA 6.2a Aplicação do algoritmo para-analisador para análise de viabilidade do curso X na região Y.

Na Figura 6.2a, cinco fatores, F_{01}, F_{02}, F_{06}, F_{08} e F_{10}, estão na região de verdade, sugerindo decisão favorável, isto é, viabilidade da abertura do curso (na Figura 6.2a, só aparecem quatro pontos, porque $F_{01} \equiv F_{08} = (1,0; 0,3)$, uma vez que suas coordenadas (graus de evidência favorável e contrária, resultantes) são iguais) ; três fatores, F_{04}, F_{07} e F_{11}, estão na região de falsidade, sugerindo decisão desfavorável, isto é, inviabilidade da abertura do curso (na figura só aparecem dois pontos, porque $F_{04} \equiv F_{07} = (0,1; 0,7)$); e quatro fatores, F_{03}, F_{05}, F_{09} e F_{12}, em região distinta das anteriores, mostrando-se não conclusivos. Observe-se que os fatores F_{04}, F_{07} e F_{11} pertencem à linha-limite de falsidade (que, por convenção pertence à região de falsidade), pois têm grau de certeza $(-0,60)$, em módulo, igual ao nível de exigência adotado.

As influências díspares de todos estes fatores na decisão da viabilidade do curso X na região Y podem ser resumidas pelo baricentro **W** dos pontos que os representam. Como **W** está na região de quase verdade tendendo à inconsistência, infere-se que o resultado final da análise é não conclusivo. Ou seja, a análise não recomenda a abertura do curso X na região Y, mas também não exclui esta possibilidade. Apenas sugere que, se for de interesse, novas pesquisas sejam feitas, numa tentativa de se aumentarem as evidências.

6.1.8 Análise da viabilidade do curso X na região Y, em outro cenário

Para se fazer um teste da fidedignidade do MPD e um exercício de sua aplicação, analisou-se a viabilidade de um curso X na região Y, admitindo-se que na pesquisa de campo todos os fatores estavam nas condições da seção S_1, ou seja, todos os fatores se mostraram favoráveis ao curso X na região Y. Neste caso, evidentemente, era de se esperar que a análise levasse a concluir pela viabilidade do curso X na região Y.

TABELA 6.4b   Tabela de cálculos do PC do MPD na análise de viabilidade do curso X na região Y, quando todos os fatores se mostraram favoráveis (seção S_1).

1	2	3	4	5	6	7	8	9	10	11	12	13	14	15	16	17	18	19
Fator	Seção	Grupo A				Grupo B				A		B		MÍN {A, B}		Nível de exigência = 0,60		
		E_1		E_2		E_3		E_4		MÁX {E_1, E_2}		MÁX {E_3, E_4}				Conclusões		
F_i	S_{pj}	$a_{i,1}$	$b_{i,1}$	$a_{i,2}$	$b_{i,2}$	$a_{i,3}$	$b_{i,3}$	$a_{i,4}$	$b_{i,4}$	$a_{i,gA}$	$b_{i,gA}$	$a_{i,gB}$	$b_{i,gB}$	$a_{i,R}$	$b_{i,R}$	H	G	Decisão
F_{01}	S_1	1,0	0,0	0,9	0,1	1,0	0,2	0,8	0,3	1,0	0,0	1,0	0,3	1,0	0,3	0,70	0,30	VIÁVEL
F_{02}	S_1	0,9	0,2	0,8	0,2	1,0	0,3	0,8	0,1	0,9	0,2	1,0	0,1	0,9	0,2	0,70	0,10	VIÁVEL
F_{03}	S_1	0,9	0,1	0,8	0,2	1,0	0,1	0,7	0,3	0,9	0,1	1,0	0,3	0,9	0,3	0,60	0,20	VIÁVEL
F_{04}	S_1	0,9	0,2	1,0	0,1	0,8	0,3	0,7	0,4	1,0	0,1	0,8	0,4	0,8	0,4	0,40	0,20	NÃO CONCLUSIVO
F_{05}	S_1	0,9	0,1	0,8	0,2	1,0	0,1	0,7	0,3	0,9	0,1	1,0	0,3	0,9	0,3	0,60	0,20	VIÁVEL
F_{06}	S_1	0,8	0,1	0,8	0,2	1,0	0,3	0,8	0,1	0,8	0,1	1,0	0,1	0,8	0,1	0,70	−0,10	VIÁVEL
F_{07}	S_1	1,0	0,0	1,0	0,1	0,8	0,3	0,7	0,4	1,0	0,0	0,8	0,4	0,8	0,4	0,40	0,20	NÃO CONCLUSIVO
F_{08}	S_1	1,0	0,0	0,9	0,1	1,0	0,2	0,8	0,3	1,0	0,0	1,0	0,3	1,0	0,3	0,70	0,30	VIÁVEL
F_{09}	S_1	1,0	0,0	0,9	0,2	1,0	0,1	0,8	0,3	1,0	0,0	1,0	0,3	1,0	0,3	0,70	0,30	VIÁVEL
F_{10}	S_1	0,9	0,0	0,8	0,2	1,0	0,3	0,8	0,1	0,9	0,0	1,0	0,1	0,9	0,1	0,80	0,00	VIÁVEL
F_{11}	S_1	1,0	0,0	1,0	0,1	1,0	0,0	0,8	0,2	1,0	0,0	1,0	0,2	1,0	0,2	0,80	0,20	VIÁVEL
F_{12}	S_1	1,0	0,1	0,8	0,2	1,0	0,3	0,8	0,1	1,0	0,1	1,0	0,1	1,0	0,1	0,90	0,10	VIÁVEL
Baricentro W: médias dos graus resultantes														0,92	0,25	0,67	0,17	VIÁVEL

De fato, aplicando-se o PC do MPD a este caso, isto é, colocando-se S_I em todas as linhas da coluna 2 da Tabela 6.4 do MPD, obtém-se $a_W = 0,92$ e $b_W = 0,25$ (Tabela 6.4b). Isto permite calcular $H_W = a_W - b_W = 0,92 - 0,25 = 0,67$.

Como $0,67 \geq 0,60$, a regra de decisão permite inferir pela viabilidade do curso X na região Y ao nível de exigência 0,60, neste novo cenário. O algoritmo para-analisador passa a ter o aspecto representado na Figura 6.2b.

Observando os resultados das colunas 15 e 16 da Tabela 6.4b, nota-se que na Figura 6.2b ocorrem coincidências de pontos representativos de fatores. São elas:

$$F_{01} \equiv F_{08} \equiv F_{09} = (1,0; 0,3); F_{03} \equiv F_{05} = (0,9; 0,3) \quad e \quad F_{04} \equiv F_{07} = (0,8; 0,4).$$

Os demais pontos estão isolados. O baricentro é

$$W = (0,92; 0,25).$$

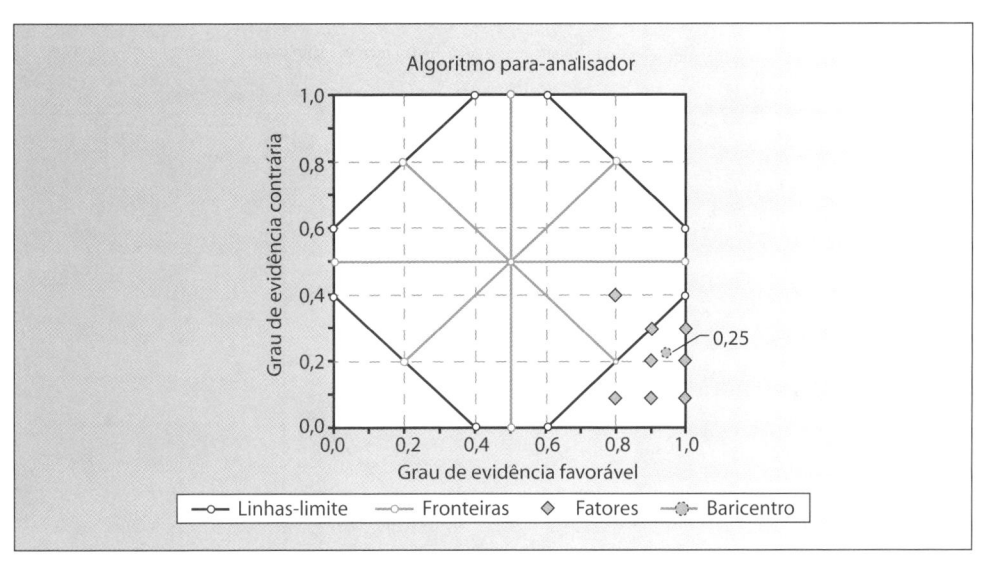

FIGURA 6.2b   Aplicação do algoritmo para-analisador para análise de viabilidade do curso X na região Y, quando todos os fatores são favoráveis (seção S_I), ao nível de exigência 0,60.

6.2   ANÁLISE DA VIABILIDADE DO LANÇAMENTO DE UM PRODUTO

Neste caso, o MPD será aplicado em um problema com o qual, constantemente, se deparam os profissionais de marketing: estudar a viabilidade do lançamento de um novo produto. Na sequência, será visto como ficam as etapas do MPD, desde a fixação do nível de exigência até a decisão final, que poderá ser tomada com base na regra decisão ou no algoritmo para-analisador.

6.2.1 Fixação do nível de exigência

Para este exemplo de aplicação, foi fixado o nível de exigência igual a 0,60. É um nível de exigência médio, mas que se justifica levando-se em conta ser um produto em que a decisão de lançá-lo não demanda muito investimento, não representa maiores responsabilidades econômica, social ou humana. Ou seja, a decisão favorável ao lançamento do produto não põe em risco altas quantias, vidas humanas, o meio ambiente etc.

Com a fixação do nível de exigência, ficam automaticamente configurados a regra de decisão e o algoritmo para-analisador (Figura 6.3).

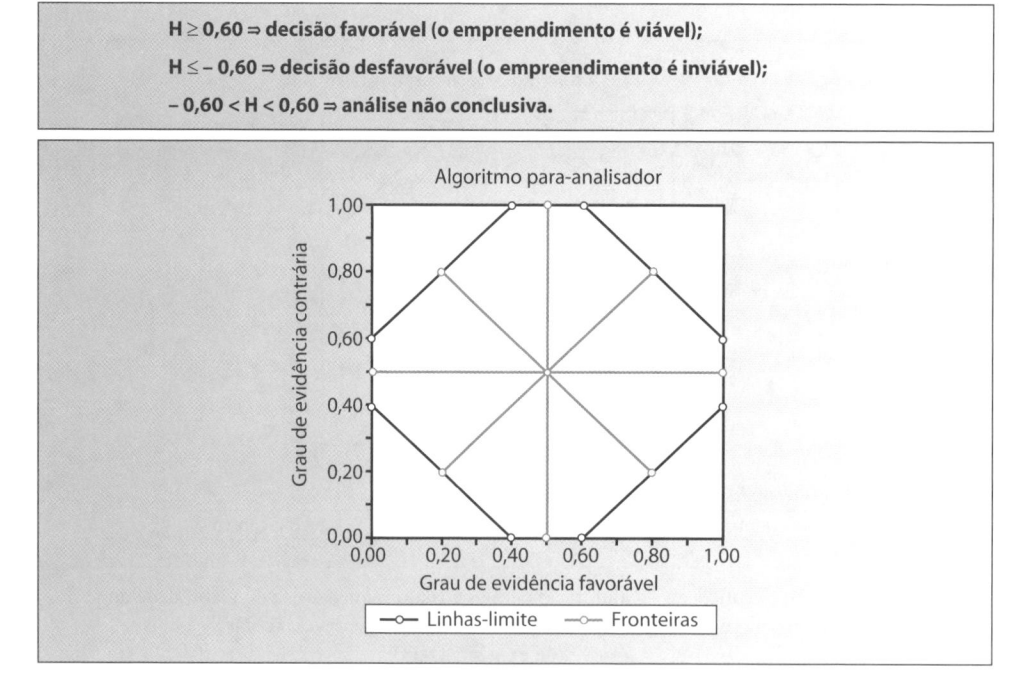

FIGURA 6.3   Regra de decisão e algoritmo para-analisador
para o nível de exigência 0,60.

6.2.2 Escolha dos fatores de influência e o estabelecimento das seções

Foram escolhidos os dez fatores F_i (F_{01} a F_{10}) que têm maior influência na viabilidade do lançamento de um produto. Para cada um desses fatores, foram estabelecidas cinco seções S_j (S_1 a S_5), tais que S_1 represente uma situação **muito favorável**; S_2, uma situação

favorável; S_3, uma situação **indiferente**; S_4, uma situação **desfavorável**; e S_5, uma situação **muito desfavorável** ao sucesso do empreendimento (lançamento do produto).

Observe-se que a caracterização das seções depende do produto a ser lançado, de análises de mercado, de estudos econômicos e de outros elementos. Neste exemplo, essa caracterização é feita sem a utilização rigorosa desses elementos, pois trata-se de um exemplo teórico para a apresentação do método.

Os fatores escolhidos e as faixas estabelecidas são os apresentados a seguir.

F_{01}: **necessidade e utilidade do produto** – Traduzida pela percentagem π da população que dele se utiliza.

S_1: $\pi > 90\%$; $\quad\quad$ S_2: $70\% < \pi \leq 90\%$; $\quad\quad$ S_3: $30\% \leq \pi \leq 70\%$;

S_4: $10\% \leq \pi < 30\%$; $\quad\quad$ S_5: $\pi < 10\%$.

F_{02}: **quantidade (η) de atributos ou funções do produto** – Medida por comparação com a média M de atributos ou funções dos produtos similares do mercado.

S_1: $\eta > 1,5M$; $\quad\quad$ S_2: $1,2M < \eta \leq 1,5M$; $\quad\quad$ S_3: $0,8M \leq \eta \leq 1,2M$;

S_4: $0,5M \leq \eta < 0,8M$; $\quad\quad$ S_5: $\eta < 0,5M$.

F_{03}: **concorrência** – Traduzida pela qualidade e quantidade de concorrentes na região.

S_1: muito pequena; $\quad\quad$ S_2: pequena; $\quad\quad$ S_3: média;

S_4: grande; $\quad\quad$ S_5: muito grande.

F_{04}: **potencialidade dos clientes** – Traduzida pelo tamanho e poder aquisitivo da população da região.

S_1: muito grande; $\quad\quad$ S_2: grande; $\quad\quad$ S_3: média;

S_4: pequena; $\quad\quad$ S_5: muito pequena.

F_{05}: **aceitação do produto ou de produto similar já existente no mercado** – Traduzida pela percentagem π da população que dele se utiliza.

S_1: $\pi > 90\%$; $\quad\quad$ S_2: $70\% < \pi \leq 90\%$; $\quad\quad$ S_3: $30\% \leq \pi \leq 70\%$;

S_4: $10\% \leq \pi < 30\%$; $\quad\quad$ S_5: $\pi < 10\%$.

F_{06}: **preço (φ) do produto no mercado** – Traduzido em função do preço médio P de produto igual (ou de produtos similares) já existente no mercado.

S_1: $\varphi < 70\%P$; $\quad\quad$ S_2: $70\%P \leq \varphi < 90\%P$; $\quad\quad$ S_3: $90\%P \leq \varphi \leq 110\%P$;

S_4: $110\%P < \varphi \leq 130\%P$; $\quad$ S_5: $\varphi > 130\%P$.

F_{07}: **custo estimado (θ) do produto** – Traduzido em função do preço médio P de produto igual (ou de produtos similares) já existente no mercado.

S_1: $\theta < 20\%P$; S_2: $20\%P \leq \theta < 40\%P$; S_3: $40\%P \leq \theta \leq 60\%P$;

S_4: $60\%P < \theta \leq 80\%P$; S_5: $\theta > 80\%P$.

F_{08}: **ciclo de vida (C) do produto** – Medido numa unidade de tempo T (um ano, por exemplo).

S_1: $C > 10T$; S_2: $8T < C \leq 10T$; S_3: $4T \leq C \leq 8T$;

S_4: $2T \leq C < 4T$; S_5: $C < 2T$.

F_{09}: **prazo (λ) para desenvolvimento do projeto e implantação do produto** – Medido em função do ciclo de vida (C).

S_1: $\lambda < 10\%C$; S_2: $10\%C \leq \lambda < 30\%C$; S_3: $30\%C \leq \lambda \leq 70\%C$;

S_4: $70\%C < \lambda \leq 90\%C$; S_5: $\lambda > 90\%C$.

F_{10}: **investimento (I) para desenvolvimento do projeto e implantação do produto** – Medido em função do resultado líquido (R) esperado no ciclo de vida do produto.

S_1: $I < 20\%R$; S_2: $20\%R \leq I < 40\%R$; S_3: $40\%R \leq I \leq 60\%R$;

S_4: $60\%R < I \leq 80\%R$; S_5: $I > 80\%R$.

6.2.3 Construção da base de dados

TABELA 6.5 Base de dados: graus de evidência favorável e de evidência contrária atribuídos pelos especialistas aos fatores, nas condições definidas pelas seções.

F_i	S_j	E_1		E_2		E_3		E_4	
		$a_{i,j,1}$	$b_{i,j,1}$	$a_{i,j,2}$	$b_{i,j,2}$	$a_{i,j,3}$	$b_{i,j,3}$	$a_{i,j,4}$	$b_{i,j,4}$
F_{01}	S_1	0,88	0,04	0,94	0,14	0,84	0,08	0,78	0,03
	S_2	0,63	0,19	0,79	0,23	0,73	0,14	0,59	0,24
	S_3	0,48	0,43	0,53	0,44	0,58	0,39	0,48	0,41
	S_4	0,23	0,77	0,41	0,61	0,33	0,73	0,29	0,53
	S_5	0,01	0,94	0,13	0,88	0,14	1,00	0,17	0,91
F_{02}	S_1	1,00	0,05	0,95	0,15	1,00	0,10	0,85	0,00
	S_2	0,75	0,25	0,85	0,25	0,85	0,30	0,73	0,35
	S_3	0,55	0,45	0,55	0,45	0,65	0,40	0,45	0,55
	S_4	0,35	0,65	0,31	0,79	0,29	0,70	0,24	0,83
	S_5	0,00	0,95	0,15	0,75	0,15	0,85	0,25	1,00

(Continua)

(Continuação)

F_i	S_j	E_1		E_2		E_3		E_4	
		$a_{i,j,1}$	$b_{i,j,1}$	$a_{i,j,2}$	$b_{i,j,2}$	$a_{i,j,3}$	$b_{i,j,3}$	$a_{i,j,4}$	$b_{i,j,4}$
F_{03}	S_1	0,92	0,08	0,98	0,18	0,88	0,12	0,82	0,07
	S_2	0,67	0,23	0,83	0,27	0,77	0,18	0,63	0,28
	S_3	0,52	0,47	0,57	0,48	0,62	0,43	0,52	0,45
	S_4	0,17	0,73	0,24	0,65	0,37	0,67	0,33	0,64
	S_5	0,05	0,98	0,17	0,83	0,18	0,02	0,21	0,95
F_{04}	S_1	0,95	0,11	1,00	0,21	0,91	0,15	0,85	0,10
	S_2	0,70	0,26	0,86	0,30	0,80	0,21	0,66	0,31
	S_3	0,55	0,50	0,60	0,51	0,65	0,46	0,55	0,48
	S_4	0,30	0,76	0,48	0,68	0,22	0,70	0,28	0,60
	S_5	0,08	1,00	0,20	0,86	0,21	0,05	0,24	0,98
F_{05}	S_1	1,00	0,88	0,06	0,10	0,95	0,85	0,04	0,00
	S_2	0,70	0,20	0,80	0,30	0,80	0,20	0,70	0,30
	S_3	0,50	0,50	0,60	0,50	0,60	0,40	0,50	0,40
	S_4	0,30	0,70	0,33	0,69	0,30	0,70	0,26	0,73
	S_5	0,00	1,00	0,10	0,80	0,90	0,08	1,00	0,15
F_{06}	S_1	0,90	0,10	1,00	0,10	0,90	0,00	1,00	0,00
	S_2	0,80	0,30	0,80	0,20	0,70	0,30	0,70	0,20
	S_3	0,60	0,50	0,60	0,40	0,50	0,40	0,50	0,50
	S_4	0,40	0,60	0,40	0,70	0,30	0,60	0,30	0,70
	S_5	0,10	0,80	0,20	0,90	0,13	1,00	0,00	1,00
F_{07}	S_1	0,95	0,15	1,00	0,10	0,85	0,00	1,00	0,05
	S_2	0,85	0,25	0,85	0,30	0,73	0,35	0,75	0,25
	S_3	0,55	0,45	0,65	0,40	0,45	0,55	0,55	0,45
	S_4	0,40	0,65	0,35	0,75	0,24	0,78	0,35	0,65
	S_5	0,05	0,88	0,15	0,85	0,12	1,00	0,00	0,95
F_{08}	S_1	0,98	0,18	0,88	0,12	0,82	0,07	0,92	0,08
	S_2	0,83	0,27	0,77	0,18	0,63	0,28	0,67	0,23
	S_3	0,57	0,48	0,62	0,43	0,52	0,45	0,52	0,47
	S_4	0,45	0,65	0,37	0,85	0,33	0,57	0,27	0,86
	S_5	0,08	0,83	0,18	0,95	0,21	0,95	0,05	0,98
F_{09}	S_1	1,00	0,21	0,91	0,15	0,85	0,10	0,95	0,11
	S_2	0,86	0,30	0,80	0,21	0,66	0,31	0,70	0,26
	S_3	0,60	0,51	0,65	0,46	0,55	0,48	0,55	0,50
	S_4	0,39	0,76	0,30	0,70	0,36	0,60	0,30	0,76
	S_5	0,10	0,86	0,15	0,93	0,24	0,98	0,08	1,00
F_{10}	S_1	0,94	0,14	0,84	0,08	0,78	0,03	0,88	0,04
	S_2	0,79	0,23	0,73	0,14	0,59	0,24	0,63	0,19
	S_3	0,53	0,44	0,58	0,39	0,48	0,41	0,48	0,43
	S_4	0,41	0,69	0,33	0,63	0,29	0,53	0,23	0,69
	S_5	0,13	0,79	0,14	0,90	0,17	0,91	0,01	0,94

Admite-se que foram selecionados quatro especialistas: E_1 – profissional de marketing; E_2 – economista; E_3 – engenheiro de produção; E_4 – administrador de empresas. Admite-se também que os pesos atribuídos aos fatores pelos especialistas são iguais (todos os fatores têm peso igual a 1 (um), por exemplo). Assim, a base de dados (Tabela 6.5) se resumirá à matriz das anotações, ou seja, aos graus de evidência favorável e de evidência contrária que os especialistas atribuem aos fatores nas condições definidas pelas cinco seções.

6.2.4 Pesquisa de campo e cálculo dos graus de evidência favorável e de evidência contrária resultantes para os fatores e os do baricentro

Deve-se fazer uma pesquisa em relação ao produto na região em que ele vai ser lançado, para verificar em que seção cada um dos fatores se encontra. Os pesquisadores devem verificar, na região em que o produto vai ser lançado, em que seção S_j (com $1 \leq j \leq 5$) cada um dos fatores F_i (com $1 \leq i \leq 10$) que influem na viabilidade do produto se encontra. Com os resultados da pesquisa, S_{pi}, é preenchida a coluna 2 da Tabela 6.6. Feito isso, o PC do MPD extrai da base de dados (Tabela 6.5) as opiniões dos especialistas sobre a viabilidade do lançamento do produto na região escolhida, nas condições traduzidas pelas seções pesquisadas. Essas opiniões estão resumidas nas colunas de 3 a 10 da Tabela 6.6.

Para a aplicação dos operadores, os grupos devem ser constituídos, observando-se a formação dos especialistas. No quadro dos especialistas selecionados, uma formação possível e adequada é: grupo A – o profissional de marketing (E_1) com o economista (E_2); grupo B – o engenheiro de produção (E_3) com o administrador de empresas (E_4). Assim, para a aplicação das técnicas de maximização (operador **MÁX**) e de minimização (operador **MÍN**) às opiniões dos especialistas faz-se:

$$\text{MÍN } \{\text{MÁX } [E_1, E_2]; \text{MÁX } [E_3, E_4]\} \quad \text{ou}$$

$$\text{MÍN } \{G_A, G_B\}$$

Na Tabela 6.6, os resultados da aplicação do operador **MÁX** nos grupos A e B (intragrupos) estão nas colunas de 11 a 14. Os resultados da aplicação do operador **MÍN** entre os grupos A e B (entre grupos), que são os graus de evidência favorável e de evidência contrária resultantes, aparecem nas colunas 15 e 16. Dessa forma, obtém-se, para cada fator, na condição da seção obtida na pesquisa, a conclusão combinada das opiniões dos especialistas. Os graus de certeza e de incerteza para cada fator, na condição da seção pesquisada, aparecem nas colunas 17 e18.

TABELA 6.6 Tabela de cálculos do MPD: seções pesquisadas, graus de evidência favorável e de evidência contrária, aplicação dos operadores **MÁX** e **MÍN**, cálculos e análise dos resultados.

1	2	3	4	5	6	7	8	9	10	11	12	13	14	15	16	17	18	19
Fator	Seção	Grupo A				Grupo B				A		B		MÍN {A, B}		Nível de exigência = 0,60		
		E_1		E_2		E_3		E_4		MÁX {E_1, E_2}		MÁX {E_3, E_4}				Conclusões		
F_i	S_{pj}	$a_{i,1}$	$b_{i,1}$	$a_{i,2}$	$b_{i,2}$	$a_{i,3}$	$b_{i,3}$	$a_{i,4}$	$b_{i,4}$	$a_{i,gA}$	$b_{i,gA}$	$a_{i,gB}$	$b_{i,gB}$	$a_{i,R}$	$b_{i,R}$	H	G	Decisão
F_{01}	S_5	0,01	0,94	0,13	0,88	0,14	1,00	0,17	0,91	0,13	0,88	0,17	0,91	0,13	0,91	−0,78	0,04	INVIÁVEL
F_{02}	S_1	1,00	0,05	0,95	0,15	1,00	0,10	0,85	0,00	1,00	0,05	1,00	0,00	1,00	0,05	0,95	0,05	VIÁVEL
F_{03}	S_1	0,92	0,08	0,98	0,18	0,88	0,12	0,82	0,07	0,98	0,08	0,88	0,07	0,88	0,08	0,80	−0,04	VIÁVEL
F_{04}	S_2	0,70	0,26	0,86	0,30	0,80	0,21	0,66	0,31	0,86	0,26	0,80	0,21	0,80	0,26	0,54	0,06	NÃO CONCLUSIVO
F_{05}	S_1	1,00	0,88	0,06	0,10	0,95	0,85	0,04	0,00	1,00	0,10	0,95	0,00	0,95	0,10	0,85	0,05	VIÁVEL
F_{06}	S_5	0,10	0,80	0,20	0,90	0,13	1,00	0,00	1,00	0,20	0,80	0,13	1,00	0,13	1,00	−0,87	0,13	INVIÁVEL
F_{07}	S_4	0,40	0,65	0,35	0,75	0,24	0,78	0,35	0,65	0,40	0,65	0,35	0,65	0,35	0,65	−0,30	0,00	NÃO CONCLUSIVO
F_{08}	S_4	0,45	0,65	0,37	0,85	0,33	0,57	0,27	0,86	0,45	0,65	0,33	0,57	0,33	0,65	−0,32	−0,02	NÃO CONCLUSIVO
F_{09}	S_1	1,00	0,21	0,91	0,15	0,85	0,10	0,95	0,11	1,00	0,15	0,95	0,10	0,95	0,15	0,80	0,10	VIÁVEL
F_{10}	S_2	0,79	0,23	0,73	0,14	0,59	0,24	0,63	0,19	0,79	0,14	0,63	0,19	0,63	0,19	0,44	−0,18	NÃO CONCLUSIVO
Baricentro W: médias dos graus resultantes														**0,615**	**0,404**	**0,211**	**0,02**	**NÃO CONCLUSIVO**

6.2.5 Análise dos resultados

Primeiramente, será feita a análise dos resultados finais pela aplicação da regra de decisão (ver 6.2.1). O PC do MPD já fez isto quando comparou os graus de certeza da coluna 17 da Tabela 6.6 com o nível de exigência (0,60) e deu o resultado na coluna 19. Assim, pode-se observar que, nas condições pesquisadas e ao nível de exigência 0,60, quatro fatores, F_{02}, F_{03}, F_{05} e F_{09}, indicam que o lançamento do produto é viável; dois, F_{01} e F_{06}, indicam que o lançamento do produto é inviável; e os outros quatro, F_{04}, F_{07}, F_{08} e F_{10}, são não conclusivos, isto é, não dão indicação nem a favor e nem contra o lançamento do produto.

Mas o que realmente tem interesse é a influência conjunta de todos os fatores sobre a viabilidade do lançamento do produto, que é traduzida pelo baricentro **W** dos pontos que os representam, isoladamente. Na última linha das colunas 15 e 16 da Tabela 6.6, encontram-se os graus de evidência favorável (a_W) e de evidência contrária (b_W) do baricentro, que permitem ao PC do MPD calcular o grau de certeza correspondente (última linha da coluna 17) da seguinte forma: $H_W = a_W - b_W = 0{,}615 - 0{,}404 = 0{,}211$.

Considerando que $-0{,}60 < 0{,}211 < 0{,}60$, aplicando a regra de decisão, o próprio PC do MPD já conclui que a análise é não conclusiva, isto é, a análise não permite concluir nem pela viabilidade e nem pela inviabilidade do lançamento do produto na região escolhida.

Essa mesma análise pode ser feita pelo algoritmo para-analisador. Para isso, plotam-se os graus de evidência favorável e de evidência contrária resultantes, junto ao reticulado τ (Figura 6.4), adotando-se como linhas-limite de verdade e de falsidade as retas determinadas por $|H| = |a - b| = 0{,}60$, e como linhas limites de inconsistência e de paracompleteza as retas determinadas por $|G| = |a + b - 1| = 0{,}60$, uma vez que o nível de exigência adotado foi 0,60.

No caso em estudo, análise da viabilidade do lançamento do produto na região escolhida, a observação dos pontos que representam os fatores de influência no reticulado τ mostra que: quatro fatores (F_{02}, F_{03}, F_{05} e F_{09}) pertencem à região de verdade (de decisão favorável ou de viabilidade), recomendando, pois, o lançamento do produto ao nível de exigência 0,60; dois fatores (F_{01} e F_{06}) pertencem à região de falsidade (inviabilidade), recomendando o não lançamento do produto.

Os demais fatores pertencem às regiões de baixa definição, indicando que o lançamento do produto não é viável, mas que também não é inviável. F_{04} pertence à região de quase verdade, tendendo à inconsistência; F_{10} pertence à região de quase verdade, tendendo à paracompleteza; F_{08} pertence à região de quase falsidade, tendendo à paracompleteza; F_{07} pertence à fronteira das regiões de quase falsidade tendendo à inconsistência e de quase falsidade tendendo à paracompleteza. Esses quatro últimos fatores são, pois, não conclusivos.

Mas as influências díspares de todos estes fatores na viabilidade do lançamento do produto na região escolhida podem ser resumidas pelo ponto **W**. Este é o baricentro dos dez pontos que representam os fatores, isoladamente, e traduz a influência conjunta dos dez fatores analisados. Como **W** está na região de quase verdade tendendo à inconsistência, diz-se que o resultado global é: análise não conclusiva. Ou seja, a análise não recomenda o lançamento do produto, mas também não exclui esta possibilidade. Apenas sugere que, se for de interesse, novas pesquisas sejam feitas, numa tentativa de se aumentarem as evidências.

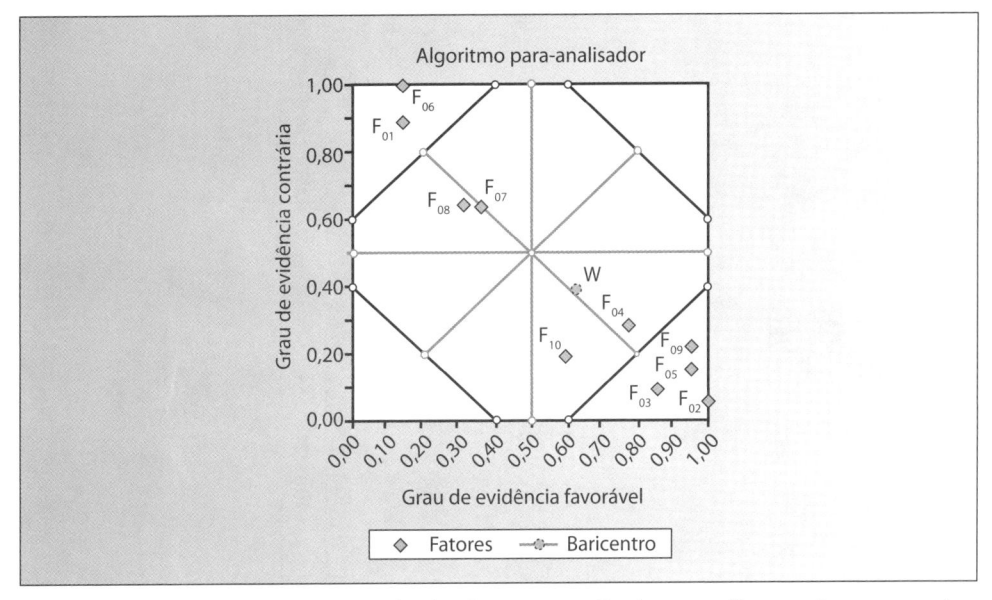

FIGURA 6.4   Análise do resultado pelo algoritmo para-analisador; nesta figura estão representados os fatores, o baricentro, as linhas limites e as fronteiras.

Mais uma vez, é importante observar que, feita a pesquisa, ou seja, preenchida a coluna 2 da Tabela 6.6, todas as demais operações, traduzidas pelas colunas de 3 a 19 (busca dos valores na base de dados; aplicação das regras de maximização e minimização, para obter os graus de evidências favorável e contrária, resultantes para os fatores; cálculo dos graus de evidências favorável e contrária do baricentro; cálculos dos graus de certeza e de contradição; aplicação da regra de decisão; e aplicação do algoritmo para-analisador), são feitas automaticamente pelo PC do MPD.

Para testar a fidedignidade do MPD e exercitar sua aplicação, será feita a análise da viabilidade do lançamento de outro produto em outra região, admitindo que na pesquisa de campo todos os fatores se encontram na seção S_1, ou seja, todos os fatores se mostram muito favoráveis ao lançamento. Neste caso, evidentemente, é de se esperar que a análise leve a concluir-se pela viabilidade do produto, o que acusará a fidedignidade do método.

De fato, aplicando-se o MPD a esta situação, obtém-se $a_W = 0{,}933$ e $b_W = 0{,}093$. Estes valores permitem calcular $H_W = a_W - b_W = 0{,}933 - 0{,}093 = 0{,}840$. Como $0{,}840 \geq 0{,}60$, a regra de decisão permite inferir pela **viabilidade** do lançamento deste outro produto na região considerada (Tabela 6.7 e Figura 6.5).

TABELA 6.7 Aplicação do MPD na situação em que todos os fatores são muito favoráveis (seção S_1).

1	2	3	4	5	6	7	8	9	10	11	12	13	14	15	16	17	18	19
Fator	Seção	Grupo A				Grupo B				A		B		MÍN {A, B}		Nível de exigência = 0,60		
		E_1		E_2		E_3		E_4		MÁX {E_1, E_2}		MÁX {E_3, E_4}				Conclusões		
F_i	S_{pi}	$a_{i,1}$	$b_{i,1}$	$a_{i,2}$	$b_{i,2}$	$a_{i,3}$	$b_{i,3}$	$a_{i,4}$	$b_{i,4}$	a_{igA}	b_{igA}	a_{igB}	b_{igB}	a_{LR}	b_{LR}	H	G	Decisão
F_{01}	S_1	0,88	0,04	0,94	0,14	0,84	0,08	0,78	0,03	0,94	0,04	0,84	0,03	0,84	0,04	0,80	−0,12	VIÁVEL
F_{02}	S_1	1,00	0,05	0,95	0,15	1,00	0,10	0,85	0,00	1,00	0,05	1,00	0,00	1,00	0,05	0,95	0,05	VIÁVEL
F_{03}	S_1	0,92	0,08	0,98	0,18	0,88	0,12	0,82	0,07	0,98	0,08	0,88	0,07	0,88	0,08	0,80	−0,04	VIÁVEL
F_{04}	S_1	0,95	0,11	1,00	0,21	0,91	0,15	0,85	0,10	1,00	0,11	0,91	0,10	0,91	0,11	0,80	0,02	VIÁVEL
F_{05}	S_1	1,00	0,88	0,06	0,10	0,95	0,85	0,04	0,00	1,00	0,10	0,95	0,00	0,95	0,10	0,85	0,05	VIÁVEL
F_{06}	S_1	0,90	0,10	1,00	0,10	0,90	0,00	1,00	0,00	1,00	0,10	1,00	0,00	1,00	0,10	0,90	0,10	VIÁVEL
F_{07}	S_1	0,95	0,15	1,00	0,10	0,85	0,00	1,00	0,05	1,00	0,10	1,00	0,00	1,00	0,10	0,90	0,10	VIÁVEL
F_{08}	S_1	0,98	0,18	0,88	0,12	0,82	0,07	0,92	0,08	0,98	0,12	0,92	0,07	0,92	0,12	0,80	0,04	VIÁVEL
F_{09}	S_1	1,00	0,21	0,91	0,15	0,85	0,10	0,95	0,11	1,00	0,15	0,95	0,10	0,95	0,15	0,80	0,10	VIÁVEL
F_{10}	S_1	0,94	0,14	0,84	0,08	0,78	0,03	0,88	0,04	0,94	0,08	0,88	0,03	0,88	0,08	0,80	−0,04	VIÁVEL
Baricentro W: médias dos graus resultantes														0,933	0,093	0,840	0,026	VIÁVEL

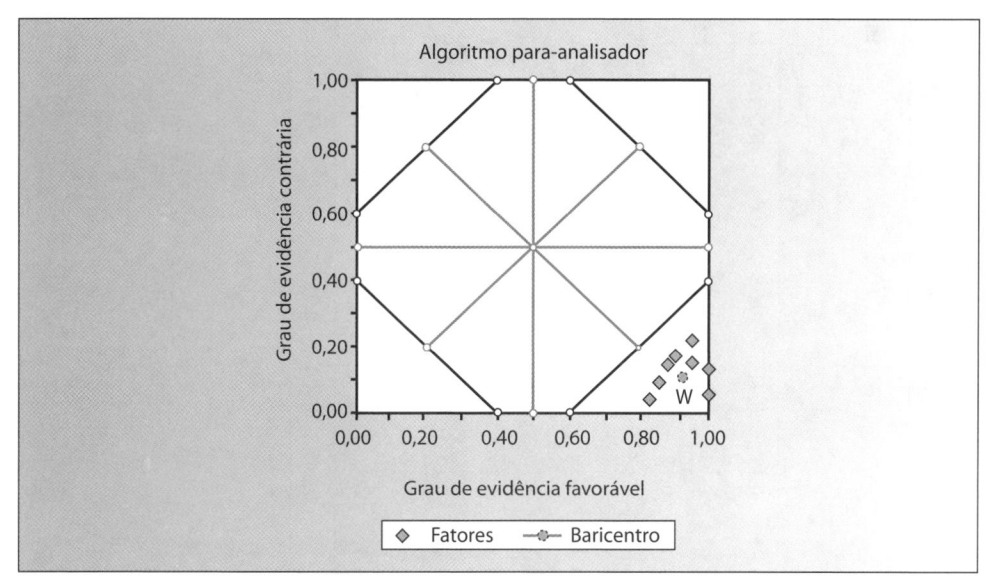

FIGURA 6.5   Análise do resultado quando todos os fatores são muito favoráveis (seção S_1).

Ao contrário, se todos os fatores fossem muito desfavoráveis (seção S_5), a aplicação do MPD levaria a $a_W = 0,147$ e $b_W = 0,904$, permitindo calcular o grau de certeza do baricentro: $H_W = a_W - b_W = 0,147 - 0,904 = -0,757$. Como $-0,757 \leq -0,60$, a regra de decisão levaria a inferir pela **inviabilidade** do lançamento do produto na região. (Tabela 6.8 e Figura 6.6).

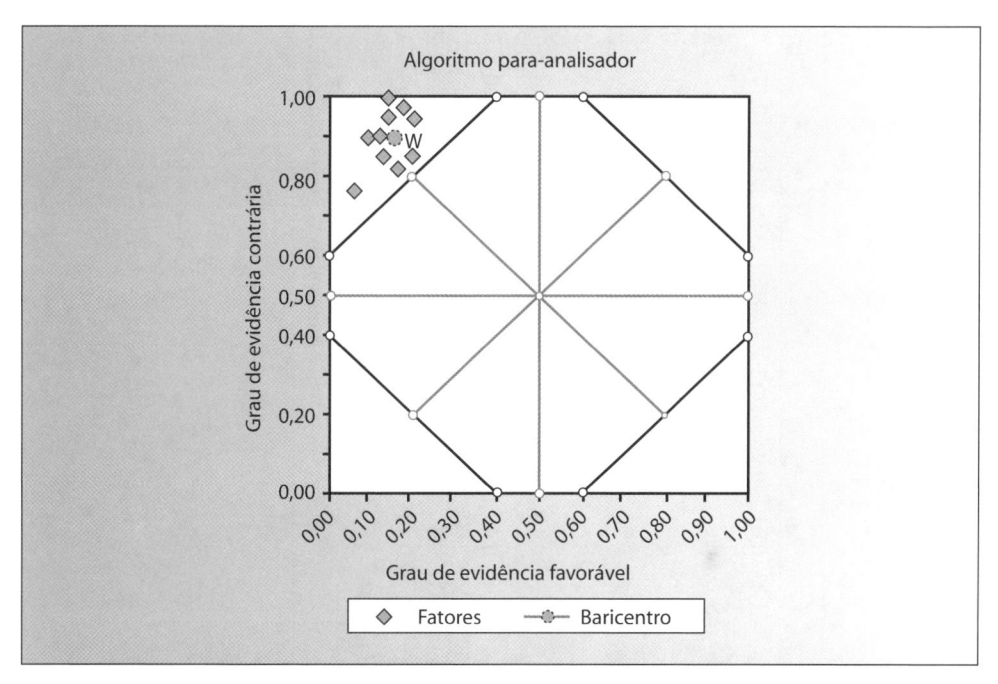

FIGURA 6.6   Análise do resultado quando todos os fatores são muito desfavoráveis (seção S_5).

TABELA 6.8 Aplicação do PC do MPD na situação em que todos os fatores são muito desfavoráveis (seção S_5).

1	2	3	4	5	6	7	8	9	10	11	12	13	14	15	16	17	18	19
Fator	Secção	Grupo A				Grupo B				A		B		MÍN {A, B}		Nível de exigência = 0,60		
		E_1		E_2		E_3		E_4		MÁX {E_1, E_2}		MÁX {E_3, E_4}				Conclusões		
F_i	S_{pj}	$a_{i,1}$	$b_{i,1}$	$a_{i,2}$	$b_{i,2}$	$a_{i,3}$	$b_{i,3}$	$a_{i,4}$	$b_{i,4}$	$a_{i,gA}$	$b_{i,gA}$	$a_{i,gB}$	$b_{i,gB}$	$a_{i,LR}$	$b_{i,LR}$	H	G	Decisão
F_{01}	S_5	0,01	0,94	0,13	0,88	0,14	1,00	0,17	0,91	0,13	0,88	0,17	0,91	0,13	0,91	−0,78	0,04	INVIÁVEL
F_{02}	S_5	0,00	0,95	0,15	0,75	0,15	0,85	0,25	1,00	0,15	0,75	0,25	0,85	0,15	0,85	−0,70	0,00	INVIÁVEL
F_{03}	S_5	0,05	0,98	0,17	0,83	0,18	0,02	0,21	0,95	0,17	0,83	0,21	0,02	0,17	0,83	−0,66	0,00	INVIÁVEL
F_{04}	S_5	0,08	1,00	0,20	0,86	0,21	0,05	0,24	0,98	0,20	0,86	0,24	0,05	0,20	0,86	−0,66	0,06	INVIÁVEL
F_{05}	S_5	0,00	1,00	0,10	0,80	0,90	0,08	1,00	0,15	0,10	0,80	1,00	0,08	0,10	0,80	−0,70	−0,10	INVIÁVEL
F_{06}	S_5	0,10	0,80	0,20	0,90	0,13	1,00	0,00	1,00	0,20	0,80	0,13	1,00	0,13	1,00	−0,87	0,13	INVIÁVEL
F_{07}	S_5	0,05	0,88	0,15	0,85	0,12	1,00	0,00	0,95	0,15	0,85	0,12	0,95	0,12	0,95	−0,83	0,07	INVIÁVEL
F_{08}	S_5	0,08	0,83	0,18	0,95	0,21	0,95	0,05	0,98	0,18	0,83	0,21	0,95	0,18	0,95	−0,77	0,13	INVIÁVEL
F_{09}	S_5	0,10	0,86	0,15	0,93	0,24	0,98	0,08	1,00	0,15	0,86	0,24	0,98	0,15	0,98	−0,83	0,13	INVIÁVEL
F_{10}	S_5	0,13	0,79	0,14	0,90	0,17	0,91	0,01	0,94	0,14	0,79	0,17	0,91	0,14	0,91	−0,77	0,05	INVIÁVEL
Baricentro W: médias dos graus resultantes														0,147	0,904	−0,757	0,051	INVIÁVEL

Para verificar a influência do nível de exigência na decisão (o que representa mais uma possibilidade do MPD), foi analisado um caso em que cinco fatores (F_{02}, F_{04}, F_{06}, F_{08} e F_{09}) são muito favoráveis (seção S_1) e outros cinco (F_{01}, F_{03}, F_{05}, F_{07} e F_{10}) são apenas favoráveis (seção S_2). Aplicando-se o MPD, obteve-se: $H_W = a_W - b_W = 0,846 - 0,159 = 0,687$ (Tabela 6.9a). Então, se o nível de exigência é 0,60, a decisão é favorável (o produto é **viável**), uma vez que $0,687 \geq 0,60$ (Figura 6.7a.); porém, se o nível de exigência é 0,75, a decisão é que a análise é não conclusiva, uma vez que ($-0,75 < 0,687 < 0,75$) (Tabela 6.9b e Figura 6.7b).

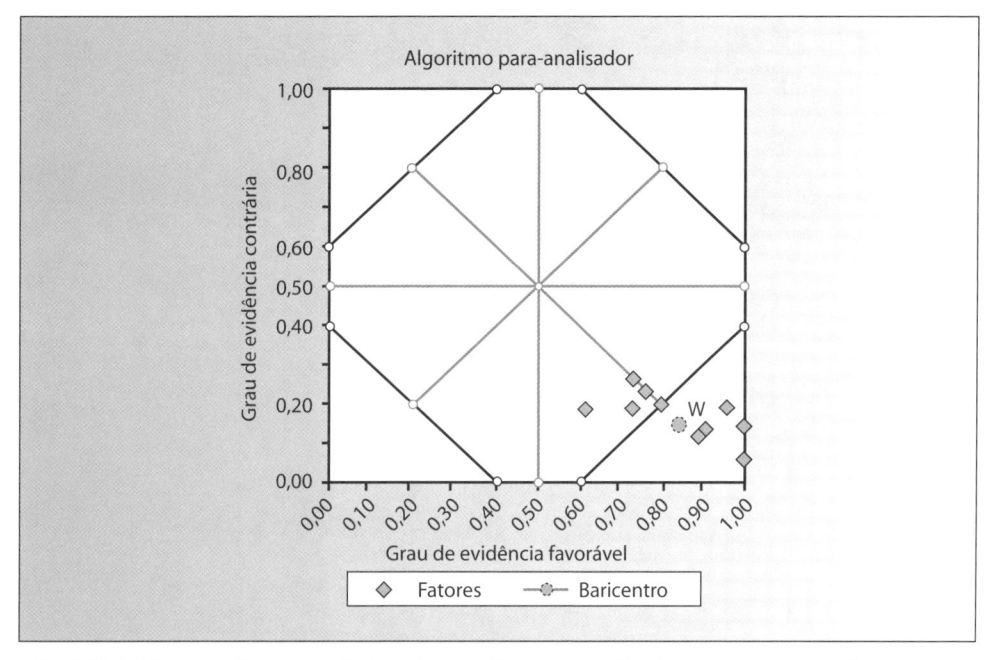

FIGURA 6.7a   Análise do resultado pelo algoritmo para-analisador no caso em que cinco fatores são muito favoráveis (S_1), cinco são apenas favoráveis (S_2) e o nível de exigência é igual a **0,60**. Resultado: **viável**.

TABELA 6.9a Aplicação do PC do MPD na situação em que cinco fatores são muito favoráveis (seção S_1) e cinco são apenas favoráveis (seção S_2), com nível de exigência **0,60**. Resultado: **viável**.

1	2	3	4	5	6	7	8	9	10	11	12	13	14	15	16	17	18	19
		Grupo A				Grupo B				A		B		MÍN {A, B}		Nível de exigência = 0,60		
		E_1		E_2		E_3		E_4		MÁX {E_1, E_2}		MÁX {E_3, E_4}				Conclusões		
Fator F_i	Seção S_{pJ}	$a_{i,1}$	$b_{i,1}$	$a_{i,2}$	$b_{i,2}$	$a_{i,3}$	$b_{i,3}$	$a_{i,4}$	$b_{i,4}$	$a_{i,gA}$	$b_{i,gA}$	$a_{i,gB}$	$b_{i,gB}$	$a_{i,R}$	$b_{i,R}$	H	G	Decisão
F_{01}	S_2	0,63	0,19	0,79	0,23	0,73	0,14	0,59	0,24	0,79	0,19	0,73	0,14	0,73	0,19	0,54	−0,08	NÃO CONCLUSIVO
F_{02}	S_1	1,00	0,05	0,95	0,15	1,00	0,10	0,85	0,00	1,00	0,05	1,00	0,00	1,00	0,05	0,95	0,05	VIÁVEL
F_{03}	S_2	0,67	0,23	0,83	0,27	0,77	0,18	0,63	0,28	0,83	0,23	0,77	0,18	0,77	0,23	0,54	0,00	NÃO CONCLUSIVO
F_{04}	S_1	0,95	0,11	1,00	0,21	0,91	0,15	0,85	0,10	1,00	0,11	0,91	0,10	0,91	0,11	0,80	0,02	VIÁVEL
F_{05}	S_2	0,70	0,20	0,80	0,30	0,80	0,20	0,70	0,30	0,80	0,20	0,80	0,20	0,80	0,20	0,60	0,00	VIÁVEL
F_{06}	S_1	0,90	0,10	1,00	0,10	0,90	0,00	1,00	0,00	1,00	0,10	1,00	0,00	1,00	0,10	0,90	0,10	VIÁVEL
F_{07}	S_2	0,85	0,25	0,85	0,30	0,73	0,35	0,75	0,25	0,85	0,25	0,75	0,25	0,75	0,25	0,50	0,00	NÃO CONCLUSIVO
F_{08}	S_1	0,98	0,18	0,88	0,12	0,82	0,07	0,92	0,08	0,98	0,12	0,92	0,07	0,92	0,12	0,80	0,04	VIÁVEL
F_{09}	S_1	1,00	0,21	0,91	0,15	0,85	0,10	0,95	0,11	1,00	0,15	0,95	0,10	0,95	0,15	0,80	0,10	VIÁVEL
F_{10}	S_2	0,79	0,23	0,73	0,14	0,59	0,24	0,63	0,19	0,79	0,14	0,63	0,19	0,63	0,19	0,44	−0,08	NÃO CONCLUSIVO
Baricentro W: médias dos graus resultantes														0,846	0,159	0,687	0,005	VIÁVEL

TABELA 6.9b Aplicação do MPD na situação em que cinco fatores são muito favoráveis (seção S_1) e cinco são apenas favoráveis (seção S_2), com nível de exigência **0,75**. Resultado: **não conclusivo**.

1	2	3	4	5	6	7	8	9	10	11	12	13	14	15	16	17	18	19
Fator	Seção	Grupo A				Grupo B				A		B		MÍN {A, B}		Nível de exigência = 0,75		
		E_1		E_2		E_3		E_4		MÁX {E_1, E_2}		MÁX {E_3, E_4}				Conclusões		
F_i	S_{pj}	$a_{i,1}$	$b_{i,1}$	$a_{i,2}$	$b_{i,2}$	$a_{i,3}$	$b_{i,3}$	$a_{i,4}$	$b_{i,4}$	$a_{i,gA}$	$b_{i,gA}$	$a_{i,gB}$	$b_{i,gB}$	$a_{i,R}$	$b_{i,R}$	H	G	Decisão
F_{01}	S_2	0,63	0,19	0,79	0,23	0,73	0,14	0,59	0,24	0,79	0,19	0,73	0,14	0,73	0,19	0,54	–0,08	NÃO CONCLUSIVO
F_{02}	S_1	1,00	0,05	0,95	0,15	1,00	0,10	0,85	0,00	1,00	0,05	1,00	0,00	1,00	0,05	0,95	0,05	VIÁVEL
F_{03}	S_2	0,67	0,23	0,83	0,27	0,77	0,18	0,63	0,28	0,83	0,23	0,77	0,18	0,77	0,23	0,54	0,00	NÃO CONCLUSIVO
F_{04}	S_1	0,95	0,11	1,00	0,21	0,91	0,15	0,85	0,10	1,00	0,11	0,91	0,10	0,91	0,11	0,80	0,02	VIÁVEL
F_{05}	S_2	0,70	0,20	0,80	0,30	0,80	0,20	0,70	0,30	0,80	0,20	0,80	0,20	0,80	0,20	0,60	0,00	VIÁVEL
F_{06}	S_1	0,90	0,10	1,00	0,10	0,00	0,00	1,00	0,00	1,00	0,10	1,00	0,00	1,00	0,10	0,90	0,10	VIÁVEL
F_{07}	S_2	0,85	0,25	0,85	0,30	0,73	0,35	0,75	0,25	0,85	0,25	0,75	0,25	0,75	0,25	0,50	0,00	NÃO CONCLUSIVO
F_{08}	S_1	0,98	0,18	0,88	0,12	0,82	0,07	0,92	0,08	0,98	0,12	0,92	0,07	0,92	0,12	0,80	0,04	VIÁVEL
F_{09}	S_1	1,00	0,21	0,91	0,15	0,85	0,10	0,95	0,11	1,00	0,15	0,95	0,10	0,95	0,15	0,80	0,10	VIÁVEL
F_{10}	S_2	0,79	0,23	0,73	0,14	0,59	0,24	0,63	0,19	0,79	0,14	0,63	0,19	0,63	0,19	0,44	–0,18	NÃO CONCLUSIVO
Baricentro W: médias dos graus resultantes														0,846	0,159	0,687	0,005	NÃO CONCLUSIVO

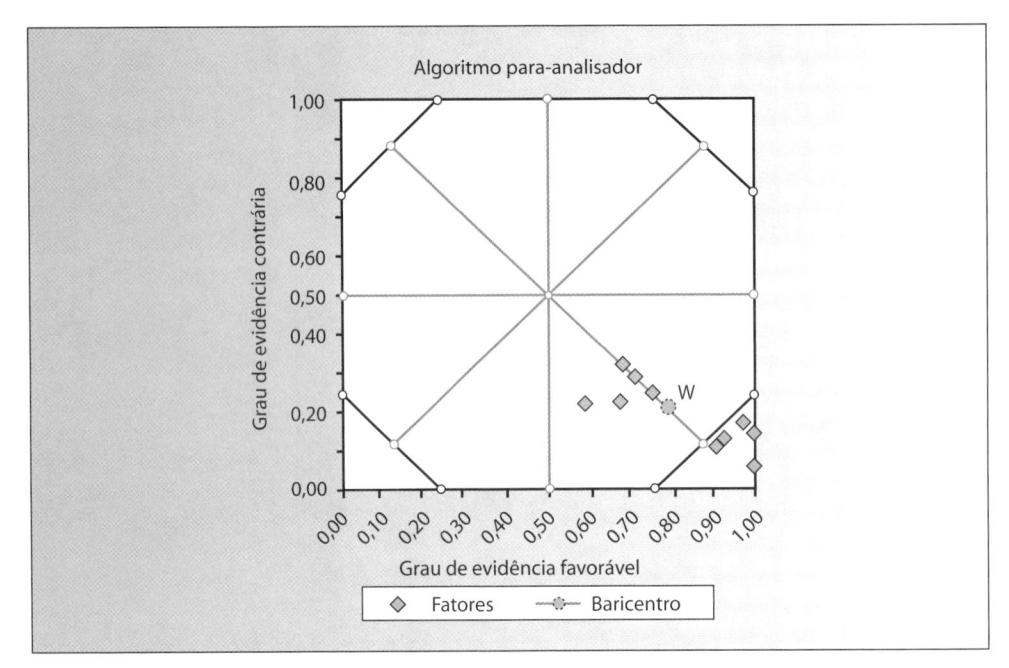

FIGURA 6.7b Análise do resultado pelo algoritmo para-analisador no caso em que cinco fatores são muito favoráveis (S_1), cinco são apenas favoráveis (S_2), ao nível de exigência **0,75**. Resultado: **não conclusivo**.

Observe-se que, na passagem da Tabela 6.9a para a Tabela 6.9b, a única alteração ocorreu na coluna 19, pois a decisão depende o nível de exigência. Analogamente, ao passar da Figura 6.7a para a Tabela 6.7b, a alteração ocorreu apenas nas posições das linhas limites, que dependem do nível de exigência.

6.3 AVALIAÇÃO DO PROJETO DE UMA FÁBRICA

Neste exemplo, o MPD será aplicado na avaliação do projeto P de uma fábrica, problema com o qual, constantemente, se deparam engenheiros, consultores ou os próprios empresários. A ideia é analisar a viabilidade de implantação do projeto de uma fábrica.

6.3.1 Fixação do nível de exigência

A primeira missão do EC é fixar o nível de exigência da análise para a tomada de decisão. Nesta aplicação, será fixado em 0,65. Com isso, o algoritmo para-analisador e a regra de decisão já estão determinados (Figura 6.8).

H ≥ 0,65 ⇒ **decisão favorável (projeto viável);**

H ≤ – 0,65 ⇒ **decisão desfavorável (projeto inviável);**

– 0,65 < H < 0,65 ⇒ **análise não conclusiva.**

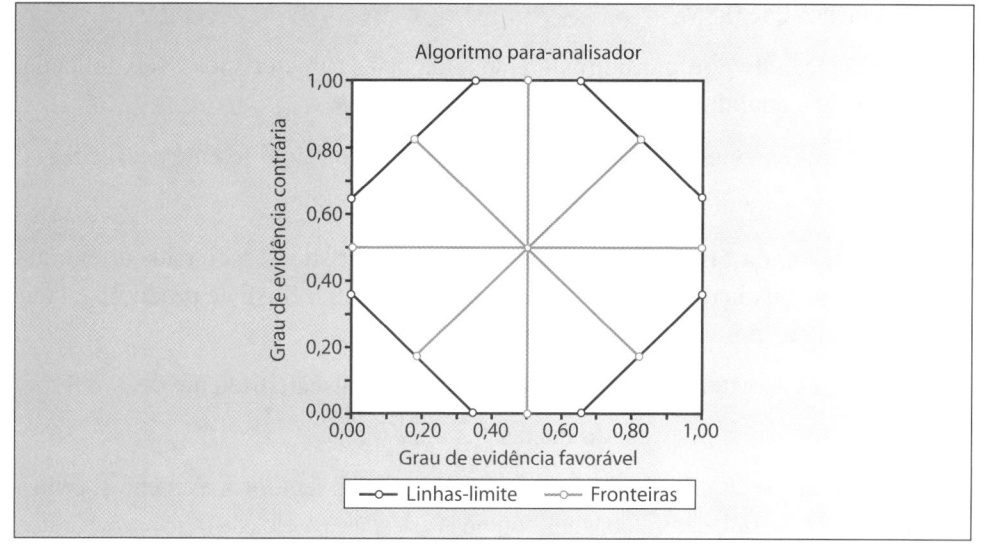

FIGURA 6.8   Algoritmo para-analisador e regra de decisão para o nível de exigência **0,65**.

6.3.2   Escolha dos fatores e estabelecimento das seções

Serão escolhidos oito fatores (F_1 a F_8) que influem na decisão de implantar ou não o projeto de uma fábrica, ou seja, que influem na viabilidade do projeto. Para cada um desses fatores, serão estabelecidas três seções (S_1 a S_3), de tal modo que S_1 represente uma situação **favorável**, S_2, uma **indiferente**, e S_3, uma situação **desfavorável** à implantação do projeto.

Na escolha dos fatores de influência, deve-se procurar abranger os diferentes aspectos envolvidos na estrutura de um projeto: aspectos econômicos (que envolvem mercado, localização e escala), técnicos (processo de produção, engenharia do projeto, arranjo físico dos equipamentos etc.), financeiros (composição do capital, financiamentos, capital de giro etc.), administrativos (estrutura organizacional de implantação e de operação), jurídicos e legais (contratos com fornecedores, compra de tecnologia e patentes), de meio ambiente e contábeis [109].

Sendo assim, a escolha dos fatores e a caracterização das seções dependem do projeto a ser avaliado, de análises de mercado, de estudos econômicos e de outros elementos. Neste estudo, essa caracterização foi feita sem a utilização rigorosa desses elementos, pois trata-se apenas de um exemplo de aplicação do método.

Os fatores escolhidos (F_i), com $1 \leq i \leq 8$, e as seções estabelecidas (S_j), com $1 \leq j \leq 3$, são os apresentados a seguir.

F_1: Capacidade de produção da fábrica – Medida pela comparação entre a produção projetada para a fábrica e a média M de produção das fábricas similares já existentes.

S_1: maior que 1,2M; S_2: uma situação diferente de S_1 e S_3;

S_3: menor que 0,8M.

F_2: Seleção de equipamentos – Traduzida pelas características: flexibilidade, produtividade e qualidade dos equipamentos escolhidos.

S_1: as três características são altas; S_2: uma situação diferente de S_1 e S_3;

S_3: as três características são baixas.

F_3: *Lay out* da fábrica – Traduzido pelas características: facilidade de entrada de material, adequada disposição dos equipamentos para o fluxo de produção e facilidade de saída de produto.

S_1: as três características são altas; S_2: uma situação diferente de S_1 e S_3;

S_3: as três características são baixas.

F_4: Localização – Traduzida pela proximidade dos seguintes elementos: centro fornecedor de material, centro consumidor, boas estradas e meios de transporte baratos (ferroviário ou hidroviário).

S_1: pelo menos três desses elementos estão bem próximos;

S_2: uma situação diferente de S_1 e S_3;

S_3: pelo menos três desses elementos **não** estão bem próximos.

F_5: Organização – Traduzida pela adequação dos seguintes sistemas de apoio: controle de qualidade, manutenção, sistema de embalagens e logística de expedição de produtos.

S_1: pelo menos três desses sistemas são bem adequados;

S_2: uma situação diferente de S_1 e S_3;

S_3: pelo menos três desses sistemas **não** são bem adequados.

F_6: Disponibilidade de área interna – Medida pela percentagem de área livre para eventuais estocagens ou para implantação de novos departamentos.

S_1: mais de 50%; S_2: uma situação diferente de S_1 e S_3;

S_3: menos de 20%.

F_7: Possibilidade de expansão – Medida pela razão entre a área total do imóvel e a área ocupada pelo projeto.

S_1: maior que 3; S_2: situação diferente de S_1 e S_3;

S_3: menor que 2.

F_8: **Flexibilidade do processo** – Traduzida pela capacidade de adaptação para a produção de diferentes produtos.

S_1: alta capacidade; S_2: capacidade média;

S_3: baixa capacidade.

6.3.3 Construção da base de dados

Escolhidos os fatores e estabelecidas as seções, por meio de especialistas (ou usando dados estatísticos), são atribuídos o grau de evidência favorável (ou de crença) ($a_{i,j,k}$) e grau de evidência contrária (ou de descrença) ($b_{i,j,k}$) ao sucesso do projeto, para cada um dos fatores, em cada uma das seções, e, também, os pesos para cada um dos fatores. Neste exemplo, a opção é pelo uso de especialistas.

TABELA 6.10 Base de dados: os pesos médios dos fatores e os graus de evidência favorável e de evidência contrária atribuídos pelos especialistas aos fatores, em cada uma das seções.

F_i	P_i	S_j	E_1		E_2		E_3		E_4	
			$a_{i,j,1}$	$b_{i,j,1}$	$a_{i,j,2}$	$b_{i,j,2}$	$a_{i,j,3}$	$b_{i,j,3}$	$a_{i,j,4}$	$b_{i,j,4}$
		S_1	1,0	0,0	0,9	0,1	1,0	0,2	0,8	0,3
F_1	1	S_2	0,7	0,4	0,6	0,4	0,6	0,6	0,5	0,6
		S_3	0,3	1,0	0,3	1,0	0,2	0,8	0,2	1,0
		S_1	0,9	0,0	1,0	0,1	0,9	0,1	0,8	0,0
F_2	1	S_2	0,6	0,5	0,6	0,6	0,4	0,4	0,5	0,4
		S_3	0,3	0,9	0,2	0,8	0,1	0,8	0,0	0,9
		S_1	0,9	0,0	0,8	0,1	0,8	0,0	0,9	0,1
F_3	1	S_2	0,6	0,4	0,4	0,4	0,6	0,5	0,5	0,5
		S_3	0,3	1,0	0,0	1,0	0,3	1,0	0,1	0,9
		S_1	1,0	0,2	0,8	0,0	1,0	0,2	0,9	0,4
F_4	3	S_2	0,5	0,6	0,6	0,6	0,6	0,4	0,5	0,6
		S_3	0,1	1,0	0,2	1,0	0,2	1,0	0,0	0,9
		S_1	0,9	0,9	1,0	0,8	1,0	0,1	0,2	0,9
F_5	1	S_2	0,4	0,5	0,6	0,3	0,7	0,3	0,5	0,6
		S_3	0,1	0,8	1,0	0,2	0,9	0,3	0,8	0,3
		S_1	1,0	0,1	1,0	0,1	1,0	0,0	0,1	0,8
F_6	1	S_2	0,6	0,5	0,7	0,3	0,7	0,4	0,6	0,4
		S_3	0,3	1,0	0,2	0,9	0,3	0,9	0,0	0,9
		S_1	1,0	0,2	1,0	0,0	0,9	0,2	1,0	0,2
F_7	2	S_2	0,6	0,5	0,3	0,4	0,6	0,5	0,5	0,6
		S_3	0,1	1,0	0,3	0,9	0,3	0,7	0,0	0,9
		S_1	1,0	0,0	0,9	0,0	0,9	0,2	0,8	0,0
F_8	2	S_2	0,7	0,3	0,6	0,5	0,5	0,4	0,5	0,6
		S_3	0,0	0,9	0,3	0,7	0,3	0,8	0,2	0,9

Segundo critérios estabelecidos pelo EC, foi escolhido o seguinte quadro de especialistas: E_1: engenheiro de produção; E_2: administrador industrial; E_3: engenheiro de processo (mecânico ou químico ou outro, dependendo da fábrica); e E_4: engenheiro de produto.

Os pesos médios dos fatores, bem como os graus de evidência favorável e de evidência contrária atribuídos pelos especialistas aos fatores, nas condições das seções estabelecidas, estão na Tabela 6.10, que constitui a **base de dados**.

6.3.4 Pesquisa de campo e obtenção dos resultados

Deve ser feita uma pesquisa em relação ao projeto P, para verificar em que seção cada um dos fatores se encontra. Ou seja, os pesquisadores devem verificar, para cada um dos fatores F_i ($1 \leq i \leq 8$), em que seção S_j ($1 \leq j \leq 3$) o projeto P se encontra. Com as seções S_{pj} encontradas na pesquisa, é preenchida a coluna 3 da Tabela 6.11. De posse desses resultados o PC do MPD extrai da base de dados (Tabela 6.10), além dos pesos médios dos fatores (coluna 2), as opiniões dos especialistas sobre a viabilidade do projeto P nas condições dos fatores F_i, traduzidas pelas seções pesquisadas. Essas opiniões, traduzidas pelos graus de evidências, favorável e contrária, estão colocadas nas colunas de 4 a 11 da Tabela 6.11.

A seguir, o PC do MPD aplica as técnicas de maximização (operador **MÁX**) e de minimização (operador **MÍN**) do reticulado associado à lógica Eτ. Nesta aplicação é conveniente que os grupos sejam constituídos observando-se a formação dos especialistas. Quase sempre é uma escolha do EC.

Suponha que, no quadro de especialistas utilizado, o EC considere que as opiniões dos especialistas 1 e 2 são indispensáveis, mas que, entre os especialistas 3 e 4, uma sendo favorável é suficiente. Assim, a formação dos grupos é: grupo A – engenheiro de produção (E_1); grupo B – administrador industrial (E_2); e grupo C – engenheiro de processo (E_3) com engenheiro de produto (E_4). Dessa forma, para a aplicação das técnicas de maximização (**MÁX**) e de minimização (**MÍN**) às opiniões dos especialistas, faz-se:

$$\textbf{MÍN } \{(E_1), (E_2), \textbf{MÁX } [(E_3), (E_4)]\} \quad \text{ou}$$

$$\textbf{MÍN } \{G_A, G_B, G_C\}$$

ou seja, aplica-se, primeiro, o operador **MÁX** apenas dentro do grupo C (intragrupo) e, a seguir, o operador **MÍN** entre os grupos A, B e C (entre grupos).

TABELA 6.11   Tabela de cálculos do MPD: fatores (coluna 1), pesos (2), seções pesquisadas (3), graus de evidência favorável e de evidência contrária (colunas de 4 a 11), aplicação dos operadores **MÁX** (12 e 13) e **MÍN** (14 e 15), cálculos (16 e 17) e análise dos resultados (18).

1	2	3	4	5	6	7	8	9	10	11	12	13	14	15	16	17	18
			Grupo A		Grupo B				Grupo C		Grupo C		MÍN {A, B, C}		Nível de exigência = 0,65		
F_i	P_i	S_{pj}	E_1		E_2		E_3		E_4		MÁX {E_3, E_4}				Conclusões		
			$a_{i,1}$	$b_{i,1}$	$a_{i,2}$	$b_{i,2}$	$a_{i,3}$	$b_{i,3}$	$a_{i,4}$	$b_{i,4}$	$a_{i,gC}$	$b_{i,gC}$	$a_{1,R}$	$b_{1,R}$	H	G	Decisão
F_1	1	S_3	0,3	1,0	0,3	1,0	0,2	0,8	0,2	1,0	0,2	0,8	0,20	1,00	−0,80	0,20	INVIÁVEL
F_2	1	S_1	0,9	0,0	1,0	0,1	0,9	0,1	0,8	0,0	0,9	0,0	0,90	0,10	0,80	0,00	VIÁVEL
F_3	1	S_2	0,6	0,4	0,4	0,4	0,6	0,5	0,5	0,5	0,6	0,5	0,40	0,50	−0,10	−0,10	NÃO CONCLUSIVO
F_4	3	S_3	0,1	1,0	0,2	1,0	0,2	1,0	0,0	0,9	0,2	0,9	0,10	1,00	−0,90	0,10	INVIÁVEL
F_5	1	S_1	0,9	0,9	1,0	0,8	1,0	0,1	0,2	0,9	1,0	0,1	0,90	0,90	0,00	0,80	NÃO CONCLUSIVO
F_6	1	S_2	0,6	0,5	0,7	0,3	0,7	0,4	0,6	0,4	0,7	0,4	0,60	0,50	0,10	0,10	NÃO CONCLUSIVO
F_7	2	S_3	0,1	1,0	0,3	0,9	0,3	0,7	0,0	0,9	0,3	0,7	0,10	1,00	−0,90	0,10	INVIÁVEL
F_8	2	S_1	1,0	0,0	0,9	0,0	0,9	0,2	0,8	0,0	0,9	0,0	0,90	0,00	0,90	−0,10	VIÁVEL
Baricentro W: médias ponderadas dos graus resultantes													0,44	0,67	−0,23	0,11	NÃO CONCLUSIVO

Na Tabela 6.11, os resultados da aplicação do operador **MÁX** ao grupo C (intragrupo) estão nas colunas de 12 e 13. Os resultados da aplicação do operador **MÍN** entre os grupos A, B e C (entre grupos) aparecem nas colunas 14 e 15. Dessa forma, obtém-se, para cada fator, nas condições da seção encontrada na pesquisa, os graus de crença $(a_{i,R})$ e de descrença $(b_{i,R})$, resultantes da combinação das opiniões dos especialistas. É oportuno lembrar que todas as operações descritas anteriormente são realizadas pelo PC do MPD.

6.3.5 Análise dos resultados e decisão final

Por meio do PC do MPD se fazem os cálculos e, também, a análise dos resultados pela aplicação da regra de decisão, o que aparece na coluna 18 da Tabela 6.11. Isto permite dizer qual é a influência de cada fator (F_1 a F_8) na decisão de viabilidade do projeto P e, também, a influência conjunta de todos os fatores, por meio do baricentro **W**, nas condições caracterizadas pelas seções obtidas na pesquisa. A observação da coluna 18 mostra que dois fatores (F_2 e F_8) recomendam a execução do projeto P, ao nível de exigência de 0,65; que três fatores (F_1, F_4 e F_7) recomendam a não execução do projeto P, ao nível de exigência de 0,65; e que os demais fatores (F_3, F_5 e F_6) são não conclusivos. Observe-se que o fator F_5, além de não conclusivo, apresenta um alto grau de incerteza (contradição) (G = 0,80), mostrando que, com relação a este fator na seção pesquisada (S_1), há grande inconsistência entre as opiniões dos especialistas.

Na análise da influência conjunta de todos os fatores, que é traduzida pelo baricentro **W**, a última linha da coluna 18 da Tabela 6.11 mostra que o resultado global é não conclusivo, ou seja, a análise não permite inferir pela viabilidade do projeto e nem pela sua inviabilidade. Neste caso, recomenda-se ou desistir do projeto ou fazer análises mais aprofundadas para que possam surgir novas evidências.

A análise do resultado, como foi visto nos exemplos anteriores, pode ser feita também pelo algoritmo para-analisador, plotando-se os graus de evidência favorável e de evidência contrária resultantes para os fatores, e os do baricentro, no reticulado τ, conforme Figura 6.9.

Da observação da Figura 6.9, nota-se que dois fatores (na figura, representados por losangos) pertencem à região de verdade, recomendando a execução do projeto; três fatores pertencem à região de falsidade, recomendando, pois, a não execução do projeto P (na Figura 6.9 aparecem apenas dois pontos, porque $F_4 \equiv F_7 = (0,10; 1,00)$); e que os demais fatores pertencem a outras regiões, sendo, portanto, não conclusivos, tudo ao nível de exigência de 0,65.

Observe-se que o fator F_5 pertence à região de inconsistência, mostrando que as opiniões dos especialistas, com relação a este fator na seção pesquisada S_1, são contraditórias (apresentam um alto grau de incerteza (contradição), $G = a + b - 1 = 0,9 + 0,9 - 1 = 0,80$).

A influência conjunta (combinada) de todos os fatores pode ser resumida pelo baricentro **W** (representado por um círculo) dos pontos que representam os fatores. Como **W** está na região de quase falsidade tendendo à inconsistência, diz-se que o resultado global da análise é **não conclusivo**. Ou seja, a análise não recomenda o projeto P, mas, também, não exclui esta possibilidade. Apenas sugere que novas análises sejam feitas, numa tentativa de se aumentarem as evidências.

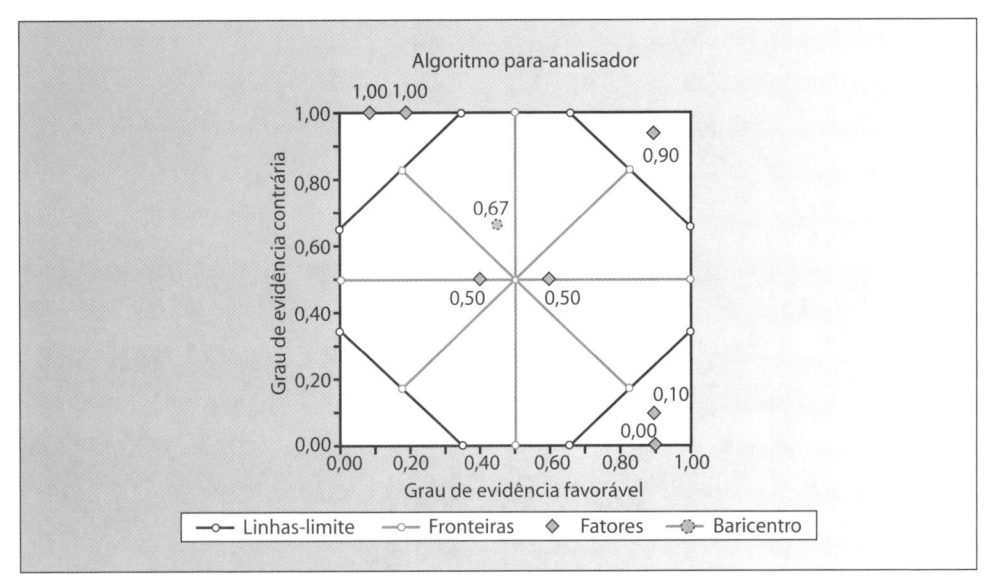

FIGURA 6.9 Análise dos resultados pelo dispositivo para-analisador, com nível de exigência igual a **0,65**.

6.3.6 Fidedignidade do MPD

Um teste da fidedignidade do método de decisão (MPD) pode ser feito, admitindo-se que na pesquisa de campo todos os fatores se mostram nas condições traduzidas pela seção S_1, ou seja, todos os fatores se mostram **favoráveis** à viabilidade de um projeto.

Neste caso, evidentemente, é de se esperar que a aplicação do método leve a concluir-se pela viabilidade do projeto. De fato, aplicando-se o MPD obtém-se $a_W = 0{,}89$ e $b_W = 0{,}20$ (Tabela 6.12a). Este resultado permite calcular o grau de certeza do baricentro $H_W = a_W - b_W = 0{,}89 - 0{,}20 = 0{,}69$. Como $0{,}69 \geq 0{,}65$, a regra de decisão (Figura 6.8) permite inferir pela **viabilidade** do projeto, ao nível de exigência 0,65 (Figura 6.10a).

TABELA 6.12a   Análise de um projeto em outro panorama, quando todos os fatores são favoráveis (seção S_1).

1	2	3	4	5	6	7	8	9	10	11	12	13	14	15	16	17	18
			Grupo A		Grupo B		Grupo C				Grupo C		MÍN {A, B, C}		Nível de exigência = 0,65		
F_i	P_i	S_{pj}	E_1		E_2		E_3		E_4		MÁX [E_3, E_4]				Conclusões		
			$a_{i,1}$	$b_{i,1}$	$a_{i,2}$	$b_{i,2}$	$a_{i,3}$	$b_{i,3}$	$a_{i,4}$	$b_{i,4}$	$a_{i,gC}$	$b_{i,gC}$	$a_{1,R}$	$b_{1,R}$	H	G	Decisão
F_1	1	S_1	1,0	0,0	0,9	0,1	1,0	0,2	0,8	0,3	1,0	0,2	0,90	0,20	0,70	0,10	VIÁVEL
F_2	1	S_1	0,9	0,0	1,0	0,1	0,9	0,1	0,8	0,0	0,9	0,0	0,90	0,10	0,80	0,00	VIÁVEL
F_3	1	S_1	0,9	0,0	0,8	0,1	0,8	0,0	0,9	0,1	0,9	0,0	0,80	0,10	0,70	−0,10	VIÁVEL
F_4	3	S_1	1,0	0,2	0,8	0,0	1,0	0,2	0,9	0,4	1,0	0,2	0,80	0,20	0,60	0,00	NÃO CONCLUSIVO
F_5	1	S_1	0,9	0,9	1,0	0,8	1,0	0,1	0,2	0,9	1,0	0,1	0,90	0,90	0,00	0,80	NÃO CONCLUSIVO
F_6	1	S_1	1,0	0,1	1,0	0,1	1,0	0,0	0,1	0,8	1,0	0,0	1,00	0,10	0,90	0,10	VIÁVEL
F_7	2	S_1	1,0	0,2	1,0	0,0	0,9	0,2	1,0	0,2	1,0	0,2	1,00	0,20	0,80	0,20	VIÁVEL
F_8	2	S_1	1,0	0,0	0,9	0,0	0,9	0,2	0,8	0,0	0,9	0,0	0,90	0,00	0,90	−0,10	VIÁVEL
Baricentro W: médias ponderadas dos graus resultantes													0,89	0,20	0,69	0,09	VIÁVEL

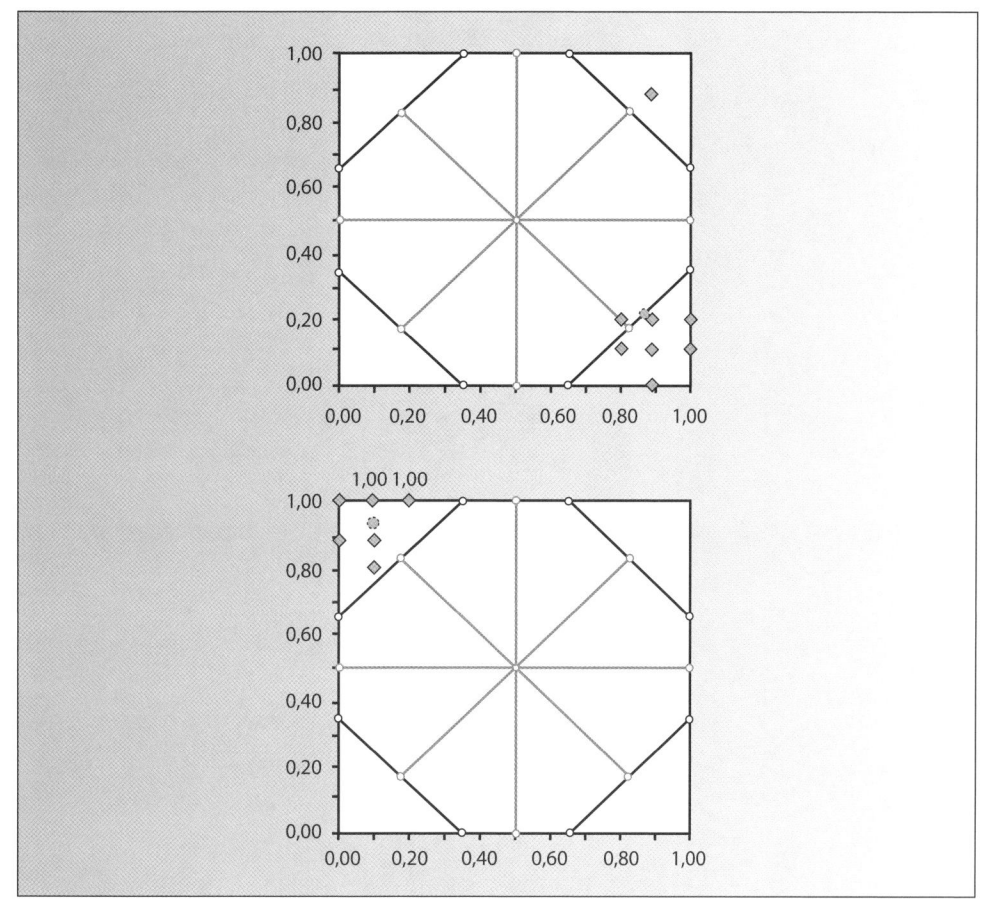

FIGURAS 6.10a, b   Análise do projeto em outros panoramas: quando todos
os fatores são favoráveis (**viável** ao nível de exigência **0,65**) e quando todos os fatores
são desfavoráveis (**inviável** ao nível de exigência **0,65**).

Ao contrário, se num outro panorama, todos os fatores se encontram nas condições traduzidas pela seção S_3, isto é, se todos os fatores se mostram **desfavoráveis** ao projeto, obtém-se $a_W = 0,09$ e $b_W = 0,96$ (Tabela 6.12b). Este resultado permite calcular $H_W = a_W - b_W = 0,09 - 0,96 = -0,87$. Como $-0,87 \leq -0,65$, aplicando a regra de decisão, conclui-se, nesse panorama, pela **inviabilidade** do outro projeto, ao nível de exigência 0,65 (Figura 6.10b).

TABELA 6.12b Análise do projeto num panorama em que todos os fatores são desfavoráveis (seção S_3).

1	2	3	4	5	6	7	8	9	10	11	12	13	14	15	16	17	18
			Grupo A		Grupo B		Grupo C				Grupo C		MÍN {A, B, C}		Nível de exigência = 0,65		
F_i	P_i	S_{pj}	E_1		E_2		E_3		E_4		MÁX [E_3, E_4]				Conclusões		
			$a_{i,1}$	$b_{i,1}$	$a_{i,2}$	$b_{i,2}$	$a_{i,3}$	$b_{i,3}$	$a_{i,4}$	$b_{i,4}$	$a_{i,gC}$	$b_{i,gC}$	$a_{1,R}$	$b_{1,R}$	H	G	Decisão
F_1	1	S_3	0,3	1,0	0,3	1,0	0,2	0,8	0,2	1,0	0,2	0,8	0,20	1,00	−0,80	0,20	INVIÁVEL
F_2	1	S_3	0,3	0,9	0,2	0,8	0,1	0,8	0,0	0,9	0,1	0,8	0,10	0,90	−0,80	0,00	INVIÁVEL
F_3	1	S_3	0,3	1,0	0,0	1,0	0,3	1,0	0,1	0,9	0,3	0,9	0,00	1,00	−1,00	0,00	INVIÁVEL
F_4	3	S_3	0,1	1,0	0,2	1,0	0,2	1,0	0,0	0,9	0,2	0,9	0,10	1,00	−0,90	0,10	INVIÁVEL
F_5	1	S_3	0,1	0,8	1,0	0,2	0,9	0,3	0,8	0,3	0,9	0,3	0,10	0,80	−0,70	−0,10	INVIÁVEL
F_6	1	S_3	0,3	1,0	0,2	0,9	0,3	0,9	0,0	0,9	0,3	0,9	0,20	1,00	−0,80	0,20	INVIÁVEL
F_7	2	S_3	0,1	1,0	0,3	0,9	0,3	0,7	0,0	0,9	0,3	0,7	0,10	1,00	−0,90	0,10	INVIÁVEL
F_8	2	S_3	0,0	0,9	0,3	0,7	0,3	0,8	0,2	0,9	0,3	0,8	0,00	0,90	−0,90	−0,10	INVIÁVEL
Baricentro W: médias ponderadas dos graus resultantes													0,09	0,96	−0,87	0,05	INVIÁVEL

6.3.7 Influência do nível de exigência

Para verificar a influência do nível de exigência na decisão, foi analisada uma situação em que cinco fatores (F_2, F_3, F_4, F_7 e F_8) se mostraram favoráveis ao projeto (seção S_1) e outros três (F_1, F_5 e F_6), indiferentes (seção S_2). Nessa situação, a avaliação do projeto resulta **não conclusiva**, ao nível de exigência de 0,65 (Figura 6.11a), mas atesta sua **viabilidade** ao nível de exigência 0,50 (Figura 6.11b).

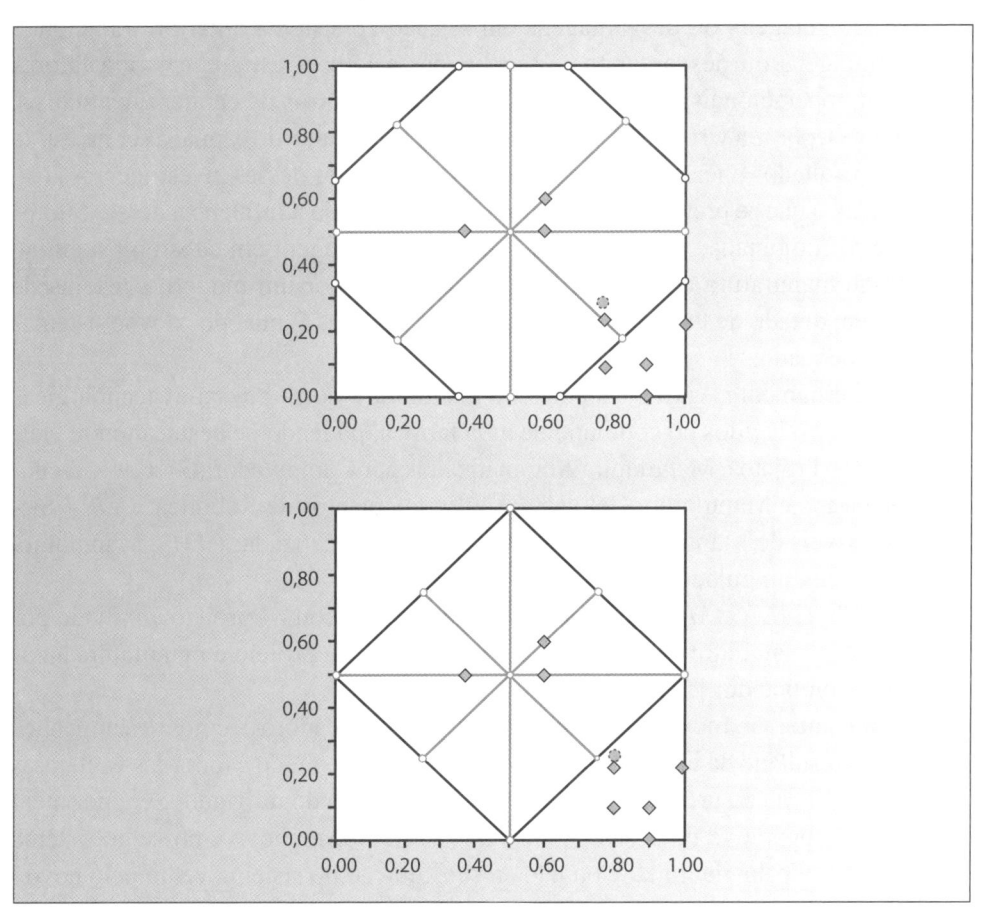

FIGURAS 6.11a, b   Análise do resultado quando cinco fatores são favoráveis (seção S_1) e três indiferentes (seção S_2). Resultado: **não conclusivo**, ao nível de exigência **0,65**; **viável**, ao nível de exigência **0,50**.

6.4 ANÁLISE DE VIABILIDADE DA IMPLANTAÇÃO DE UM SISTEMA DE MANUFATURA QUE UTILIZA TECNOLOGIAS AVANÇADAS

No momento em que a maquinaria de uma empresa fica obsoleta e precisa ser trocada, os empresários ou os administradores têm duas opções: 1) manter o sistema de manufatura do processo produtivo e apenas substituir as máquinas antigas por máquinas novas iguais ou 2) fazer uma inovação, substituindo-o por um mais moderno, com a introdução de tecnologias avançadas (novas máquinas, novas técnicas, novos processos etc.).

Se a opção é introduzir inovações tecnológicas, ainda fica a dúvida: qual inovação tecnológica é a mais adequada? Muitas opções de sistemas de manufatura que utilizam tecnologias avançadas existem para serem adotadas, e cada uma delas poderá apresentar vantagens ou desvantagens em relação ao sistema anterior, tradicional. Essas vantagens ou desvantagens estão ligadas a fatores estratégicos e a fatores econômico-operacionais, uns de caráter qualitativo e outros de caráter quantitativo. Esses fatores, por sua vez, estão relacionados com o montante do capital a ser investido e com os resultados operacionais e financeiros decorrentes desses investimentos [18].

Então, o que se pretende neste exemplo é, analisando a influência desses fatores de maneira combinada, verificar: 1) se há ou não vantagem em substituir o antigo sistema de manufatura com a tecnologia tradicional por um moderno sistema de manufatura, dotado de tecnologias avançadas e, também, 2) qual dos novos sistemas é o mais adequado.

Hodiernamente, vários sistemas de manufatura com inovações tecnológicas podem ser introduzidos no cotidiano de uma fábrica, podendo-se destacar entre eles: *CAD/CAM* – Projeto e Manufatura Automatizados por Computador; *GT/CM* – Tecnologia de Grupo e Manufatura Celular; *RE* – Equipamentos de Robótica; *FMS* – Sistemas Flexíveis de Manufatura; *AA* – Montagem Automatizada; *CIM* – Manufatura Integrada por Computador [22].

A sigla *CAD/CAM* é mais comumente entendida como "projeto auxiliado por computador e manufatura auxiliada por computador" ou projeto e manufatura auxiliados por computador [57].

Entretanto, são muitos os atributos (fatores ou indicadores), cujos desempenhos influem no resultado da implantação dessas inovações, de modo a torná-las vantajosas ou não em relação ao processo tradicional que estava sendo utilizado. Será por meio da análise comparativa do desempenho desses atributos no novo e no velho sistema que se decidirá pela viabilidade ou não da substituição do sistema velho pelo novo.

A seguir, uma relação desses fatores, separados por classes:

- fatores relacionados com os objetivos estratégicos da empresa: reputação tecnológica, fatia (compartimento) de mercado, posição competitiva e inovação do produto;

- fatores qualitativos ou quantitativos, de caráter econômico ou operacional, relacionados com o montante do capital a ser investido: heterogeneidade do produto, número de peças produzidas, período de retorno (*payback*), valor presente líquido (*NPV*), custos operacionais futuros, valores residuais, vida útil, medidas de tempo real, entrega, confiabilidade do produto, tempo de resposta, economias de mão de obra direta, financiamento de criação, espaço no chão de fábrica, mão de obra indireta adicional, refugos, reivindicação (ou direito) de garantia, tempo de reposição, preparações, sobras, custo de reprocessamento etc. [22].

O objetivo deste item é comparar um dos novos sistemas de manufatura citados, dotados de tecnologias avançadas, com o tradicional, para saber qual deles é melhor, isto é, qual deles conduz a empresa a um melhor resultado econômico. Para cada análise, serão selecionados os fatores de influência mais significativos no desempenho do sistema de manufatura para comparar o novo sistema adotado, levando-se em conta o antigo sistema. Usando técnicas da lógica paraconsistente anotada para analisar a influência combinada de todos os fatores, pode-se concluir se a introdução do novo sistema com tecnologias avançadas produz ou não melhor resultado para a empresa do que o antigo.

6.4.1 Coeficiente de desempenho de um novo sistema de manufatura comparado com o antigo, para um determinado fator de influência

Primeiramente, será definido um número que traduz o desempenho de um novo sistema de manufatura (N), usando tecnologias avançadas, comparado-o com o sistema antigo (A), para um determinado indicador (I) ou fator de influência. Depois serão analisadas as etapas do MPD.

Sejam I_0 e I os valores de um indicador de desempenho da empresa no antigo sistema de manufatura e no novo, respectivamente. Para este indicador, será definido o coeficiente de desempenho do novo sistema de manufatura comparado com o antigo da seguinte maneira:

$$CD_{N,A} (I) = 1 \pm (\Delta I / I_0), \text{ sendo } \Delta I = I - I_0. \qquad (6.4.1)$$

O sinal $\pm$ deve ser usado da seguinte forma: se o desempenho (**D**) do sistema melhora quando **I** aumenta, usa-se o sinal +; se o desempenho (**D**) do sistema melhora quando **I** diminui, usa-se o sinal –. Isto é, usa-se o sinal + quando **D** é uma função crescente de **I**, e o sinal – quando **D** é uma função decrescente de **I**.

Pode-se dizer, por exemplo, que o desempenho (**D**) de um novo sistema produtivo em relação ao antigo é uma função crescente da receita bruta (R). De fato, é aceito que o desempenho do sistema de produção torna-se melhor quando ele consegue aumentar a receita (R) da empresa. Assim, se o indicador usado for a receita, deve-se usar o sinal +. Numericamente, se com a introdução do novo sistema, a receita cresce de I_0 = \$10.000 para I = \$12.000, então o coeficiente de desempenho, em relação à receita, será: $CD_{N,A} (R) = 1 + (+2.000 / 10.000) = 1,20$; se a receita decresce de I_0 = \$10.000 para I = \$8.000, então o coeficiente de desempenho, em relação à receita, será: $CD_{N,A} (R) = 1 + (- 2.000 / 10.000) = 0,80$.

Analogamente, pode-se dizer que o desempenho (**D**) de um novo sistema produtivo em relação ao antigo é uma função decrescente do custo de produção (C). Assim, se o indicador utilizado é o custo de produção, deve-se usar o sinal –. Se com a introdução do novo sistema o custo de produção da empresa aumenta de I_0 = \$10.000 para I = \$13.000, então o coeficiente de desempenho será: $CD_{N,A}$ (C) = 1 – (+3.000 / 10.000) = 0,70. Isto é, custo de produção aumenta e CD é menor que 1 (o desempenho se torna pior). Se o custo de produção da empresa diminui de I_0 = \$10.000 para I = \$7.000, então o coeficiente de desempenho será: $CD_{N,A}$ (C) = 1 – (–3.000 / 10.000) = 1,30. Neste caso, o custo de produção diminui e CD é maior que 1 (o desempenho melhora).

Estes exemplos permitem observar que, se $CD_{N,A} > 1$, o novo sistema de produção (N) melhora o desempenho da empresa em relação ao antigo (A); se $CD_{N,A} < 1$, piora.

6.4.2 Fixando o nível de exigência

Para as tomadas de decisão, será fixado o nível de exigência 0,75. Isto significa que a decisão será tomada se |H| ≥ 0,75, ou seja, estão sendo adotadas como linhas-limite de verdade e de falsidade os segmentos definidos pela condição |H| = 0,75. Portanto, a decisão somente será favorável se o grau de evidência favorável superar o grau de evidência contrária em, pelo menos, 0,75. É um alto nível de exigência.

Assim, a regra de decisão e o algoritmo para-analisador já estão fixados (Figura 6.12).

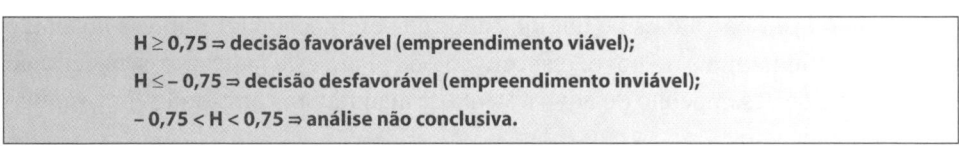

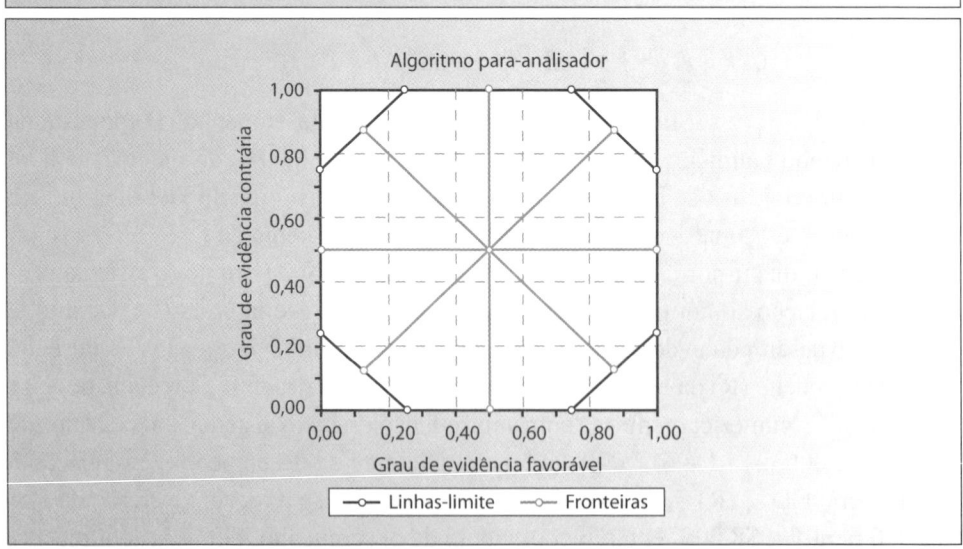

FIGURA 6.12 Regra de decisão e algoritmo para-analisador para o nível de exigência **0,75**.

6.4.3 Identificando os fatores de influência (atributos ou indicadores)

A seguir, será apresentada uma lista de fatores de influência que podem (ou não) ser usados na análise de viabilidade de um novo sistema de manufatura com tecnologias avançadas; o uso ou não uso do fator depende do sistema que está em análise. Para alguns sistemas, o fator pode ser importante; para outros, não. Então, a importância do fator é relativa. Os fatores mais importantes serão usados na análise; os menos importantes ou sem importância alguma não serão usados.

Destacam-se duas classes de fatores [22]. Primeiramente, os fatores relacionados com os objetivos estratégicos da empresa. Estes são fatores não mensuráveis, quase intangíveis, de modo que só podem ser enquadrados em uma seção por experientes especialistas no assunto.

F_{01} – reputação tecnológica

F_{02} – fatia (ou compartimento) de mercado ocupado pela empresa

F_{03} – posição competitiva da empresa dentro do mercado por ela ocupado

F_{04} – inovação do produto produzido pela empresa

Em segundo lugar, destacam-se os fatores relacionados com os resultados operacional e econômico da empresa. Entre esses fatores, alguns são mensuráveis e outros não. Os primeiros podem ser enquadrados na seção por critérios quantitativos, mas os segundos só podem sê-lo por critérios qualitativos, por meio de pessoas experientes e especializadas no assunto.

F_{05} – investimento total	F_{06} – despesas totais
F_{07} – valor presente líquido (*NPV*)	F_{08} – período de retorno (*payback*)
F_{09} – valores residuais	F_{10} – financiamento de criação
F_{11} – heterogeneidade do produto	F_{12} – confiabilidade do produto
F_{13} – vida útil do sistema	F_{14} – flexibilidade do sistema
F_{15} – custos operacionais futuros	F_{16} – custos de mão de obra direta
F_{17} – custo de reprocessamento	F_{18} – custos de mão de obra indireta adicional
F_{19} – custo de material	F_{20} – custo do investimento de capital
F_{21} – medidas de tempo real	F_{22} – tempo de reposição
F_{23} – tempo de entrega	F_{24} – tempo de resposta
F_{25} – tempo de preparação	F_{26} – tempo de utilização das máquinas
F_{27} – tempo de espera	F_{28} – espaço no chão de fábrica
F_{29} – número de peças produzidas	F_{30} – reivindicação (ou direito) de garantia
F_{31} – refugos	F_{32} – sobras

6.4.4   Estabelecendo as seções para os fatores de influência

Para cada indicador, serão estabelecidas cinco seções, S_j, com $1 \leq j \leq 5$, de tal forma que S_1 represente uma situação **muito melhor** do novo sistema com tecnologias avançadas quando comparado com o antigo sistema; S_2 represente uma situação **melhor**; S_3, uma situação **indiferente**; S_4, uma situação **pior**; e S_5 represente uma situação **muito pior** do novo sistema quando comparado com o antigo.

Dir-se-á que a situação do novo sistema com tecnologias avançadas comparado com o sistema antigo, sem tecnologias avançadas, é muito melhor quando o coeficiente de desempenho (CD) for maior que 1,30. Então, a seção S_1 é caracterizada por CD > 1,30. Analogamente, todas as seções estabelecidas podem ser caracterizadas como segue:

S_1: CD > 1,30 (o novo sistema é **muito melhor** do que o antigo);

S_2: 1,10 < CD ≤ 1,30 (o novo sistema é **melhor** do que o antigo);

S_3: 0,90 ≤ CD ≤ 1,10 (o novo sistema é **equivalente** ao antigo);

S_4: 0,70 ≤ CD < 0,90 (o novo sistema é **pior** do que o antigo);

S_5: CD < 0,70 (o novo sistema é **muito pior** do que o antigo).

É importante observar que certos fatores não são mensuráveis. Como exemplos desses fatores, podem ser citados os atributos estratégicos e os qualitativos. Esses fatores (ou indicadores) não podem ser traduzidos por um valor I e, portanto, para eles não é possível definir o coeficiente de desempenho. Neste caso, o enquadramento do fator na seção será feito por um especialista no assunto, que dirá, para cada fator considerado, se o novo sistema é melhor ou pior que o antigo. Então, o especialista, usando dados qualitativos, seu conhecimento, sua experiência, vivência, intuição, bom senso etc., enquadra os fatores nas seções, que são caracterizadas de modo análogo.

S_1: o novo sistema é **muito melhor** do que o antigo;

S_2: o novo sistema é **melhor** do que o antigo;

S_3: o novo sistema é **equivalente** ao antigo;

S_4: o novo sistema é **pior** do que o antigo;

S_5: o novo sistema é **muito pior** do que o antigo.

6.4.5   Construção da base de dados

A base de dados é constituída pelos pesos dos fatores e pelos graus de evidência favorável e graus de evidência contrária que os especialistas atribuem a todos os fatores, em cada uma das cinco seções estabelecidas. Portanto, a base de dados é constituída pelas matrizes $M_P = [P_i]$ e $M_A = [\mu_{i,j,k}] = [(a_{i,j,k}, b_{i,j,k})]$, dos pesos e das anotações.

Será admitido que a matriz M_A, que constitui uma das matrizes da base de dados, seja a mesma para o estudo de viabilidade para qualquer novo sistema de manufatura com tecnologias avançadas (*CAD/CAM* – Projeto e Manufatura Automatizados pelo Computador; *GT/CM* – Tecnologia de Grupo e Manufatura Celular; *RE* – Equipamentos de Robótica; *FMS* – Sistemas de Manufatura Flexíveis; *AA* – Montagem Automatizada; *CIM* – Manufatura Integrada por Computador etc.)

Esta é uma hipótese simplificadora que se está adotando neste trabalho. E está sendo adotada, porque se está admitindo, também, que somente a diferenciação da matriz dos pesos é suficiente para se ter análises de viabilidade de novos sistemas de manufatura com validade e fidedignidade suficientes. Mas nada impede que o EC faça, para cada análise, uma matriz de anotações diferente.

Portanto, neste trabalho, a matriz das anotações, M_A, será sempre a mesma, mas a matriz dos pesos, M_P, variará a cada novo sistema com tecnologias avançadas que estará sendo analisado, para que a especificidade de cada um seja considerada.

A Tabela 6.13 constitui a matriz M_A, isto é, contém os graus de evidência favorável (ou de crença) e de evidência contrária (ou de descrença) atribuídos pelos especialistas aos fatores, nas condições estabelecidas pelas cinco seções. É a matriz das anotações da base de dados. (Aqui no corpo do texto está apresentado apenas um fragmento da matriz M_A; a matriz completa é encontrada no Apêndice C: BD-Seção 6.4).

Também faz parte da base de dados a matriz dos pesos de cada fator escolhido. Os especialistas os atribuem levando em conta o novo sistema de manufatura com tecnologias avançadas que está sendo analisado.

Para a atribuição desses pesos, o EC pode fazer algumas restrições, tal como: os pesos devem ser números inteiros do intervalo [0; 10] (peso 0 significa que o fator respectivo não tem importância alguma na análise que está sendo feita e que, portanto, deve ser excluído dessa análise).

Um fator F_n pode ter maior importância na análise da viabilidade de um novo sistema X do que na de outro Y. Então esse fator F_n deve ter peso maior na primeira análise do que na segunda. Já com outro fator F_m pode ocorrer exatamente o contrário: sua importância pode ser menor na análise de X do que de Y. Neste caso, F_m deve ter peso menor na primeira análise do que na segunda. Portanto, o peso de um fator não depende só dele; depende também do sistema que está sendo analisado. Pode haver fator desprezível (peso = 0) na análise de um sistema, mas considerável (peso $\neq$ 0) na análise de outro. Para a análise de viabilidade de implantação de cada sistema deve ser feita, além de uma nova seleção dos fatores mais importantes, uma nova atribuição de pesos aos fatores escolhidos. Portanto, embora esteja sendo admitido que a matriz das anotações, $M_A = [\mu_{i,j,k}] = [(a_{i,j,k}, b_{i,j,k})]$, seja a mesma, a matriz dos pesos, $M_P = [P_i]$, deve variar para a análise de cada novo sistema de manufatura utilizando novas tecnologias.

"Esses pesos são tremendamente importantes. Eles indicam a importância relativa de todas as medidas, quantificáveis e não quantificáveis, que constituem o sucesso

da empresa no mercado. Esses pesos devem ser derivados de um consenso de opiniões gerenciais: técnica, financeira, marketing e administrativa." [22].
No original: "These weights are tremendously important. They indicate the relative importance of all the quantifiable and non quantifiable measures that constitute the firm's success in the marketplace. These weights should be derived from a consensus of managerial opinion: technical, financial, marketing and administrative."

TABELA 6.13 Matriz das anotações: graus de evidência favorável e de evidência contrária atribuídos pelos especialistas aos fatores, em cada uma das seções.

F_i	S_j	E_1		E_2		E_3		E_4	
		$a_{i,j,1}$	$b_{i,j,1}$	$a_{i,j,2}$	$b_{i,j,2}$	$a_{i,j,3}$	$b_{i,j,3}$	$a_{i,j,4}$	$b_{i,j,4}$
F_{01}	S_1	1,00	0,00	0,90	0,10	1,00	0,10	0,90	0,00
	S_2	0,70	0,20	0,80	0,30	0,80	0,20	0,70	0,30
	S_3	0,50	0,50	0,60	0,50	0,60	0,40	0,50	0,40
	S_4	0,30	0,70	0,40	0,60	0,40	0,70	0,30	0,60
	S_5	0,00	1,00	0,10	0,80	0,20	0,90	0,20	1,00
F_{02}	S_1	1,00	0,05	0,95	0,15	1,00	0,10	0,85	0,00
	S_2	0,75	0,25	0,85	0,25	0,85	0,30	0,73	0,35
	S_3	0,55	0,45	0,55	0,45	0,65	0,40	0,45	0,55
	S_4	0,35	0,65	0,40	0,65	0,35	0,75	0,24	0,65
	S_5	0,00	0,95	0,15	0,75	0,15	0,85	0,25	1,00
F_{03}	S_1	0,92	0,08	0,98	0,18	0,88	0,12	0,82	0,07
	S_2	0,67	0,23	0,83	0,27	0,77	0,18	0,63	0,28
	S_3	0,52	0,47	0,57	0,48	0,62	0,43	0,52	0,45
	S_4	0,27	0,73	0,45	0,65	0,37	0,67	0,33	0,57
	S_5	0,05	0,98	0,17	0,83	0,18	0,02	0,21	0,95
F_{04}	S_1	0,95	0,11	1,00	0,21	0,91	0,15	0,85	0,10
	S_2	0,70	0,26	0,86	0,30	0,80	0,21	0,66	0,31
	S_3	0,55	0,50	0,60	0,51	0,65	0,46	0,55	0,48
	S_4	0,30	0,76	0,48	0,68	0,40	0,70	0,36	0,60
	S_5	0,08	1,01	0,20	0,86	0,21	0,05	0,24	0,98
F_{05}	S_1	0,88	0,04	0,94	0,14	0,84	0,08	0,78	0,03
...	...	...	...	...	...	...	...	...	...
F_{30}	S_5	0,13	0,81	0,14	0,92	0,17	0,93	0,01	0,96
F_{31}	S_1	0,98	0,91	0,02	0,13	0,91	0,88	0,00	0,03
	S_2	0,88	0,22	0,98	0,21	0,88	0,12	0,98	0,12
	S_3	0,54	0,45	0,54	0,45	0,64	0,40	0,44	0,55
	S_4	0,14	0,86	0,19	0,93	0,28	0,98	0,12	1,00
	S_5	0,00	1,00	0,10	0,80	0,90	0,08	1,00	0,15
F_{32}	S_1	0,99	0,25	0,90	0,19	0,84	0,14	0,94	0,15
	S_2	0,55	0,45	0,65	0,40	0,45	0,55	0,55	0,45
	S_3	0,57	0,48	0,62	0,43	0,52	0,45	0,52	0,47
	S_4	0,14	0,86	0,19	0,93	0,28	0,98	0,12	1,00
	S_5	0,06	0,86	0,11	0,93	0,20	0,98	0,08	1,00

Por isso mesmo, os pesos são atribuídos pelos especialistas, em consenso entre eles ou considerando a média dos pesos que cada um atribui, isoladamente (ver 4.2.4).

É conveniente que os especialistas chamados para a constituição da base de dados tenham formações diferentes e complementares, para que os diferentes aspectos do problema sejam levados em conta. Por exemplo, neste trabalho será considerado um conjunto de quatro especialistas, assim constituído: E_1 – um engenheiro de produção (técnico); E_2 – um profissional de marketing; E_3 – um profissional de finanças; e E_4 – um administrador industrial.

6.4.6 Análise de viabilidade da implantação de um Sistema Flexível de Manufatura

Para evidenciar a metodologia de análise de viabilidade para tomadas de decisão, baseada na lógica $E\tau$, ela será aplicada no estudo da viabilidade da implantação de um Sistema Flexível de Manufatura ou *Flexible Manufacturing System* (*FMS*).

Lembre-se que *"FMS são grupos de máquinas de produção organizados em sequência, ligados por máquinas automatizadas de manuseio de materiais e transferência, e integrados por um sistema de computador."* [57].

Para este caso, com base no capítulo *Justifying Capital Investment* de [22], foram escolhidos como fundamentais os fatores de influência relacionados a seguir.

Será admitido que, em consenso, os especialistas atribuíram a cada um desses fatores, de acordo com sua importância na decisão sobre a viabilidade de implantação do *FMS*, os pesos colocados entre parênteses ao lado esquerdo de cada um deles, numa escala de 1 a 10 (os fatores com peso 0 (zero) no estudo da implantação do *FMS* já estão excluídos desta lista). Essa assunção também foi baseada no capítulo citado. Portanto, os números entre parênteses ao lado esquerdo de cada fator constituem a matriz dos pesos, $M_p = [P_i]$, que completa a base de dados, para este caso.

(5) F_{01} – reputação tecnológica

(4) F_{02} – fatia (ou compartimento) de mercado ocupada pela empresa

(6) F_{03} – posição competitiva da empresa dentro do mercado por ela ocupado

(4) F_{04} – inovação do produto produzido pela empresa

(10) F_{07} – valor presente líquido (*NPV*)

(5) F_{08} – período de retorno (*payback*)

(3) F_{11} – heterogeneidade do produto

(3) F_{12} – confiabilidade do produto

(1) F_{18} – custos de mão de obra indireta adicional

(1) F_{19} – custo de material

(2) F_{20} – custo do investimento de capital

(1) F_{24} – tempo de resposta

(2) F_{25} – tempo de preparação

(3) F_{29} – número de peças produzidas

Pesquisas feitas com especialistas e por meio de levantamentos junto às empresas que já adotaram e têm em funcionamento sistemas *FMS* permitem verificar em que seção, S_{pj}, cada um desses fatores se encontra (ver coluna 3 da Tabela 6.14). Essas seções constituem a matriz pesquisada, $M_{pq} = [S_{pj}]$.

Os especialistas escolhidos serão distribuídos em dois grupos: grupo A – constituído pelos especialistas E_1 (engenheiro de produção) e E_2 (profissional de marketing) e grupo B – pelos especialistas E_3 (profissional de finanças) e E_4 (administrador industrial). Dessa forma, o esquema para aplicação dos operadores **MÁX** (maximizante) e **MÍN** (minimizante) é o seguinte:

$$\textbf{MÍN } \{\textbf{MÁX } [(E_1), (E_2)], \textbf{MÁX } [(E_3), (E_4)]\} \quad \text{ou}$$

$$\textbf{MÍN } \{G_A, G_B\}$$

Para as tomadas de decisão, considerando que a troca de um sistema tradicional por um *FMS* envolve um alto investimento com risco de prejuízo grande para a empresa, será adotado um valor alto para o nível de exigência, igual a 0,75. Isto significa que a decisão será tomada se $|H| \geq 0,75$, ou seja, que se está adotando como linhas-limite de verdade e de falsidade os segmentos definidos por $|H| = 0,75$. Consequentemente, estão fixados a regra de decisão e o algoritmo para-analisador (ver 6.4.2, Figura 6.12).

Feito o enquadramento dos fatores nas seções por meio da pesquisa de campo (coluna 3 da Tabela 6.14), fixados os pesos (coluna 2) e os critérios (regra de decisão), com o auxílio PC do MPD buscam-se na base de dados (Tabela 6.13) as opiniões dos especialistas (graus de evidência favorável e de evidência contrária) sobre o empreendimento nas condições em que se encontram os fatores, traduzidas pelas seções pesquisadas, obtendo as colunas de 4 a 11 da Tabela 6.14. De posse dessas opiniões, o mesmo PC do MPD aplica a cada um dos fatores as técnicas de maximização (**MÁX**) e de minimização (**MÍN**) da lógica Eτ, obtendo os graus de evidência favorável e de evidência contrária, resultantes (colunas 16 e 17), que permitem calcular o grau de certeza para cada fator (coluna 18). Com esse valor, dentro do nível de exigência estabelecido (0,75), o próprio PC do MPD conclui se o fator contribui pela viabilidade ou inviabilidade do sistema *FMS* ou se o fator é não conclusivo (coluna 20).

TABELA 6.14 Cálculos e análise dos resultados feitos pelo PC do MPD, adotando nível de exigência igual a **0,75**. (a este nível, a análise mostrou-se **não conclusiva**).

1	2	3	4	5	6	7	8	9	10	11	12	13	14	15	16	17	18	19	20
Fator	Peso	Seção	Grupo A				Grupo B				Grupo A		Grupo B		MÍN {A, B}		Nível de exigência = 0,75		
			E_1		E_2		E_3		E_4		MÁX $[E_1, E_2]$		MÁX $[E_3, E_4]$				Conclusões		
F_i	P_i	S_{pj}	$a_{i,1}$	$b_{i,1}$	$a_{i,2}$	$b_{i,2}$	$a_{i,3}$	$b_{i,3}$	$a_{i,4}$	$b_{i,4}$	$a_{i,gA}$	$b_{i,gA}$	$a_{i,gB}$	$b_{i,gB}$	$a_{i,R}$	$b_{i,R}$	H	G	Decisão
F_{01}	5	S_1	1,00	0,00	0,90	0,10	1,00	0,10	0,90	0,00	1,00	0,00	1,00	0,00	1,00	0,00	1,00	0,00	VIÁVEL
F_{02}	4	S_2	0,75	0,25	0,85	0,25	0,85	0,30	0,73	0,35	0,85	0,25	0,85	0,30	0,85	0,30	0,55	0,15	NÃO CONCLUSIVO
F_{03}	6	S_1	0,92	0,08	0,98	0,18	0,88	0,12	0,82	0,07	0,98	0,08	0,88	0,07	0,88	0,08	0,80	–0,04	VIÁVEL
F_{04}	4	S_2	0,70	0,26	0,86	0,30	0,80	0,21	0,66	0,31	0,86	0,26	0,80	0,21	0,80	0,26	0,54	0,06	NÃO CONCLUSIVO
F_{07}	10	S_1	0,95	0,15	1,00	0,10	0,85	0,00	1,00	0,05	1,00	0,10	1,00	0,00	1,00	0,10	0,90	0,10	VIÁVEL
F_{08}	5	S_1	0,98	0,18	0,88	0,12	0,82	0,07	0,92	0,08	0,98	0,12	0,92	0,07	0,92	0,12	0,80	0,04	VIÁVEL
F_{11}	3	S_2	0,86	0,30	0,80	0,21	0,66	0,31	0,70	0,26	0,86	0,21	0,70	0,26	0,70	0,26	0,44	–0,04	NÃO CONCLUSIVO
F_{12}	3	S_1	0,94	0,14	0,84	0,08	0,78	0,03	0,88	0,04	0,94	0,08	0,88	0,03	0,88	0,08	0,80	–0,04	VIÁVEL
F_{18}	1	S_3	0,57	0,48	0,62	0,43	0,52	0,45	0,52	0,47	0,62	0,43	0,52	0,45	0,52	0,45	0,07	–0,03	NÃO CONCLUSIVO
F_{19}	1	S_5	0,01	0,94	0,13	0,88	0,14	1,00	0,17	0,91	0,13	0,88	0,17	0,91	0,13	0,91	–0,78	0,04	INVIÁVEL
F_{20}	2	S_2	0,47	0,43	0,52	0,44	0,57	0,39	0,47	0,41	0,52	0,43	0,57	0,39	0,52	0,43	0,09	–0,05	NÃO CONCLUSIVO
F_{24}	1	S_4	0,14	0,86	0,19	0,93	0,18	0,02	0,21	0,95	0,19	0,86	0,21	0,02	0,19	0,86	–0,67	0,05	NÃO CONCLUSIVO
F_{25}	2	S_2	0,88	0,04	0,94	0,14	0,84	0,08	0,78	0,03	0,94	0,04	0,84	0,03	0,84	0,04	0,80	–0,12	VIÁVEL
F_{29}	3	S_1	0,97	0,90	0,03	0,12	0,92	0,87	0,01	0,02	0,97	0,12	0,92	0,02	0,92	0,12	0,80	0,04	VIÁVEL
–	50	–	Baricentro W: médias ponderadas dos graus resultantes												0,851	0,177	0,674	0,028	NÃO CONCLUSIVO

6.4.7   Análise dos resultados

Neste caso da análise de viabilidade de implantação do *FMS*, apresentado como exemplo, ao nível de exigência 0,75, sete fatores (F_{01}, F_{03}, F_{07}, F_{08}, F_{12}, F_{25} e F_{29}) mostraram-se favoráveis ao empreendimento, acusando a viabilidade de sua implantação; um, desfavorável (F_{19}), que acusa a inviabilidade de sua implantação; e seis não conclusivos (F_{02}, F_{04}, F_{11}, F_{18}, F_{20} e F_{24}), tudo ao nível de exigência estabelecido (0,75).

A influência conjunta de todos esses fatores na decisão da viabilidade do empreendimento pode ser resumida pelo centro de gravidade ou baricentro (**W**) dos pontos que os representam no algoritmo para-analisador. Assim, para se ter a conclusão final e global da análise, levando-se em conta a influência combinada de todos os fatores, o PC do MPD calcula os graus de evidência favorável e de evidência contrária do baricentro (**W**). Eles são obtidos calculando-se as médias ponderadas dos graus de evidência favorável e dos graus de evidência contrária, resultantes para cada um dos fatores. Com os graus de evidência favorável (a_W) e de evidência contrária (b_W) do baricentro (última linha das colunas 16 e 17), é calculado o seu grau de certeza (última linha da coluna 18), que permite a decisão final (última linha da coluna 20): a análise feita para estudar a viabilidade da implantação do *FMS* é não conclusiva, ao nível de exigência estabelecido (0,75).

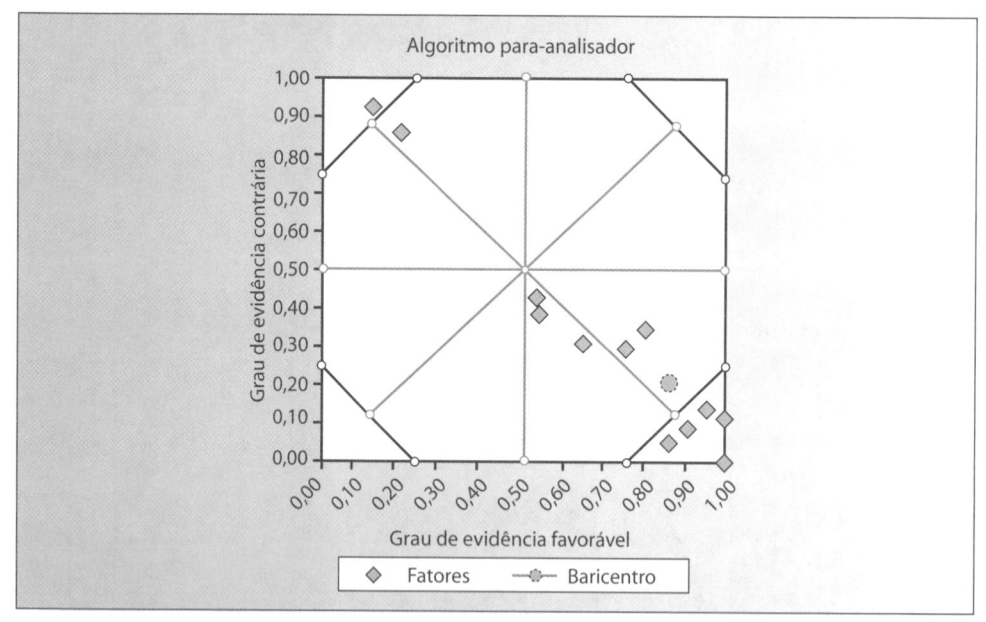

FIGURA 6.13   Análise dos resultados pelo dispositivo para-analisador, ao nível de exigência **0,75** (a este nível, a análise mostrou-se **não conclusiva**).

Alguns cálculos feitos pelo PC do MPD, na Tabela 6.14, podem ser destacados. Para o baricentro foram obtidos o grau de evidência favorável ($a_W = 0,851$) e o grau de evidência contrária ($b_W = 0,177$). A partir desses valores, foi calculado o seu grau de certeza: $H_W = a_W - b_W = 0,851 - 0,177 = 0,674$. Uma vez que $-0,75 < 0,674 < 0,75$, aplicando-se a regra de decisão, infere-se que a análise é não conclusiva, ou seja, a análise não sugere e, também, não rechaça a execução do empreendimento.

A análise feita pela aplicação da regra de decisão, para cada fator em separado ou para o baricentro (que considera a influência conjunta de todos os fatores), pode ser feita, também, por meio do algoritmo para-analisador. Basta plotar os graus de evidência favorável e de evidência contrária, resultantes (colunas 16 e 17) no reticulado τ, como se vê na Figura 6.13. Nesta figura, nota-se que os pontos representativos de sete fatores pertencem à região de verdade (sugerem a implantação do *FMS*); um pertence à região de falsidade (sugere a não implantação do *FMS*) e os outros sete pertencem a regiões diferentes dessas, sendo, pois, não conclusivos.

Se for alterado o nível de exigência, diminuindo-o para 0,60, observa-se que o baricentro passa a pertencer à região de verdade (Figura 6.14) e a análise feita passa a ser conclusiva. Chega-se a uma decisão favorável à implantação do sistema *FMS*, ou seja, a implantação do *FMS* é viável, ao nível de exigência 0,60.

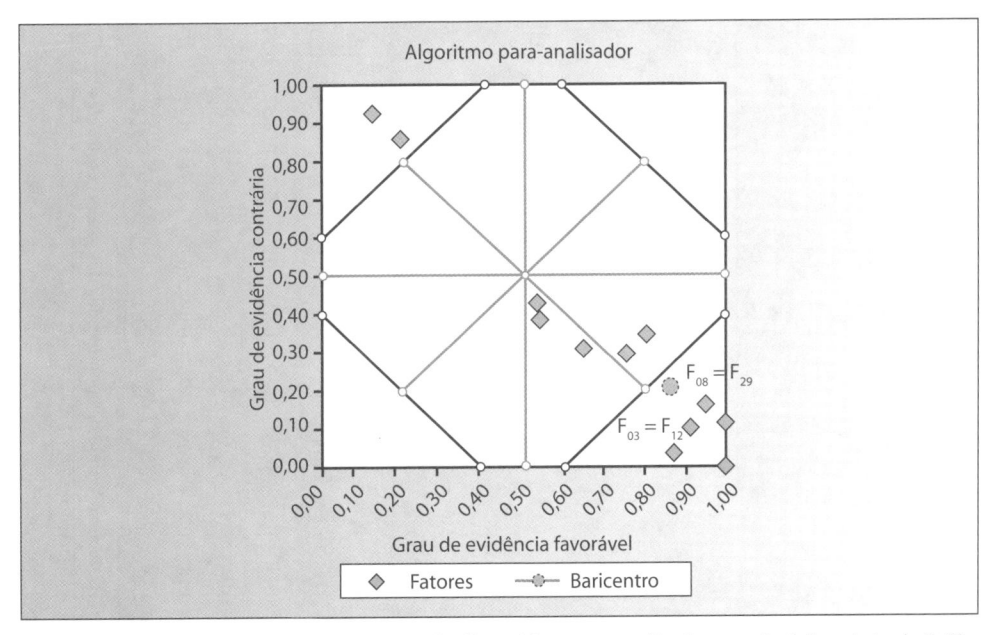

FIGURA 6.14 Análise dos resultados pelo dispositivo para-analisador, ao nível de exigência **0,60** (a este nível, a análise acusou que o empreendimento é **viável**).

Na Figura 6.14, nota-se que, ao nível de exigência 0,60, sete fatores pertencem à região de verdade (na figura aparecem apenas cinco losangos, porque há duas coincidências) e sugerem a implantação do *FMS*; dois pertencem à região de falsidade e sugerem a não implantação do *FMS*, e os outros cinco pertencem a regiões diferentes dessas, sendo, pois, não conclusivos.

A tabela de cálculos do PC do MPD, neste caso, passa a ser a Tabela 6.15, que difere da Tabela 6.14 apenas na coluna da decisão (coluna 20), pois só o nível de exigência foi alterado.

TABELA 6.15 Cálculos e análise dos resultados feitos pelo PC do MPD, adotando nível de exigência igual a **0,60** (a este nível, a análise mostrou que o empreendimento é **viável**).

1	2	3	4	5	6	7	8	9	10	11	12	13	14	15	16	17	18	19	20
Fator	Peso	Seção	Grupo A				Grupo B				Grupo A		Grupo B		MÍN {A, B}		Nível de exigência = 0,60		
			E_1		E_2		E_3		E_4		MÁX [E_1, E_2]		MÁX [E_3, E_4]				Conclusões		
F_i	P_i	S_{pj}	$a_{i,1}$	$b_{i,1}$	$a_{i,2}$	$b_{i,2}$	$a_{i,3}$	$b_{i,3}$	$a_{i,4}$	$b_{i,4}$	$a_{i,gA}$	$b_{i,gA}$	$a_{i,gB}$	$b_{i,gB}$	$a_{i,R}$	$b_{i,R}$	H	G	Decisão
F_{01}	5	S_1	1,00	0,00	0,90	0,10	1,00	0,10	0,90	0,00	1,00	0,00	1,00	0,00	1,00	0,00	1,00	0,00	VIÁVEL
F_{02}	4	S_2	0,75	0,25	0,85	0,25	0,85	0,30	0,73	0,35	0,85	0,25	0,85	0,30	0,85	0,30	0,55	0,15	NÃO CONCLUSIVO
F_{03}	6	S_1	0,92	0,08	0,98	0,18	0,88	0,12	0,82	0,07	0,98	0,08	0,88	0,07	0,88	0,08	0,80	–0,04	VIÁVEL
F_{04}	4	S_2	0,70	0,26	0,86	0,30	0,80	0,21	0,66	0,31	0,86	0,26	0,80	0,21	0,80	0,26	0,54	0,06	NÃO CONCLUSIVO
F_{07}	10	S_1	0,95	0,15	1,00	0,10	0,85	0,00	1,00	0,05	1,00	0,10	1,00	0,00	1,00	0,10	0,90	0,10	VIÁVEL
F_{08}	5	S_1	0,98	0,18	0,88	0,12	0,82	0,07	0,92	0,08	0,98	0,12	0,92	0,07	0,92	0,12	0,80	0,04	VIÁVEL
F_{11}	3	S_2	0,86	0,30	0,80	0,21	0,66	0,31	0,70	0,26	0,86	0,21	0,70	0,26	0,70	0,26	0,44	–0,04	NÃO CONCLUSIVO
F_{12}	3	S_1	0,94	0,14	0,84	0,08	0,78	0,03	0,88	0,04	0,94	0,08	0,88	0,03	0,88	0,08	0,80	–0,04	VIÁVEL
F_{18}	1	S_3	0,57	0,48	0,62	0,43	0,52	0,45	0,52	0,47	0,62	0,43	0,52	0,45	0,52	0,45	0,07	–0,03	NÃO CONCLUSIVO
F_{19}	1	S_5	0,01	0,94	0,13	0,88	0,14	1,00	0,17	0,91	0,13	0,88	0,17	0,91	0,13	0,91	–0,78	0,04	INVIÁVEL
F_{20}	2	S_2	0,47	0,43	0,52	0,44	0,57	0,39	0,47	0,41	0,52	0,43	0,57	0,39	0,52	0,43	0,09	–0,05	NÃO CONCLUSIVO
F_{24}	1	S_4	0,14	0,86	0,19	0,93	0,18	0,02	0,21	0,95	0,19	0,86	0,21	0,02	0,19	0,86	–0,67	0,05	INVIÁVEL
F_{25}	2	S_2	0,88	0,04	0,94	0,14	0,84	0,08	0,78	0,03	0,94	0,04	0,84	0,03	0,84	0,04	0,80	–0,12	VIÁVEL
F_{29}	3	S_1	0,97	0,90	0,03	0,12	0,92	0,87	0,01	0,02	0,97	0,12	0,92	0,02	0,92	0,12	0,80	0,04	VIÁVEL
–	50	–	Baricentro W: médias ponderadas dos graus resultantes												0,851	0,177	0,674	0,028	VIÁVEL

6.5 PREVISÃO DE DIAGNÓSTICOS

Neste parágrafo será analisada mais uma aplicação para o Método Paraconsistente de Decisão (MPD) no auxílio às tomadas de decisão. Ele será aplicado em previsão de diagnósticos, o que não deixa de ser uma tomada de decisão, uma vez que diagnosticar nada mais é do que decidir, entre as opções disponíveis, qual delas é a mais provável ou que se apresenta com maior evidência. A finalidade de mais esta aplicação é mostrar uma variante do MPD e que ele pode ser aplicado mesmo em análise de problemas que envolvem bases de dados bastante grandes.

Para a apresentação do processo, focou-se no problema da previsão de um diagnóstico médico, embora o método possa ser aplicado de maneira idêntica para previsão de outros diagnósticos, como de defeitos de máquinas industriais, de aviões, navios, automóveis, caminhões, tratores etc. Portanto, nesta aplicação, será feita a previsão de diagnósticos de doenças a partir dos sintomas (ou sinais) apresentados pelo paciente. Essa previsão se reveste de importância para ser usada, por exemplo, em triagens de grandes hospitais, facilitando o pessoal que ali trabalha a fazer o encaminhamento do paciente ao setor especializado na doença prevista. Evidentemente, não se pretende de modo algum que essa previsão substitua o diagnóstico feito por um médico ou por uma junta médica.

Para o que se pretende, será utilizada uma base de dados formada pelas opiniões de especialistas em medicina, constituída pelos valores da evidência favorável (ou graus de crença) e pelos valores da evidência contrária (ou graus de descrença) que cada especialista médico atribui a cada doença, quando certo sintoma (ou sinal) é apresentado pelo paciente.

Nesta abordagem, para a apresentação do método, serão considerados dados não reais e um conjunto de trinta e duas doenças possíveis D_i $(1 \leq i \leq 32)$ (ordenadas de AA até BF), que será relacionado com um outro conjunto de trinta sintomas S_j $(1 \leq j \leq 30)$ (ordenados de S_{01} até S_{30}).

Tendo-se a base de dados (Tabela 6.16), o processo consiste, primeiramente, em fazer a pesquisa de campo, verificando quais sintomas o paciente apresenta, por meio de uma entrevista feita com ele (anamnese ou anamnésia). A seguir, conhecendo-se os sintomas, o PC do MPD aplica as técnicas de maximização (operador **MÁX**) e de minimização (operador **MÍN**) da lógica paraconsistente anotada evidencial (Tabela 6.18 – Tabela de cálculos). Assim, obtém-se o grau de certeza resultante (o do baricentro) para cada uma das trinta e duas doenças em decorrência dos sintomas apresentados pelo paciente. O PC do MPD "leva" todos esses graus de certeza para a tabela de decisão (Tabela 6.17), compara-os entre si, e aquela para a qual o valor do grau de certeza do baricentro é máximo, é considerada como a previsão do diagnóstico. A seguir o processo é apresentado com detalhes.

O que é feito, portanto, nada mais é do que aplicar o MPD para cada doença em separado, obter o grau de certeza do baricentro para cada uma delas e comparar esses graus de certeza obtidos; aquela que apresentar maior grau de certeza é considerada como a previsão do diagnóstico.

6.5.1 Construção da base de dados

Para a construção da base de dados, especialistas em medicina, principalmente em clínica geral, com experiência em propedêutica e acostumados a fazer a anamnese de pacientes, são chamados a opinar.

Usando seus conhecimentos, experiências, vivência, sensibilidade, intuição, bom--senso etc., eles devem atribuir valores da evidência favorável (ou grau de crença) e da evidência contrária (ou grau de descrença) para cada uma das trinta e duas doenças diante de cada um dos trinta sintomas, escolhidos para constituir a base de dados.

TABELA 6.16 Base de dados: valores dos graus de evidência favorável e de evidência contrária atribuídos pelos especialistas para as trinta e duas doenças, diante de cada um dos trinta sintomas.

D_i	S_j	E_1		E_2		E_3		E_4	
		$a_{i,j,1}$	$b_{i,j,1}$	$a_{i,j,2}$	$b_{i,j,2}$	$a_{i,j,3}$	$b_{i,j,3}$	$a_{i,j,4}$	$b_{i,j,4}$
AA	S_{01}	0,88	0,04	0,94	0,14	0,84	0,08	0,78	0,03
AA	S_{02}	1,00	0,04	0,95	0,15	1,00	0,10	0,85	0,00
AA	S_{03}	0,90	0,10	0,96	0,20	0,86	0,14	0,80	0,09
AA	S_{04}	0,97	0,14	1,00	0,24	0,93	0,19	0,87	0,13
AA	S_{05}	0,98	0,91	0,02	0,13	0,91	0,88	0,00	0,03
AA	S_{06}	0,65	0,48	0,65	0,38	0,55	0,38	0,55	0,48
AA	S_{07}	0,57	0,43	0,67	0,38	0,47	0,53	0,57	0,43
AA	S_{08}	0,57	0,44	0,62	0,39	0,52	0,41	0,52	0,43
AA	S_{09}	0,14	0,86	0,19	0,93	0,28	0,98	0,12	1,00
AA	S_{10}	0,13	0,78	0,14	0,89	0,17	0,90	0,01	0,93
AA	S_{11}	0,94	0,14	0,84	0,08	0,78	0,03	0,88	0,04
AA	S_{12}	0,95	0,15	1,00	0,10	0,85	0,00	1,00	0,04
AA	S_{13}	0,96	0,20	0,86	0,14	0,80	0,09	0,90	0,10
AA	S_{14}	1,00	0,24	0,93	0,19	0,87	0,13	0,97	0,14
AA	S_{15}	0,02	0,13	0,91	0,88	0,00	0,03	0,98	0,91
AA	S_{16}	0,65	0,38	0,55	0,38	0,55	0,48	0,65	0,48
AA	S_{17}	0,67	0,38	0,47	0,53	0,57	0,43	0,57	0,43
AA	S_{18}	0,62	0,39	0,52	0,41	0,52	0,43	0,57	0,44
AA	S_{19}	0,19	0,93	0,28	0,98	0,12	1,00	0,14	0,86
AA	S_{20}	0,14	0,89	0,17	0,90	0,01	0,93	0,13	0,78
AA	S_{21}	0,84	0,08	0,78	0,03	0,88	0,04	0,94	0,14
AA	S_{22}	1,00	0,10	0,85	0,00	1,00	0,04	0,95	0,15
AA	S_{23}	0,86	0,14	0,80	0,09	0,90	0,10	0,96	0,20
AA	S_{24}	0,93	0,19	0,87	0,13	0,97	0,14	1,00	0,24

(Continua)

(Continuação)

AA	S_{25}	0,91	0,88	0,00	0,03	0,98	0,91	0,02	0,13
AA	S_{26}	0,55	0,38	0,55	0,48	0,65	0,48	0,65	0,38
AA	S_{27}	0,47	0,53	0,57	0,43	0,57	0,43	0,67	0,38
AA	S_{28}	0,52	0,41	0,52	0,43	0,57	0,44	0,62	0,39
AA	S_{29}	0,28	0,98	0,12	1,00	0,14	0,86	0,19	0,93
AA	S_{30}	0,17	0,90	0,01	0,93	0,13	0,78	0,14	0,89
AA	S_{99}	0,00	0,00	0,00	0,00	0,00	0,00	0,00	0,00
AB	S_{01}	0,02	0,94	0,14	0,88	0,15	1,00	0,18	0,91
AB	S_{02}	0,99	0,06	0,94	0,16	0,99	0,11	0,84	0,01
AB	S_{03}	0,91	0,09	0,97	0,19	0,97	0,13	0,81	0,08
AB	S_{04}	0,93	0,15	0,96	0,25	0,87	...	...	...
...	...	...	...	...	...	...	...	...	...
...	...	...	...	...	...	...	0,45	0,65	0,40
BE	S_{28}	0,81	0,12	0,91	0,13	0,97	0,23	0,87	0,17
BE	S_{29}	0,85	0,10	0,95	0,11	1,00	0,21	0,91	0,15
BE	S_{30}	0,77	0,06	0,87	0,07	0,93	0,17	0,83	0,11
BE	S_{99}	0,00	0,00	0,00	0,00	0,00	0,00	0,00	0,00
BF	S_{01}	0,67	0,38	0,47	0,53	0,57	0,43	0,57	0,43
BF	S_{02}	0,62	0,39	0,52	0,41	0,52	0,43	0,57	0,44
BF	S_{03}	0,19	0,93	0,28	0,98	0,12	1,00	0,14	0,86
BF	S_{04}	0,14	0,92	0,17	0,93	0,01	0,96	0,13	0,81
BF	S_{05}	0,15	1,00	0,18	0,91	0,02	094	0,14	0,88
BF	S_{06}	0,99	0,11	0,84	0,01	0,99	0,06	0,94	0,16
BF	S_{07}	0,18	0,02	0,21	0,95	0,05	0,98	0,17	0,83
BF	S_{08}	0,65	0,46	0,55	0,48	0,55	0,50	0,60	0,51
BF	S_{09}	0,93	0,87	0,02	0,02	0,98	0,90	0,04	0,12
BF	S_{10}	0,89	0,06	0,99	0,06	0,89	0,15	0,99	0,15
BF	S_{11}	0,84	0,01	0,99	0,06	0,95	0,16	0,99	0,11
BF	S_{12}	0,81	0,07	0,91	0,08	0,97	0,18	0,87	0,12
BF	S_{13}	0,20	0,98	0,08	1,00	0,06	0,86	0,11	0,93
BF	S_{14}	0,48	0,41	0,48	0,43	0,53	0,44	0,58	0,39
BF	S_{15}	0,48	0,43	0,53	0,44	0,58	0,39	0,48	0,41

(Continua)

(Continuação)

BF	S_{16}	1,00	0,04	0,95	0,15	1,00	0,10	0,85	0,00
BF	S_{17}	0,91	0,09	0,97	0,19	0,97	0,13	0,81	0,08
BF	S_{18}	0,93	0,15	0,96	0,25	0,87	0,19	0,81	0,14
BF	S_{19}	0,00	1,00	0,10	0,80	0,90	0,08	1,00	0,15
BF	S_{20}	0,89	0,15	0,99	0,15	0,89	0,06	0,99	0,06
BF	S_{21}	0,93	0,17	0,98	0,12	0,83	0,02	0,98	0,07
BF	S_{22}	0,57	0,44	0,62	0,39	0,52	0,41	0,52	0,43
BF	S_{23}	0,10	0,86	0,15	0,93	0,24	0,98	0,08	1,00
BF	S_{24}	0,13	0,81	0,14	0,92	0,17	0,93	0,01	0,96
BF	S_{25}	0,52	0,44	0,57	0,39	0,47	0,41	0,47	0,43
BF	S_{26}	0,54	0,45	0,64	0,40	0,44	0,55	0,54	0,45
BF	S_{27}	0,98	0,18	0,88	0,12	0,82	0,07	0,92	0,08
BF	S_{28}	1,00	0,24	0,93	0,19	0,87	0,13	0,97	0,14
BF	S_{29}	0,04	0,11	0,93	0,86	0,02	0,01	0,98	0,89
BF	S_{30}	0,55	0,38	0,55	0,48	0,65	0,48	0,65	0,38
BF	S_{99}	0,00	0,00	0,00	0,00	0,00	0,00	0,00	0,00

No caso, como já foi dito, para a apresentação do parágrafo, foram escolhidas trinta e duas doenças e trinta sintomas. Foram utilizados quatro especialistas (de E_1 a E_4), da escolha do EC. Portanto, a base de dados será constituída de $32 \times 30 \times 4 \times 2$ = 7.680 dados, apresentados em uma tabela com 960 linhas e 8 colunas.

Desses 7.680 dados, metade representa valores de evidências favoráveis e outra metade, valores de evidências contrárias. Uma pequena parte da base de dados é mostrada na Tabela 6.16, destacando-se seu início com a doença AA e seu final com a doença BF.

A base de dados completa, com as trinta e duas doenças e os trinta sintomas, é apresentada no Apêndice C: BD-Seção 6.5.

6.5.2 Cálculo do grau de certeza resultante para cada doença em decorrência dos sintomas apresentados pelo paciente

Para a aplicação das técnicas da lógica paraconsistente anotada $E\tau$, os quatro especialistas escolhidos devem ser distribuídos em grupos, conforme as características dos mesmos. Assim, por exemplo, se um dos especialistas é altamente renomado e conceituado, ele poderá constituir sozinho um grupo; se dois especialistas têm aproximadamente a mesma formação e o mesmo nível de conhecimento e experiência, eles poderão constituir um grupo etc. Os especialistas estão distribuídos em dois grupos: Grupo A, constituído pelos especialistas E_1 e E_2, e Grupo B, constituído pelos especialistas E_3 e E_4.

A maximização (operador **MÁX**) é aplicada intragrupos, ou seja, dentro do grupo A e do grupo B, e a minimização (operador **MÍN**) é aplicada entre grupos, ou seja, entre os resultados obtidos pela maximização aplicada aos grupos A e B. Assim, o esquema que está sendo adotado para aplicar as técnicas da lógica Eτ é o seguinte:

$$\mathbf{MÍN} \; \{[\mathbf{MÁX} \; (E_1), (E_2)], \mathbf{MÁX} \; [(E_3), (E_4)]\} \quad ou \quad \mathbf{MÍN} \; \{[G_A], [G_B]\}.$$

O cálculo do grau de certeza resultante para cada doença, considerando os sintomas apresentados pelo paciente, é feito com o auxílio do PC do MPD. Uma vez conhecidos os sintomas apresentados pelo paciente (S_{pj}), eles são colocados na coluna 2 da tabela de decisão (Tabela 6.17). A partir daí, o PC do MPD (*i*) "transporta" os valores dessa coluna para a coluna correspondente das tabelas de cálculo (coluna 2 das Tabelas 6.18); (*ii*) busca as opiniões dos especialistas na base de dados (Tabela 6.16), trazendo-as para a tabela de cálculos (colunas de 3 a 10 da Tabela 6.18); (*iii*) aplica as técnicas da lógica Eτ e efetua os cálculos (colunas 11 a 18 da Tabela 6.18), obtendo o grau de certeza de cada doença em decorrência de cada sintoma, isoladamente (coluna 17 da Tabela 6.18), e em decorrência de todos os sintomas, conjuntamente (baricentro: última linha da coluna 17 da Tabela 6.18); em seguida, o PC do MPD (*iv*) "leva" esses resultados referentes aos baricentros para a tabela de decisão (coluna 4 da Tabela 6.17) e (*v*) exibe a doença com maior grau de certeza (coluna 5). É a previsão do diagnóstico.

Como se pode observar, o PC do MPD efetua praticamente tudo, desde a busca dos dados até a tomada de decisão final. Portanto, a única tarefa a ser feita é alimentá-lo, verificando quais são os sintomas apresentados pelo paciente e colocando-os na coluna 2 da tabela de decisão (Tabela 6.17).

Com isso, são obtidos os graus de evidência favorável e de evidência contrária, resultantes para cada doença, em relação a cada sintoma apresentado pelo paciente (colunas 15 e 16 da Tabela 6.18). Esses valores resultantes, quando plotados no algoritmo para-analisador, resultam em pontos, cada um deles representando a influência de um sintoma apresentado pelo paciente na doença considerada. O baricentro desses pontos traduz o efeito combinado de todos os sintomas apresentados pelo paciente na doença considerada.

Para a continuidade da exposição desta seção, será considerado um paciente que apresenta os **doze** sintomas seguintes: S_{01}, S_{02}, S_{03}, S_{05}, S_{07}, S_{09}, S_{12}, S_{15}, S_{18}, S_{22}, S_{26} e S_{30}. A detecção desses sintomas pode ser feita pelo setor de triagem do hospital, por meio de uma entrevista com o paciente.

Esses sintomas são colocados na coluna 2 da tabela de decisão (Tabela 6.17). A coluna 2, que tem 30 linhas para receber até 30 sintomas, deve ser preenchida com os doze sintomas apresentados pelo paciente e completada. Para isso, além dos sintomas apresentados pelo paciente (doze, neste exemplo), deve ser colocado S_{99} nas outras linhas.

S_{99} significa total falta de informação (paracompleteza) sobre os outros sintomas possíveis, ou seja, significa que, com relação a todos os demais sintomas, os valores da evidência favorável e da evidência contrária são iguais a zero.

TABELA 6.17 Tabela de decisão, obtida a partir dos sintomas apresentados pelo paciente e dos graus de certeza de cada uma das doenças analisadas.

1	2	3	4	5	6
Número de sintomas =		12	Grau de certeza	Previsão de diagnóstico	Nível de exigência
Sintomas possíveis	Sintomas apresentados	Doenças possíveis	H_i	Doença com maior grau de certeza	0,60
S_{01}	S_{01}	AA	0,403		
S_{02}	S_{02}	AB	0,320		
S_{03}	S_{03}	AC	0,165		
S_{04}	S_{05}	AD	0,382		
S_{05}	S_{07}	AE	0,237		
S_{06}	S_{09}	AF	0,651		Aceitável
S_{07}	S_{12}	AG	0,053		
S_{08}	S_{15}	AH	−0,148		
S_{09}	S_{18}	AI	0,386		
S_{10}	S_{22}	AJ	0,564		
S_{11}	S_{26}	AK	0,275		
S_{12}	S_{30}	AL	0,189		
S_{13}	S_{99}	AM	0,398		
S_{14}	S_{99}	AN	0,523		
S_{15}	S_{99}	AO	0,455		
S_{16}	S_{99}	AP	0,728	Doença AP	Aceitável
S_{17}	S_{99}	AQ	0,128		
S_{18}	S_{99}	AR	−0,108		
S_{19}	S_{99}	AS	0,391		
S_{20}	S_{99}	AT	0,701		Aceitável
S_{21}	S_{99}	AU	0,273		
S_{22}	S_{99}	AV	0,170		
S_{23}	S_{99}	AX	0,379		
S_{24}	S_{99}	AY	0,394		
S_{25}	S_{99}	AZ	0,455		
S_{26}	S_{99}	AW	0,709		Aceitável
S_{27}	S_{99}	BA	−0,003		
S_{28}	S_{99}	BB	−0,123		
S_{29}	S_{99}	BC	0,391		
S_{30}	S_{99}	BD	0,696		Aceitável
S_{99}	S_{99}	BE	0,575		
		BF	0,071		

TABELA 6.18 Tabela de cálculos para a doença AA (D_1). Calcula o grau de certeza da doença AA ($H_1 = \mathbf{0,403}$), considerando os sintomas apresentados pelo paciente.

1	2	3	4	5	6	7	8	9	10	11	12	13	14	15	16	17	18
		Grupo A						Grupo B		Grupo A		Grupo B		Graus result.		Certeza e contradição	
		E_1		E_2		E_3		E_4		MÁX $[E_1, E_2]$		MÁX $[E_3, E_4]$		MÍN $\{G_A, G_B\}$			
D_i	S_j	$a_{i,j,1}$	$b_{i,j,1}$	$a_{i,j,2}$	$b_{i,j,2}$	$a_{i,j,3}$	$b_{i,j,3}$	$a_{i,j,4}$	$b_{i,j,4}$	$a_{i,j,A}$	$b_{i,j,A}$	$a_{i,j,B}$	$b_{i,j,B}$	$a_{i,j,R}$	$b_{i,j,R}$	H	G
AA	S_{01}	0,88	0,04	0,94	0,14	0,84	0,08	0,78	0,03	0,94	0,04	0,84	0,03	0,84	0,04	0,80	−0,12
AA	S_{02}	1,00	0,04	0,95	0,15	1,00	0,10	0,85	0,00	1,00	0,04	1,00	0,00	1,00	0,04	0,96	0,04
AA	S_{03}	0,90	0,10	0,96	0,20	0,86	0,14	0,80	0,09	0,96	0,10	0,86	0,09	0,86	0,10	0,76	−0,04
AA	S_{05}	0,98	0,91	0,02	0,13	0,91	0,88	0,00	0,03	0,98	0,13	0,91	0,03	0,91	0,13	0,78	0,04
AA	S_{07}	0,57	0,43	0,67	0,38	0,47	0,53	0,57	0,43	0,67	0,38	0,57	0,43	0,57	0,43	0,14	0,00
AA	S_{09}	0,14	0,86	0,19	0,93	0,28	0,98	0,12	1,00	0,19	0,86	0,28	0,98	0,19	0,98	−0,79	0,17
AA	S_{12}	0,95	0,15	1,00	0,10	0,85	0,00	1,00	0,04	1,00	0,10	1,00	0,00	1,00	0,10	0,90	0,10
AA	S_{15}	0,02	0,13	0,91	0,88	0,00	0,03	0,98	0,91	0,91	0,13	0,98	0,03	0,91	0,13	0,78	0,04
AA	S_{18}	0,62	0,39	0,52	0,41	0,52	0,43	0,57	0,44	0,62	0,39	0,57	0,43	0,57	0,43	0,14	0,00
AA	S_{22}	1,00	0,10	0,85	0,00	1,00	0,04	0,95	0,15	1,00	0,00	1,00	0,04	1,00	0,04	0,96	0,04
AA	S_{26}	0,55	0,38	0,55	0,48	0,65	0,48	0,65	0,38	0,55	0,38	0,65	0,38	0,55	0,38	0,17	−0,07
AA	S_{30}	0,17	0,90	0,01	0,93	0,13	0,78	0,14	0,89	0,17	0,90	0,14	0,78	0,14	0,90	−0,76	0,04
AA	S_{99}	0,00	0,00	0,00	0,00	0,00	0,00	0,0	0,00	0,00	0,00	0,00	0,00	0,00	0,00	0,00	−1,00
AA	S_{99}	0,00	0,00	0,00	0,00	0,00	0,00	0,0	0,00	0,00	0,00	0,00	0,00	0,00	0,00	0,00	−1,00

(Continua)

(Continuação)

AA	S_{99}	0,00	0,00	0,00	0,00	0,00	0,00	0,0	0,00	0,00	0,00	0,00	0,00	0,00	0,00	0,00	−1,00
AA	S_{99}	0,00	0,00	0,00	0,00	0,00	0,00	0,0	0,00	0,00	0,00	0,00	0,00	0,00	0,00	0,00	−1,00
AA	S_{99}	0,00	0,00	0,00	0,00	0,00	0,00	0,0	0,00	0,00	0,00	0,00	0,00	0,00	0,00	0,00	−1,00
AA	S_{99}	0,00	0,00	0,00	0,00	0,00	0,00	0,0	0,00	0,00	0,00	0,00	0,00	0,00	0,00	0,00	−1,00
AA	S_{99}	0,00	0,00	0,00	0,00	0,00	0,00	0,0	0,00	0,00	0,00	0,00	0,00	0,00	0,00	0,00	−1,00
AA	S_{99}	0,00	0,00	0,00	0,00	0,00	0,00	0,0	0,00	0,00	0,00	0,00	0,00	0,00	0,00	0,00	−1,00
AA	S_{99}	0,00	0,00	0,00	0,00	0,00	0,00	0,0	0,00	0,00	0,00	0,00	0,00	0,00	0,00	0,00	−1,00
AA	S_{99}	0,00	0,00	0,00	0,00	0,00	0,00	0,0	0,00	0,00	0,00	0,00	0,00	0,00	0,00	0,00	−1,00
AA	S_{99}	0,00	0,00	0,00	0,00	0,00	0,00	0,0	0,00	0,00	0,00	0,00	0,00	0,00	0,00	0,00	−1,00
AA	S_{99}	0,00	0,00	0,00	0,00	0,00	0,00	0,0	0,00	0,00	0,00	0,00	0,00	0,00	0,00	0,00	−1,00
AA	S_{99}	0,00	0,00	0,00	0,00	0,00	0,00	0,0	0,00	0,00	0,00	0,00	0,00	0,00	0,00	0,00	−1,00
AA	S_{99}	0,00	0,00	0,00	0,00	0,00	0,00	0,0	0,00	0,00	0,00	0,00	0,00	0,00	0,00	0,00	−1,00
AA	S_{99}	0,00	0,00	0,00	0,00	0,00	0,00	0,0	0,00	0,00	0,00	0,00	0,00	0,00	0,00	0,00	−1,00
AA	S_{99}	0,00	0,00	0,00	0,00	0,00	0,00	0,0	0,00	0,00	0,00	0,00	0,00	0,00	0,00	0,00	−1,00
AA	S_{99}	0,00	0,00	0,00	0,00	0,00	0,00	0,0	0,00	0,00	0,00	0,00	0,00	0,00	0,00	0,00	−1,00
AA	S_{99}	0,00	0,00	0,00	0,00	0,00	0,00	0,0	0,00	0,00	0,00	0,00	0,00	0,00	0,00	0,00	−1,00

Baricentro W_1: médias dos graus resultantes — 0,712 0,308 0,403 0,020

De fato, se o paciente não apresenta qualquer outro sintoma, além dos doze verificados, esses outros não podem influenciar na previsão do diagnóstico de sua doença.

Além de colocar os sintomas apresentados pelo paciente, a quantidade de sintomas (no caso, doze) deve ser colocada na primeira linha da coluna 3 da Tabela 6.17.

Aqui no corpo do texto, é mostrado apenas um fragmento da tabela de cálculos (Tabela 6.18), ou seja, apenas a tabela de cálculos referente à doença AA (D_1). Mas o PC do MPD realiza essa operação para as trinta e duas doenças. A tabela de cálculos completa para as trinta e duas doenças que participam da base de dados está no Apêndice D, como Seção 6.5 – Texto.

A Figura 6.15 representa os efeitos isolados (doze pontos) e resultante (baricentro) dos sintomas apresentados pelo paciente na doença AA (D_1). Representações análogas para todas as demais doenças estão no Apêndice D, como Seção 6.5 – Texto.

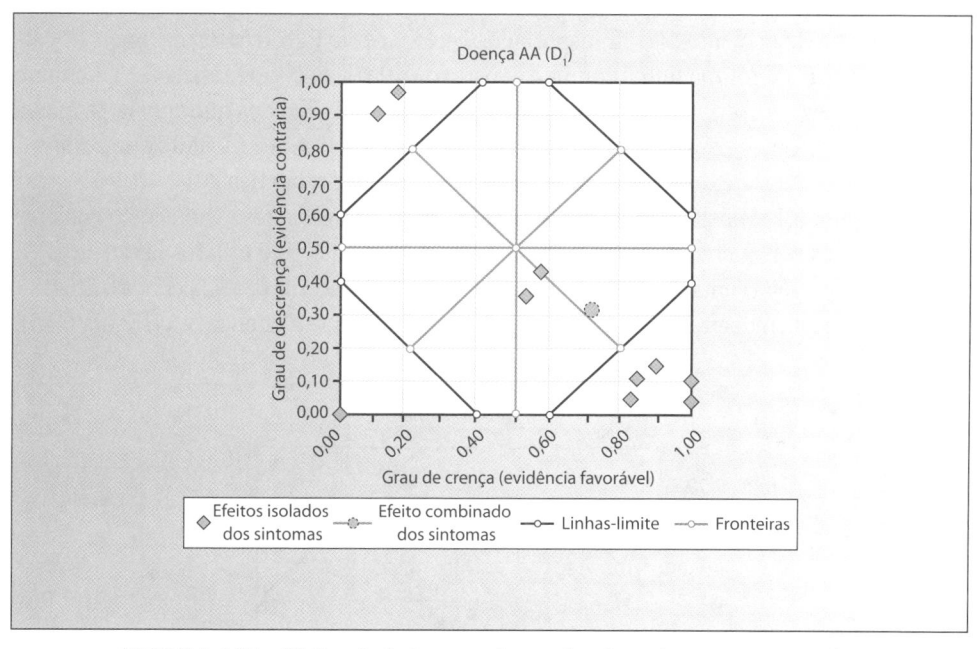

FIGURA 6.15   Efeitos, isolados e resultante, dos doze sintomas apresentados pelo paciente na doença AA (D_1).

6.5.3   A obtenção do diagnóstico previsto

Para cada doença D_i, a aplicação dos operadores maximizante (**MÁX**) e minimizante (**MÍN**) a cada um dos sintomas S_j resulta em um par ordenado (colunas 15 e 16 da Tabela 6.18). Este par ordenado define no algoritmo para-analisador um ponto $X_{i,j} = (a_{i,j}; b_{i,j})$, que traduz o efeito (para fins de diagnosticar) do sintoma j na doença i. A média (aritmética ou ponderada) dessas anotações define $W_i = (a_{i,W}; b_{i,W})$ (última linha das colunas 15 e 16 da Tabela 6.18), baricentro dos pontos $X_{i,j}$, o qual traduz o efeito conjunto dos doze sintomas S_j na doença D_i. Com as anotações do baricentro W_i, o PC do MPD calcula o seu grau de certeza ($H_{i,W} = \mathbf{a}_{i,W} - \mathbf{b}_{i,W}$) (última linha, coluna 17, Tabela 6.18).

Para o caso da doença AA (doença D_1), cuja tabela de cálculos foi mostrada (Tabela 6.18), em decorrência dos doze sintomas apresentados pelo paciente, o grau de certeza do baricentro $\mathbf{W}_1$ foi calculado da seguinte forma:

$$H_{1,W} = \mathbf{a}_{1,W} - \mathbf{b}_{1,W} = 0{,}712 - 0{,}308 = \mathbf{0{,}403}$$

Observe-se que o processo de previsão pode tornar-se mais refinado, pela atribuição de pesos aos sintomas, de acordo com sua "força" como indicador de cada uma das doenças relacionadas. Neste caso, o baricentro seria obtido pela média ponderada (e não aritmética) dos valores $\mathbf{a}_{i,j}$ e $\mathbf{b}_{i,j}$. Entretanto, considerando que se trata de fazer apenas uma previsão e que a ideia é usar o resultado somente para o encaminhamento do paciente ao setor especializado do hospital, julgou-se que esse refinamento não era necessário neste exemplo de aplicação do MPD.

Os graus de certeza ($H_{i,W}$) de todas as doenças (D_i), decorrentes de todos os sintomas apresentados pelo paciente, são "transportados" pelo próprio PC do MPD da tabela de cálculos (Tabelas 6.18, última linha, coluna 17) para a tabela de decisão (Tabela 6.17 – coluna 4). Então, o método compara entre si esses valores e escolhe a doença que apresenta maior grau de certeza, que é considerada a previsão do diagnóstico. Ela é mostrada na coluna 5 da Tabela 6.17. Neste exemplo, a previsão de diagnóstico é a doença AP.

A Figura 6.16 mostra o efeito resultante dos 12 sintomas apresentados pelo paciente nas 32 doenças consideradas. Ou seja, cada ponto da Figura 6.16 é um dos baricentros da Figura 6.15, que representam o efeito dos 12 sintomas em cada uma das 32 doenças. Eles são obtidos da mesma maneira que se obteve o baricentro referente à doença AA (Figura 6.15).

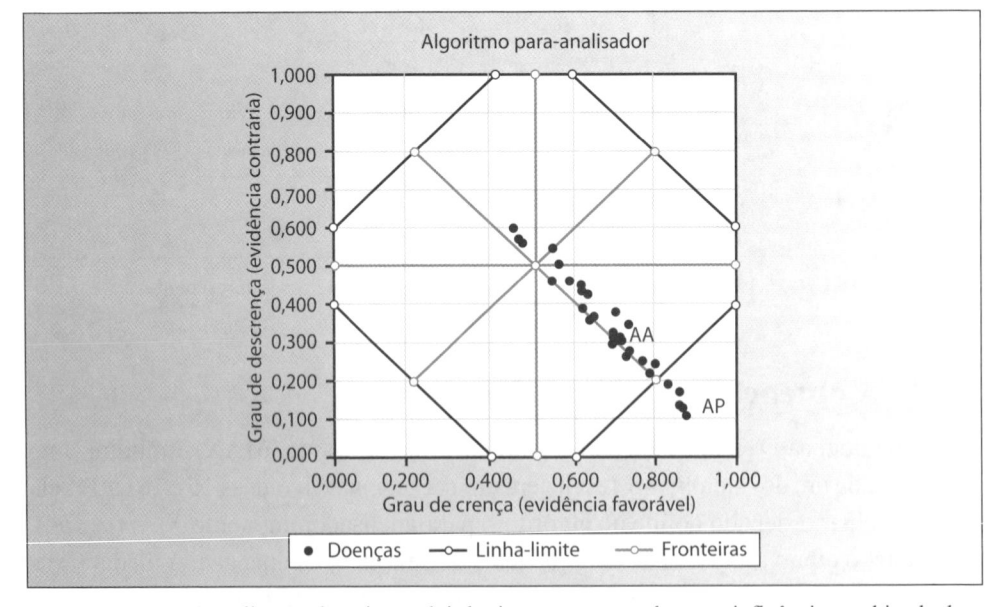

FIGURA 6.16 Localização dos trinta e dois baricentros, que traduzem a influência combinada dos doze sintomas apresentados pelo paciente nas trinta e duas doenças consideradas.

6.5.4 Restrição para aceitar o diagnóstico previsto

Ao se fazer previsão de diagnóstico de doenças, poderá ser feita uma exigência com relação ao grau de certeza obtido para cada uma delas. Poder-se-á exigir que o resultado somente seja aceitável se o grau de certeza for maior que um valor predeterminado. Assim, para que possam ser candidatas aceitáveis ao diagnóstico, seus graus de certeza devem ser maiores que esse mínimo. Caso nenhuma das doenças atenda a essa exigência, dir-se-á: não há previsão de diagnóstico.

Por exemplo, imagine que se determine que a previsão do diagnóstico somente seja aceita se o grau de certeza máximo (da doença com maior grau de certeza) for maior ou igual a 0,60. Então, esse valor 0,60 estará sendo adotado como o nível de exigência, uma vez que somente para valores do grau de certeza maiores ou iguais a ele a previsão será aceita (as tabelas e as figuras deste parágrafo foram construídas, adotando-se o nível de exigência igual a 0,60).

A análise do resultado feita pelo algoritmo para-analisador, como mostra a Figura 6.16, permite uma visão clara desta possível exigência. Assim, somente será aceita uma previsão se o baricentro W_i dos pontos que traduzem a influência dos sintomas na doença de maior grau de certeza, pertencer à região de verdade (viabilidade).

No exemplo que está sendo analisado, são cinco as doenças (AF, AP, AT, AW e BD) (ver coluna 6, Tabela 6.17) que atendem à exigência mínima (NE = 0,60), isto é, existem cinco doenças que são candidatas aceitáveis a ser a previsão, mas o diagnóstico previsto é a doença AP, cujo grau de certeza resultou máximo.

Exercícios

6.1 Usando a base de dados BD-Seção 6.1 do Apêndice C, monte o programa de cálculos utilizado neste exercício, construindo a tabela de cálculos e o algoritmo para-analisador.

6.2 Com o programa de cálculos montado no exercício 6.1, verifique o resultado da análise de viabilidade quando todos os fatores estão na condição determinada pela seção S_3, ou seja, quando a matriz pesquisada é $[S_j]$ e j = 3, nos seguintes casos:
a) NE = 0,6;
b) NE = 0,4;
c) NE = 0,8.

6.3 Repita o exercício 6.2, para a seguinte matriz pesquisada: $[S_j]$, com j = 1 + r, sendo r o resto da divisão de i por 3, sendo i a ordem do fator (j = 1 + r e i = 3q + r).

Dica: se quiser calcular r pelo Excel, use a função: =MOD(X;3) (X deve ser a célula que contém o valor de i)

6.4 Repita os exercícios 6.2 e 6.3, atribuindo pesos diferentes para os fatores e admitindo que a matriz dos pesos seja $[P_i]$, com $P_i = 5 - 2r$, sendo r o resto da divisão de i por 3 ($P_i = 5 - 2r$ e i = 3q + r).

6.5 Repita o exercício 6.1, admitindo que os especialistas sejam distribuídos em três grupos: A, composto por E_1; B, por E_3 e C, composto por E_2 e E_4.

6.6 Com o que foi montado no exercício 6.5, repita os exercícios 6.2, 6.3 e 6.4.

6.7 Agora você faz o papel do EC (engenheiro do conhecimento): repita o exercício 6.1, escolhendo apenas os 8 fatores que você julgar de maior relevância e adotando para eles os pesos que achar adequados para traduzir a importância relativa desses fatores.

6.8 Utilizando a base de dados da Tabela 6.5, cuja versão eletrônica é a base de dados BD-Seção 6.2 do Apêndice C, monte o PC do MPD usado nas considerações desta seção.

6.9 Aplique o programa montado no exercício 6.8 para analisar o caso em que a matriz pesquisada $[S_{pj}] = [S_k]$, sendo k o maior inteiro contido em $(i + 1)/2$ (i é o índice do fator F_i), ou seja, $k = I[(i + 1)/2]$. Determine o baricentro e seu grau de certeza, e verifique qual é a decisão para os níveis de exigência:
a) 0,40;
b) 0,50;
c) 0,60.

Dica: se quiser calcular o maior inteiro $I[(i + 1)/2]$ pelo Excel, use a função =INT(X), sendo $X = (Y + 1)/2$ e Y a célula que contém o valor de i.

6.10 Repita o exercício 6.9, para k igual a $1 + r$, sendo r o resto da divisão de i por 3 ($k = 1 + r$, sendo $i = 3q + r$).

6.11 Repita o exercício 6.9, para k igual a $5 - t$, sendo t o resto da divisão de i por 2.

6.12 Resolva o exercício 6.10, atribuindo aos fatores pesos iguais a $5 - 2r$.

6.13 Em relação ao exercício 6.12, estude a sensibilidade da decisão em função do nível de exigência (NE), fazendo uma tabela da decisão em função de NE, para NE variando de 0,1 a 0,9, com intervalos iguais a 0,1.

6.14 Para verificar a sensibilidade da decisão em função da matriz pesquisada $[S_{pj}]$ e do NE, faça uma tabela de dupla entrada para a decisão, combinando as cinco matrizes pesquisadas $[S_k]$, com k = 1, 2, 3, 4 ou 5, com os seguintes nove valores de NE: de 0,1 a 0,9, variando de 0,1 em 0,1. Adote os pesos usados no exercício 6.11. Calcule o grau de certeza do baricentro (H_W) para cada um dos cinco valores de k.

6.15 Usando a base de dados da Tabela 6.10 (que se encontra sob a forma eletrônica na BD-Seção 6.3 do Apêndice C), monte o PC do MPD utilizado para a obtenção dos resultados apresentados na Seção 6.3 (não se esqueça da matriz dos pesos, que pode ser obtida na Tabela 6.11 ou 6.12).

6.16 Utilizando o programa obtido no exercício 6.15, determine os graus de evidência, favorável e contrária, e o grau de certeza do baricentro, no caso em que a transposta da matriz pesquisada é $[S_{pj}]^t = [S_1, S_2, S_3, S_1, S_2, S_3, S_1, S_2]$.

6.17 Refaça o exercício 6.16, admitindo que a transposta da matriz dos pesos é $[Pi]^t = [5, 3, 1, 6, 2, 1, 10, 2]$.

6.18 Faça a tabela da decisão sugerida pela análise em função do nível de exigência (NE), quando este assume os valores do conjunto {0,1; 0,2; 0,3; 0,4; 0,5; 0,6; 0,7; 0,8; 0,9}, na condição do exercício 6.16 e do exercício 6.17.

6.19 Para se ter uma ideia da sensibilidade do resultado da análise em relação às seções pesquisadas e ao nível de exigência, faça uma tabela de dupla entrada para as decisões, usando a matriz dos pesos do exercício 6.17. Para isso, divida os fatores em dois grupos de quatro, F_1 a F_4 e F_5 a F_8, e adote que, em cada grupo, as seções pesquisadas são iguais. Dessa forma, a matriz pesquisada pode assumir nove composições diferentes. Usando essas nove matrizes diferentes e atribuindo ao nível de exigência valores variáveis de 0,1 a 0,9 com intervalos de um décimo, construa a tabela solicitada. Calcule o grau de certeza do baricentro em cada caso.

6.20 Usando a base de dados da Tabela 6.13 (que está sob a forma eletrônica em BD-Seção 6.4 do Apêndice C), monte o PC do MPD utilizado nos cálculos desta seção.

6.21 Com base no programa do exercício 6.20, calcule os graus de evidência, favorável e contrária, do baricentro e seu grau de certeza, alterando apenas a matriz pesquisada, de modo que sua transposta passe a ser: $[S_{pj}]^t = [S_1, S_1, S_1, S_1, S_2, S_2, S_2, S_2, S_3, S_3, S_4, S_4, S_5, S_5]$.

6.22 Com base no programa do exercício 6.20, calcule os graus de evidência, favorável e contrária, do baricentro e seu grau de certeza, alterando apenas os pesos dos fatores, de modo que todos passem a ter pesos iguais.

6.23 Admita que, para a implantação da *CIM* – Manufatura Integrada por Computador, os fatores mais relevantes sejam: $F_{01}, F_{04}, F_{05}, F_{08}, F_{15}, F_{16}, F_{21}, F_{22}, F_{26}, F_{27}, F_{29}$ e F_{31} e que, na pesquisa de campo, estes fatores se encontram nas condições definidas pelas seções $S_1, S_1, S_5, S_1, S_2, S_1, S_2, S_4, S_3, S_1, S_1$ e S_1, respectivamente. Considerando que a transposta da matriz dos pesos desses fatores na implantação do *CIM* é $[P_j]^t = [3, 3, 2, 4, 6, 5, 1, 2, 2, 4, 5, 3]$, faça a análise da viabilidade da implantação da CIM aos níveis de exigência a) 0,55 e b) 0,70.

6.24 Repita a análise do exercício 6.23, admitindo que todos os fatores tenham pesos iguais.

6.25 Repita a análise do exercício 6.23, admitindo que o peso de cada fator seja igual a I) j; e II) 6 – j, sendo j o índice da seção S_j que lhe corresponde.

6.26 Admitindo que, para a implantação da *GT/CM* – Tecnologia de Grupo e Manufatura Celular, os fatores de maior influência sejam F_{12}, F_{14}, F_{16}, F_{17}, F_{19}, F_{22}, F_{23}, F_{25}, F_{29} e F_{31} e que a transposta da matriz pesquisada seja $[S_{pj}]^t = [S_1, S_1, S_1, S_1, S_2, S_2, S_2, S_3, S_3, S_4]$ e admitindo ainda que a transposta da matriz dos pesos seja $[P_i]^t = [4, 5, 6, 7, 3, 4, 5, 2, 3, 1]$, analise a viabilidade dessa implantação aos níveis de significância 0,50 e 0,80.

6.27 Repita o exercício 6.26, admitindo que o peso de cada fator seja igual a I) j; e II) 6 – j, sendo j o índice da seção S_j que lhe corresponde.

6.28 Calcule o grau de certeza do baricentro (H_W), usando os pesos do exercício 6.26, quando todos os fatores estão na seção a) S_1; b) S_2; c) S_3; d) S_4 e e) S_5.

6.29 Repita o exercício 6.28, considerando todos os fatores com pesos iguais.

6.30 Suponha que estejam disponíveis os dados que possibilitam saber em que seção se encontram somente 13 dos 32 fatores (indicadores) relacionados no texto. Assim, usando a montagem do exercício 6.20 (os mesmos 4 especialistas, distribuídos por grupos da mesma maneira) e as informações da tabela abaixo e com base nesses 13 indicadores, determine qual o sistema de tecnologia avançada (*FMS, CIM ou GT/CM*) é mais indicado para essas condições.

Fator F_i		F_1	F_4	F_7	F_8	F_{12}	F_{14}	F_{16}	F_{18}	F_{20}	F_{29}	F_{27}	F_{29}	F_{31}
Seção S_j		S_1	S_2	S_1	S_1	S_1	S_1	S_1	S_5	S_4	S_1	S_3	S_1	S_2
Pi	FMS	5	4	10	5	3	0	0	1	2	0	0	3	0
	CIM	3	3	0	4	0	0	5	0	0	2	4	5	3
	GT/CM	0	0	0	0	4	5	6	0	0	4	0	3	1

6.31 Utilizando a base de dados BD-Ex. 6.31 do Apêndice C, que apresenta as opiniões de quatro especialistas E_k ($1 \le k \le 4$) relativas a 10 doenças D_i ($1 \le i \le 10$) diante de 10 sintomas S_j ($1 \le j \le 10$), monte o PC do MPD para previsões de diagnósticos. Adote o nível de exigência 0,60 para decidir se uma doença é ou não aceitável para ser o diagnóstico. Adote: grupo A: E_1 e E_2; grupo B: E_3 e E_4.

6.32 Utilizando o programa montado no exercício 6.31, no caso em que um paciente apresenta os 5 primeiros sintomas S_j, ($1 \le j \le 5$), verifique: a) quais das 10 doenças são aceitáveis para previsão do diagnóstico, ao nível de exigência 0,60, e quais são seus graus de certeza; b) qual é o diagnóstico previsto.

6.33 Repita o exercício 6.32, para os 5 últimos sintomas S_j, ($6 \le j \le 10$).

6.34 Qual seria a resposta do exercício 6.33, se o nível de exigência fosse 0,80?

6.35 Se o paciente apresentar os 3 primeiros (1 a 3) e os 3 últimos (8 a 10) sintomas, qual será a previsão do diagnóstico, ao nível de exigência 0,60?

6.36 Resolva o exercício 6.32, considerando que o paciente apresenta os sete primeiros sintomas ($1 \leq j \leq 7$).

6.37 Qual seria a resposta do exercício 6.36, se o nível de exigência fosse 0,70?

6.38 Repita o exercício 6.36, considerando os sete últimos sintomas ($4 \leq j \leq 10$).

6.39 Imagine que o paciente apresenta apenas um sintoma de cada vez. Faça uma tabela de dupla entrada, colocando na vertical os sintomas e na horizontal as doenças. Coloque no cruzamento das linhas com as colunas o grau de certeza das doenças que resultaram em previsão do diagnóstico.

6.40 Repita o exercício 6.39, admitindo que o paciente apresente dois sintomas e que esses sintomas são os que se obtêm dos sintomas pares, combinando-os dois a dois.

Respostas

6.1 Ver no Apêndice D: Soluções para o Capítulo 6, Seção 6.1 – Ex. 6.1.

6.2 $W = (0,33; 0,73)$ e $H_W = -0,40$;
   a) Análise não conclusiva;
   b) Empreendimento inviável;
   c) Análise não conclusiva.

6.3 $W = (0,67; 0,52)$ e $H_W = 0,15$;
   a) Análise não conclusiva;
   b) Análise não conclusiva;
   c) Análise não conclusiva.

6.4 6.2) $W = (0,33; 0,71)$ e $H_W = -0,38$;
   a) Análise não conclusiva;
   b) Análise não conclusiva;
   c) Análise não conclusiva.

6.4 6.3) $W = (0,79; 0,38)$ e $H_W = 0,41$;
   a) Análise não conclusiva;
   b) Empreendimento viável;
   c) Análise não conclusiva.

6.6 6.2) $W = (0,27; 0,85)$ e $H_W = -0,58$;
   a) Análise não conclusiva;
   b) Análise não conclusiva;
   c) Análise não conclusiva.

6.6 6.3) $W = (0,60; 0,54)$ e $H_W = 0,06$;
   a) Análise não conclusiva;
   b) Análise não conclusiva;
   c) Análise não conclusiva.

6.6 6.4-6.2) W = (0,28; 0,86) e $H_W = -0,58$;
a) Análise não conclusiva;
b) Empreendimento inviável;
c) Análise não conclusiva.

6.6 6.4-6.3) W = (0,74; 0,41) e $H_W = 0,33$;
a) Análise não conclusiva;
b) Análise não conclusiva;
c) Análise não conclusiva.

6.8 Ver no Apêndice D: Soluções para o Capítulo 6, Seção 6.2 – Ex. 6.8.

6.9 W = (0,55; 0,47) e $H_W = 0,08$;
a) Não conclusiva;
b) Não conclusiva;
c) Não conclusiva.

6.10 W = (0,74; 0,26) e $H_W = 0,48$;
a) Favorável;
b) Não conclusiva;
c) Não conclusiva.

6.11 W = (0,24; 0,79) e $H_W = -0,55$;
a) Desfavorável;
b) Desfavorável;
c) Não conclusiva.

6.12 W = (0,82; 0,19) e $H_W = 0,63$;
a) Favorável;
b) Favorável;
c) Favorável.

6.13

NE	Decisão
0,1	Favorável
0,2	Favorável
0,3	Favorável
0,4	Favorável
0,5	Favorável
0,6	Favorável
0,7	Não conclusiva
0,8	Não conclusiva
0,9	Não conclusiva

6.14

NE	k = 1	k = 2	k = 3	k = 4	k = 5
0,1	Favorável	Favorável	Não conclusiva	Desfavorável	Desfavorável
0,2	Favorável	Favorável	Não conclusiva	Desfavorável	Desfavorável
0,3	Favorável	Favorável	Não conclusiva	Desfavorável	Desfavorável
0,4	Favorável	Favorável	Não conclusiva	Não conclusiva	Desfavorável
0,5	Favorável	Favorável	Não conclusiva	Não conclusiva	Desfavorável
0,6	Favorável	Não conclusiva	Não conclusiva	Não conclusiva	Desfavorável
0,7	Favorável	Não conclusiva	Não conclusiva	Não conclusiva	Desfavorável
0,8	Favorável	Não conclusiva	Não conclusiva	Não conclusiva	Não conclusiva
0,9	Não conclusiva	Não conclusiva	Não conclusiva	Não conclusiva	Não conclusiva
H_w	0,83	0,50	0,09	–0,34	–0,77

6.15 Ver Apêndice D: Soluções para o Capítulo 6, Seção 6.3 – Ex. 6.15.

6.16 $W = (0,62; 0,44)$ e $H_w = 0,18$.

6.17 $W = (0,76; 0,33)$ e $H_w = 0,43$.

6.18

NE	Decisão	
	6.16	**6.17**
0,1	F	F
0,2	NC	F
0,3	NC	F
0,4	NC	F
0,5	NC	NC
0,6	NC	NC
0,7	NC	NC
0,8	NC	NC
0,9	NC	NC

6.19

NE	$(S_1; S_1)$	$(S_1; S_2)$	$(S_1; S_3)$	$(S_2; S_1)$	$(S_2; S_2)$	$(S_2; S_3)$	$(S_3; S_1)$	$(S_3; S_2)$	$(S_3; S_3)$
0,1	F	F	NC	F	D	D	NC	D	D
0,2	F	F	NC	F	NC	D	NC	D	D
0,3	F	NC	NC	F	NC	D	NC	D	D
0,4	F	NC	NC	NC	NC	D	NC	D	D
0,5	F	NC	NC	NC	NC	NC	NC	D	D
0,6	F	NC	NC	NC	NC	NC	NC	NC	D
0,7	F	NC	NC	NC	NC	NC	NC	NC	D
0,8	NC	NC	NC	NC	NC	NC	NC	NC	D
0,9	NC	NC	NC	NC	NC	NC	NC	NC	NC
H_W	0,70	0,27	–0,09	0,32	–0,10	–0,47	–0,07	–0,50	–0,86

F = Favorável (12 situações)   NC = Não conclusiva (51)   D = Desfavorável (18)

6.20 Ver no Apêndice D: Soluções para o Capítulo 6, Seção 6.4 – Ex. 6.20.

6.21 W = (0,72; 0,27) e H_W = 0,45.

6.22 W = (0,73; 0,29) e H_W = 0,44.

6.23 (H_W = 0,59);
a) Viável;
b) Não conclusiva.

6.24 (H_W = 0,48);
a) Não conclusiva;
b) Não conclusiva.

6.25 I) (H_W = 0,17);
a) Não conclusiva;
b) Não conclusiva.

II) (H_W = 0,63);
a) Viável;
b) Não conclusiva.

6.26 (H_W = 0,57);
a) Viável;
b) Não conclusiva.

6.27 I) (H_W = 0,14);
a) Não conclusiva;
b) Não conclusiva.

II) ($H_W = 0,52$);
a) Viável;
b) Não conclusiva.

6.28 I)
a) 0,82;
b) 0,45;
c) 0,09;
d) –0,62;
e) –0,77.
II)
a) 0,85;
b) 0,36;
c) 0,09;
d) –0,56;
e) –0,77.

6.29
a) 0,84;
b) 0,39;
c) 0,09;
d) –0,58;
e) –0,77.

6.30 *FMS*: $H_W = 0,74$; *CIM*: $H_W = 0,59$; *GT/CM*: $H_W = 0,87$.
Portanto, o sistema mais indicado nessas condições é GT/CM.

6.31 Ver no Apêndice D: Soluções para o Capítulo 6, Seção 6.5 – Ex. 6.31.

6.32 a) D_1 (com $H_1 = 0,818$) e D_6 (com $H_6 = 0,834$);   b) D_6.

6.33 a) D_3 (com $H_3 = 0,800$), D_4 (com $H_4 = 0,814$) e D_{10} (com $H_{10} = 0,794$); b) D_4.

6.34 a) D_3 (com $H_3 = 0,800$) e D_4 (com $H_4 = 0,814$);   b) D_4.

6.35 O diagnóstico previsto seria D_{10}, que apresenta o maior grau de certeza ($H_{10} = 0,543$), mas poderá não ser aceito, porque H_{10} é menor que o nível de exigência 0,60.

6.36 a) D_1 ($H_1 = 0,629$), D_5 ($H_5 = 0,617$), D_6 ($H_6 = 0,839$) e D_{10} ($H_{10} = 0,606$); b) D_6.

6.37 a) D_6 ($H_6 = 0,839$);   b) D_6.

6.38 a) D_3 ($H_3 = 0,701$) e D_{10} ($H_{10} = 0,797$);   b) D_{10}.

6.39

$S_j \backslash D_i$	D_{01}	D_{02}	D_{03}	D_{04}	D_{05}	D_{06}	D_{07}	D_{08}	D_{09}	D_{10}
S_{01}	0,800					0,800				
S_{02}	0,960					0,960				
S_{03}		0,880				0,880				
S_{04}					0,810				0,810	
S_{05}		0,820								0,820
S_{06}					0,850			0,850		
S_{07}			0,900							0,900
S_{08}				0,790		0,790				
S_{09}				0,800						0,800
S_{10}			0,790						0,790	

6.40

$S_j \backslash D_i$	D_{01}	D_{02}	D_{03}	D_{04}	D_{05}	D_{06}	D_{07}	D_{08}	D_{09}	D_{10}
S_{02} e S_{04}	0,875									
S_{02} e S_{06}						0,890				
S_{02} e S_{08}						0,875				
S_{02} e S_{10}						0,515				
S_{04} e S_{06}					0,830					
S_{04} e S_{08}										0,765
S_{04} e S_{10}									0,800	
S_{06} e S_{08}				0,815						
S_{06} e S_{10}			0,805							
S_{08} e S_{10}				0,775						

COMPARAÇÃO ENTRE O MÉTODO PARACONSISTENTE DE DECISÃO (MPD) E O MÉTODO ESTATÍSTICO DE DECISÃO (MED)

7.1 UM EXEMPLO PARA CONSUBSTANCIAR A COMPARAÇÃO

A ideia básica deste capítulo é fazer uma comparação entre os métodos paraconsistente e estatístico de decisões.

Para a comparação, a título de exemplo, será considerado um empreendimento ε em que apenas dez fatores (F_{01} a F_{10}) têm influência considerável. Admitir-se-á que foram pesquisadas as opiniões de quatro especialistas (E_k) e que, para a aplicação das regras de maximização (**MÁX**) e de minimização (**MÍN**), eles foram agrupados da seguinte forma: Grupo A: (E_1 com E_2) e Grupo B: (E_3 com E_4).

Assim, o esquema de aplicação dos operadores **MÁX** e **MÍN** é o seguinte:

$$\textbf{MÍN} \{\textbf{MÁX} [(E_1), (E_2)], \textbf{MÁX} [(E_3), (E_4)]\}$$

Para as tomadas de decisão, será admitido que o nível de exigência igual a 0,70. Isto significa que tomaremos decisão se $|H| \geq 0,70$. Dessa forma, a regra de decisão é a seguinte:

> $H \geq 0,70 \Rightarrow$ **decisão favorável (empreendimento viável);**
>
> $H \leq -0,70 \Rightarrow$ **decisão desfavorável (empreendimento inviável);**
>
> $-0,70 < H < 0,70 \Rightarrow$ **análise não conclusiva.**

A Tabela 7.1 mostra, nas colunas de 2 a 9, os graus de evidência favorável e evidência contrária que os especialistas atribuíram aos fatores em suas condições reais; nas colunas de 10 a 13, os resultados da aplicação da regra de maximização (**MÁX**) intragrupos; nas colunas 14 e 15, os graus de evidência favorável ($a_{i,R}$) e de evidência contrária ($b_{i,R}$) resultantes da aplicação da regra de minimização (**MÍN**) entre grupos; e nas colunas 16 a 18, a análise dos resultados.

TABELA 7.1 Tabela da cálculos do MPD.

1	2	3	4	5	6	7	8	9	10	11	12	13	14	15	16	17	18
F_i	E_1		E_2		E_3		E_4		MÁX $\{E_1, E_2\}$		MÁX $\{E_3, E_4\}$		MÍN $\{A, B\}$		Nível de exigência = 0,70		
	$a_{i,1}$	$b_{i,1}$	$a_{i,2}$	$b_{i,2}$	$a_{i,3}$	$b_{i,3}$	$a_{i,4}$	$b_{i,4}$	$a_{i,gA}$	$b_{i,gA}$	$a_{i,gB}$	$b_{i,gB}$	$a_{i,R}$	$b_{i,R}$	H	G	Decisão
F_{01}	0,88	0,04	0,94	0,14	0,84	0,08	0,78	0,03	0,94	0,04	0,84	0,03	0,84	0,04	0,80	−0,12	VIÁVEL
F_{02}	1,00	0,05	0,95	0,15	1,00	0,10	0,85	0,00	1,00	0,05	1,00	0,00	1,00	0,05	0,95	0,05	VIÁVEL
F_{03}	0,92	0,08	0,98	0,18	0,88	0,12	0,82	0,07	0,98	0,08	0,88	0,07	0,88	0,08	0,80	−0,04	VIÁVEL
F_{04}	0,95	0,11	1,00	0,21	0,91	0,15	0,85	0,10	1,00	0,11	0,91	0,10	0,91	0,11	0,80	0,02	VIÁVEL
F_{05}	1,00	0,88	0,06	0,10	0,95	0,85	0,04	0,00	1,00	0,10	0,95	0,00	0,95	0,10	0,85	0,05	VIÁVEL
F_{06}	0,90	0,10	1,00	0,10	0,90	0,00	1,00	0,00	1,00	0,10	1,00	0,00	1,00	0,10	0,90	0,10	VIÁVEL
F_{07}	0,95	0,15	1,00	0,10	0,85	0,00	1,00	0,05	1,00	0,10	1,00	0,00	1,00	0,10	0,90	0,10	VIÁVEL
F_{08}	0,98	0,18	0,88	0,12	0,82	0,07	0,92	0,08	0,98	0,12	0,92	0,07	0,92	0,12	0,80	0,04	VIÁVEL
F_{09}	1,00	0,21	0,91	0,15	0,85	0,10	0,95	0,11	1,00	0,15	0,95	0,10	0,95	0,15	0,80	0,10	VIÁVEL
F_{10}	0,94	0,14	0,84	0,08	0,78	0,03	0,88	0,04	0,94	0,08	0,88	0,03	0,88	0,08	0,80	−0,04	VIÁVEL
Baricentro W: médias dos graus resultantes													0,933	0,093	0,840	0,026	VIÁVEL

A análise dos resultados pela regra de decisão já foi efetuada na Tabela 7.1. A análise pelo algoritmo para-analisador é feita, como já se viu, plotando os graus de evidência favorável e evidência contrária resultantes (colunas 14 e 15) num diagrama cartesiano e verificando a posição dos pontos representativos de cada um dos fatores e do baricentro (Figura 7.1).

Observe-se que todos os fatores estão na região de verdade, o que significa que todos estão em condição favorável ao empreendimento que se está analisando.

As influências de todos esses fatores na decisão da viabilidade do empreendimento podem ser resumidas pelo baricentro dos dez pontos, que traduz a influência conjunta dos dez fatores analisados. Como **W** está na região de verdade, diz-se que a análise permite uma decisão favorável: o empreendimento é viável.

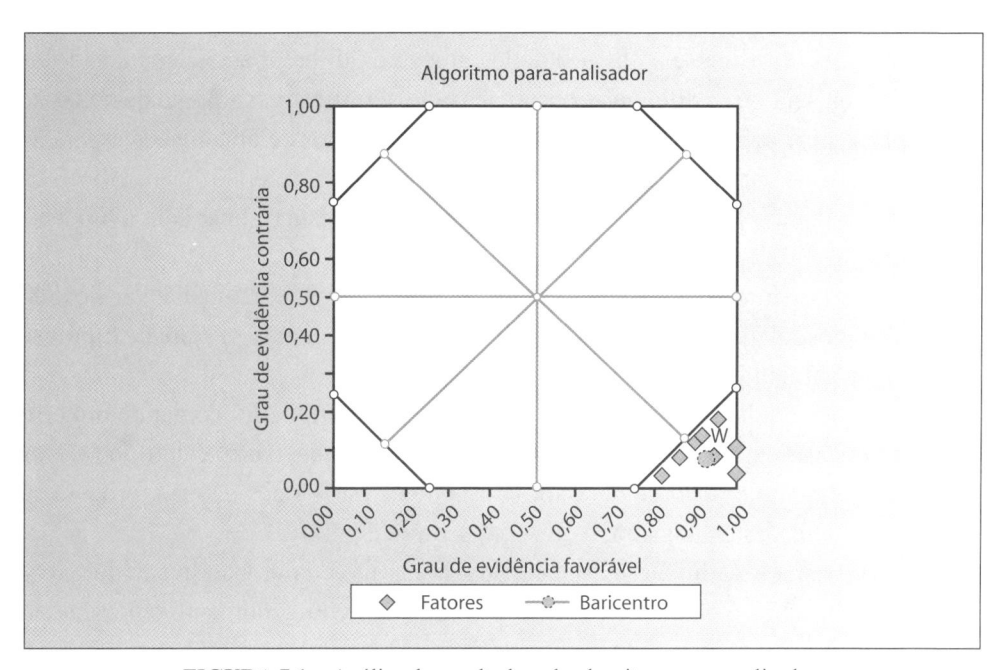

FIGURA 7.1   Análise do resultado pelo algoritmo para-analisador.

Para o baricentro resultou ($H_W = a_W - b_W = 0,84$); como ($0,84 \geq 0,70$), a decisão é **favorável**, ou seja, é possível inferir pela viabilidade do empreendimento.

7.2   UMA BREVE REVISÃO DO MÉTODO ESTATÍSTICO DE DECISÃO (MED)

Decisões estatísticas são as tomadas de decisão acerca de uma população, com base em informações de amostra(s) dela extraída(s). Por exemplo, pode-se querer decidir se uma moeda é viciada ou não, se uma droga é ou não mais eficiente que outra na cura de uma doença etc.

Para se tentar chegar à decisão são formuladas hipóteses estatísticas a respeito da população interessada, que são afirmações sobre as distribuições de probabilidades da população. Comumente, uma hipótese estatística é formulada com o propósito de rejeitá-la.

Assim, quando se deseja decidir se uma moeda é viciada, formula-se a hipótese de que ela não o é, ou seja, que a probabilidade de obter uma das faces (cara, por exemplo) é $p = 0,5$. Essa hipótese é chamada de **hipótese nula** (H_0: a moeda é honesta). Qualquer hipótese diferente da nula é denominada **hipótese alternativa** (H_1: $p \neq 0,5$, a moeda não é honesta, por exemplo).

Na prática, admite-se H_0 e, com base em uma amostra aleatória e na teoria de probabilidades, verifica-se se os resultados amostrais diferem acentuadamente dos esperados, ou seja, se as diferenças observadas são significativas a ponto de poder-se rejeitar H_0 e ficar com H_1. Por exemplo, em 50 lançamentos de uma moeda espera-se obter número de caras próximo de 25; entretanto, se ocorrerem 40 caras, ficamos inclinados a rejeitar a hipótese H_0 de que a moeda é honesta (e ficar com a hipótese alternativa H_1).

O processo que permite decidir se uma hipótese deve ser rejeitada, verificando se o dado amostral difere significativamente do esperado, chama-se **teste de hipótese** ou **de significância** [99].

Se H_0 for rejeitada quando deveria ser aceita, diz-se que foi cometido um erro do **tipo I**; mas se ela for aceita, quando deveria ser rejeitada, o erro é do **tipo II**. Nos dois casos tem-se um erro de decisão. Para reduzir esses tipos de erro, procura-se aumentar o tamanho da amostra, o que nem sempre é possível.

Ao se testar uma hipótese estabelecida, H_0, a máxima probabilidade de se cometer erro do tipo I é chamada de **nível de significância**, geralmente representado por α e cujos valores mais comuns são 0,05 (ou 5%) e 0,01 (ou 1%). Assim, se for adotado $\alpha = 5\%$ no planejamento do teste de hipótese, há 5 chances em 100 de H_0 ser rejeitada, quando deveria ser aceita, isto é, há uma **confiança** de 95% de se estar acertando na tomada de decisão. Diz-se que H_0 é rejeitada ao **nível de significância** 0,05 (ou 5%). No exemplo da moeda, diríamos que há evidências de que a moeda não é honesta, ao **nível de significância** 0,05 (ou 5%).

Se uma estatística X tem distribuição normal com média μ_X e desvio padrão σ_X, a distribuição da variável (ou escore) reduzida $z = (X - \mu_X) / \sigma_X$ é normal com média 0 e desvio padrão 1.

Para o nível de significância $\alpha = 5\%$, em testes bicaudais, os valores críticos de z (z_c), que separam a região de aceitação da região de rejeição de H_0, são $-1,96$ e $+1,96$. Assim, se o resultado amostral X_0 da estatística X levar a um escore z_0 igual ou menor que −1,96, ou igual ou maior que +1,96, H_0 será rejeitada ao nível de significância 5%. Neste caso, diz-se que z_o é significativamente diferente de 0 (média de z) a ponto de se poder rejeitar H_0 ao nível de significância 5%. Portanto, para este nível de significância, a regra de decisão estatística é:

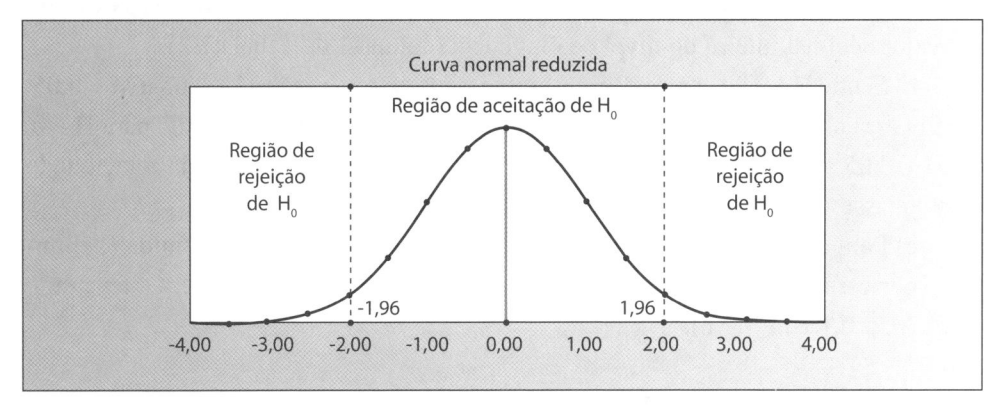

FIGURA 7.2   Regiões de aceitação e rejeição em uma curva normal reduzida, para testes bicaudais com $\alpha = 5\%$.

Aceitar H_0: se −1,96 < z_o < +1,96   ou, de modo genérico, **se − z_c < z_o < + z_c**

Rejeitar H_0: se z_o ≤ −1,96 ou z_o ≥ +1,96   ou, de modo genérico, **se z_o ≤ − z_c**
ou **z_o ≥ + z_c**

Para testes monocaudais à direita, para $\alpha = 5\%$, a regra de decisão passa a ser:

Aceitar H_0: se < +1,645   ou, de modo genérico, **se z_o < + z_c**

Rejeitar H_0: se z_o ≥ +1,645   ou, de modo genérico, **se z_o ≥ + z_c**

Para testes monocaudais à esquerda, para $\alpha = 5\%$, a regra de decisão passa a ser:

Aceitar H_0: se z_o > −1,645   ou, de modo genérico, **se z_o > − z_c**

Rejeitar H_0: se z_o ≤ −1,645   ou, de modo genérico, **se z_o ≤ − z_c**

Para o nível de significância 1%, os valores críticos de z são −2,58 e +2,58 (para testes bicaudais) e −2,33 e +2,33 (para testes monocaudais).

7.3   COMPARAÇÃO ENTRE MPD E MED: A DISTRIBUIÇÃO DO GRAU DE CERTEZA (H)

Para comparar o método paraconsistente de decisão (MPD) com o método estatístico de decisão (MED), foram feitas algumas considerações em relação ao MPD [51].

a) O intervalo de variação do grau de certeza ($-1 \leq H \leq 1$) foi dividido em classes de amplitude a = 0,1, com extremos nos valores decimais inteiros de H ($0,0 \times 10^{-1}$, $\pm 1,0 \times 10^{-1}$, $\pm 2,0 \times 10^{-1}$, ...) (coluna 2 da Tabela 7.2).

Assim, os pontos médios das classes são os seguintes: $\pm 0,5 \times 10^{-1} = \pm 0,05$, $\pm 1,5 \times 10^{-1} = \pm 0,15$, $\pm 2,5 \times 10^{-1} = \pm 0,25$, ..., $\pm 9,5 \times 10^{-1} = \pm 0,95$. A cada classe está associado um valor decimal inteiro do nível de exigência (coluna 1 da Tabela 7.2).

b) Sendo H = M o centro de uma classe, seus extremos são M – 0,05 e M + 0,05. Assim, essa classe é definida pelo intervalo K = M – 0,05 $\leq$ H < M + 0,05, para H $\geq$ 0, ou M – 0,05 < H $\leq$ M + 0,05 = K, para H < 0. K é o nível de exigência relacionado com a classe.

c) Para cada classe, foi calculada a área da região do QUPC definida (delimitada) por essa classe (Figura 7.3), que foi chamada de área da classe. Obteve-se o valor $A_M = 0,1 \times (1 - |M|)$.

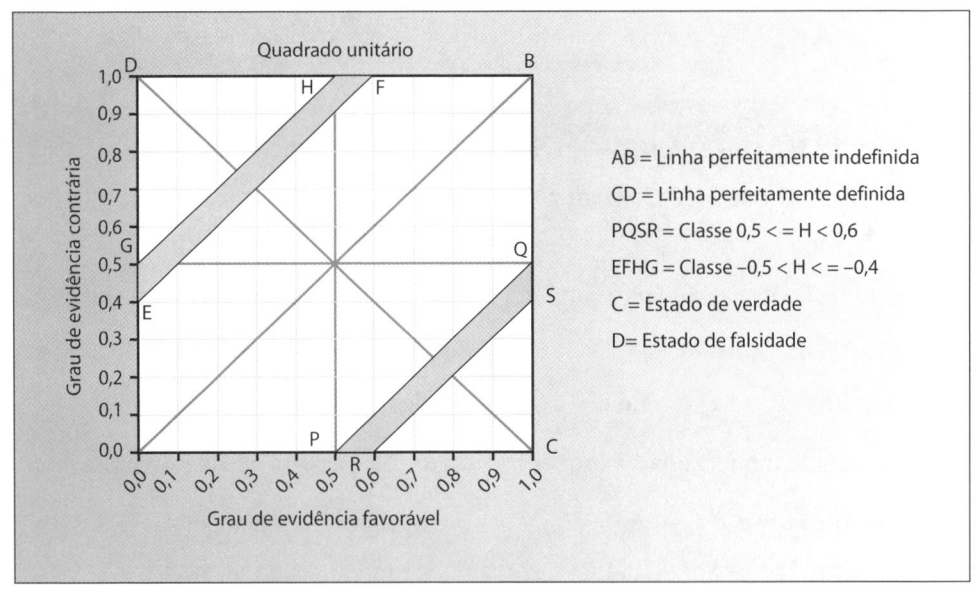

FIGURA 7.3   Classes do grau de certeza, destacadas duas correspondentes aos níveis de exigência 0,5 e 0,4.

d) Como a área do QUPC é igual a 1, a frequência da classe definida pelo valor H = M (centro da classe) é igual à área da classe (A_M) dividida pela sua amplitude (a). Assim:

$$f_{H=M} = A_M / a = 0,1 \times (1 - |M|) / 0,1 = 1 - |M|$$

TABELA 7.2 Classes, frequências observadas (MPD) e esperadas (Normal), cálculo do χ^2 (qui-quadrado) e áreas acumuladas sob a curva do MPD e sob a curva Normal.

1	2	3	4	5	6	7	8	9	10
Nível de exigência (K)	Classe	Ponto médio (M)	A_M	$f_H = f_O$	$f_N = f_E$	$(f_O - f_E)^2/f_E$	A_{acum} MPD	A_{acum} Normal	$A_{acum\ corrig}$ Normal
0,9	−1,0 ⊣ −0,9	−0,95	0,005	0,050	0,091	0,01853	0,005	0,009	0,021
0,8	−0,9 ⊣ −0,8	−0,85	0,015	0,150	0,144	0,00027	0,020	0,023	0,035
0,7	−0,8 ⊣ −0,7	−0,75	0,025	0,250	0,216	0,00544	0,045	0,045	0,057
0,6	−0,7 ⊣ −0,6	−0,65	0,035	0,350	0,308	0,00581	0,080	0,076	0,088
0,5	−0,6 ⊣ −0,5	−0,55	0,045	0,450	0,417	0,00258	0,125	0,118	0,130
0,4	−0,5 ⊣ −0,4	−0,45	0,055	0,550	0,538	0,00029	0,180	0,171	0,183
0,3	−0,4 ⊣ −0,3	−0,35	0,065	0,650	0,659	0,00011	0,245	0,237	0,249
0,2	−0,3 ⊣ −0,2	−0,25	0,075	0,750	0,767	0,00037	0,320	0,314	0,326
0,1	−0,2 ⊣ −0,1	−0,15	0,085	0,850	0,849	0,00000	0,405	0,399	0,411
0	−0,1 ⊣ 0,0	−0,05	0,095	0,950	0,893	0,00366	0,500	0,488	0,500
0	0,0 ⊢ 0,1	0,05	0,095	0,950	0,893	0,00366	0,595	0,577	0,589
0,1	0,1 ⊢ 0,2	0,15	0,085	0,850	0,849	0,00000	0,680	0,662	0,674
0,2	0,2 ⊢ 0,3	0,25	0,075	0,750	0,767	0,00037	0,755	0,739	0,751
0,3	0,3 ⊢ 0,4	0,35	0,065	0,650	0,659	0,00011	0,820	0,805	0,817
0,4	0,4 ⊢ 0,5	0,45	0,055	0,550	0,538	0,00029	0,875	0,858	0,870
0,5	0,5 ⊢ 0,6	0,55	0,045	0,450	0,417	0,00258	0,920	0,900	0,912
0,6	0,6 ⊢ 0,7	0,65	0,035	0,350	0,308	0,00581	0,955	0,931	0,943
0,7	0,7 ⊢ 0,8	0,75	0,025	0,250	0,216	0,00544	0,980	0,953	0,965
0,8	0,8 ⊢ 0,9	0,85	0,015	0,150	0,144	0,00027	0,995	0,967	0,979
0,9	0,9 ⊢ 1,0	0,95	0,005	0,050	0,091	0,01853	1,000	0,976	0,988

$$\chi^2 = 0,07412$$

e) Dessa forma, foi possível calcular as áreas A_M e as frequências f_H de todas as classes (colunas 4 e 5 da Tabela 7.2) e fazer o diagrama de frequências correspondente (Figura 7.4).

f) Quando se adota o nível de exigência NE = K para as tomadas de decisão pelo MPD significa que a decisão será favorável se $H_W \geq K$ e, desfavorável se $H_W \leq - K$, sendo H_W o grau de certeza do baricentro.

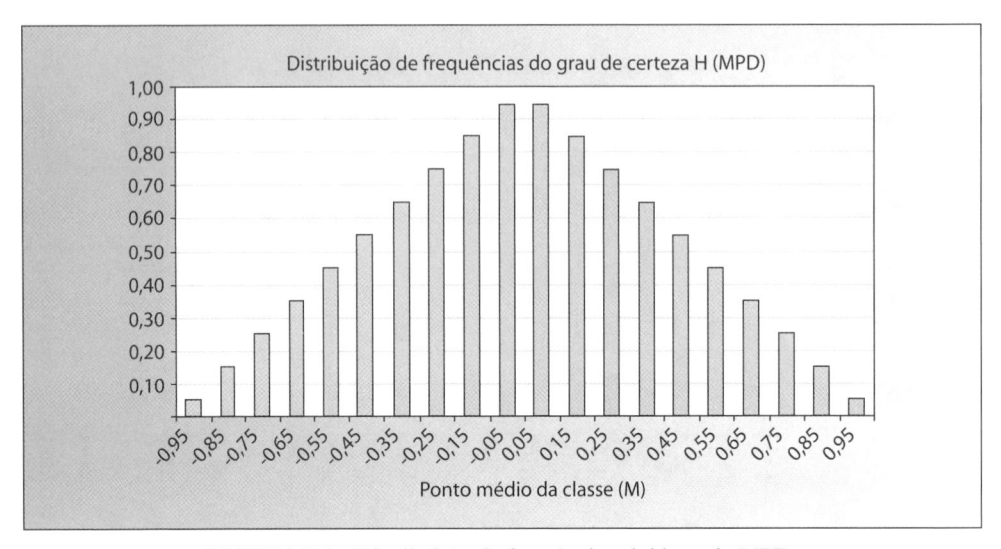

FIGURA 7.4   Distribuição de frequências obtidas pelo MPD.

Assim, a decisão é favorável se o baricentro W pertencer à região do QUPC definida pela condição $H \geq K$, ou seja, se pertencer à cauda da curva constituída pelas classes de pontos médios M tais que $M \geq K + 0,05$ ou $|M| \geq K + 0,05$.

Analogamente, a decisão é desfavorável se o baricentro W pertencer à região do QUPC definida pela condição $H \leq - K$, ou seja, se pertencer à cauda da curva constituída pelas classes de pontos médios M tais que $M \leq - K - 0,05$ ou $|M| \geq K + 0,05$.

Portanto, se o baricentro W pertence a uma das caudas (direita ou esquerda) da distribuição de frequência de H definidas pelo nível de exigência NE = K, significa que o grau de certeza do baricentro é significativamente diferente de zero para poder-se tomar a decisão (favorável ou desfavorável).

7.4 COMPARAÇÃO ENTRE MPD E MED: A CURVA NORMAL ADERENTE (CNA)

Para fazer a comparação do MPD com o processo estatístico de decisão, procurou-se a distribuição normal de média zero (pois a distribuição de H tem média zero) que melhor aderisse à distribuição de frequência de H (do MPD).

Para medir essa aderência, foi aplicado o teste de aderência de χ^2 (qui-quadrado). Para isso, considerou-se como frequência observada a frequência correspondente a cada classe do grau de certeza ($f_O = f_H$) (coluna 5 da Tabela 7.2 e Figura 7.4), e como frequência esperada a frequência da mesma classe obtida pela curva normal ($f_E = f_N$) (coluna 6 da Tabela 7.2 e Figura 7.5). Esta frequência foi obtida com o auxílio da planilha Excel, utilizando-se a função DIST.NORM(X; MEDIA; DESVPAD; FALSO).

Verificou-se que a melhor aderência da distribuição normal de média zero à distribuição do grau de certeza do MPD ocorre para o desvio padrão igual a 0,444, para o qual resultou qui-quadrado mínimo e igual a $\chi^2 = 0{,}07412$ (Coluna 7 da Tabela 7.2 e Figura 7.6a e b). Essa normal será chamada de curva normal aderente (CNA).

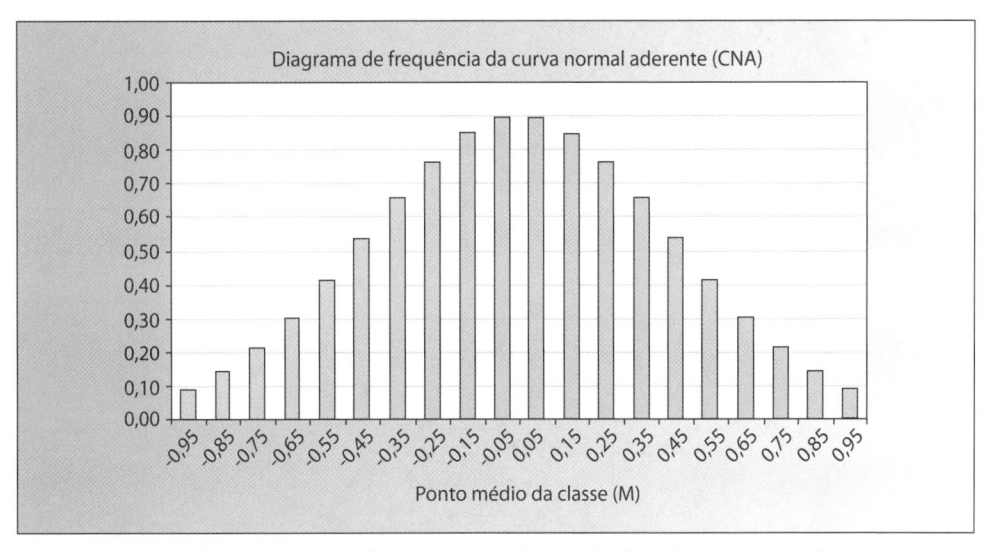

FIGURA 7.5 Distribuição de frequências obtidas pela curva normal
de média zero e desvio padrão 0,444.

Nessas condições, a decisão pelo MPD com nível de exigência igual a K (favorável, se $H_W \geq K$, ou desfavorável, se $H_W \leq -K$) corresponde a uma decisão estatística bicaudal com nível de significância $\alpha = 2\lambda$, sendo λ igual à área sob a CNA, acima de K (decisão favorável) ou abaixo de $-K$ (decisão desfavorável) (ver Tabela 7.3 e Figura 7.7).

Cumpre observar que, para a normal, a área de cada classe foi calculada pelo produto de sua frequência (coluna 6 da Tabela 7.2) pela amplitude das classes (a = 0,1). As áreas acumuladas das distribuições de H (MPD) e normal (colunas 8 e 9 da Tabela 7.2) foram obtidas pela soma acumulada das áreas das classes. Neste cálculo, para a normal, foi feita a correção correspondente à área sob a curva até o valor $-1{,}0$, obtendo-se a área acumulada corrigida: $A_{acum\ corrig}$ (coluna 10).

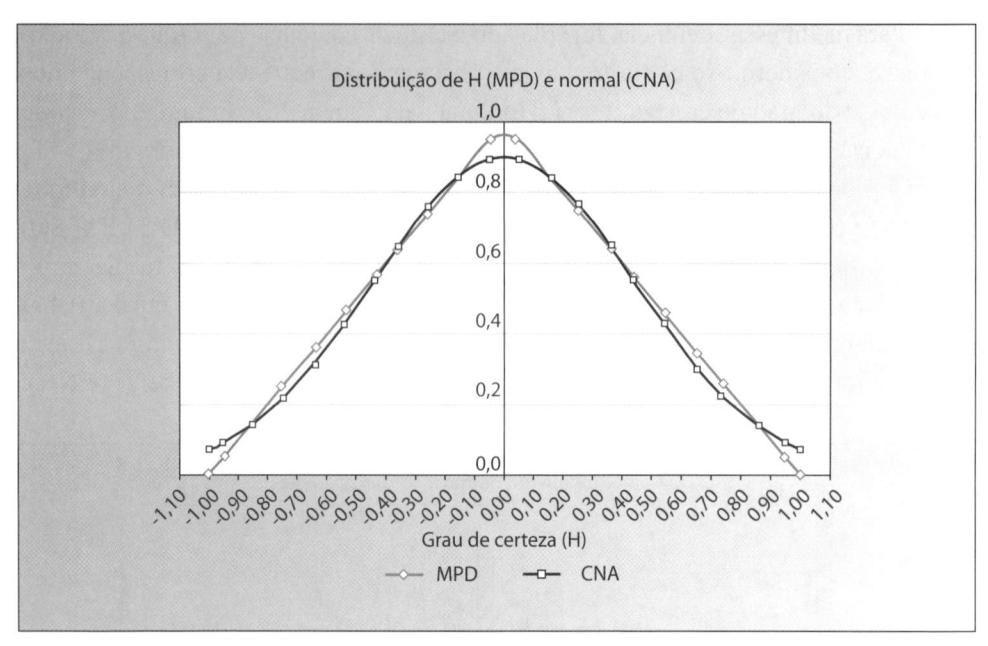

FIGURA 7.6a Curvas da distribuição de frequências de H (MPD) e da normal (CNA).

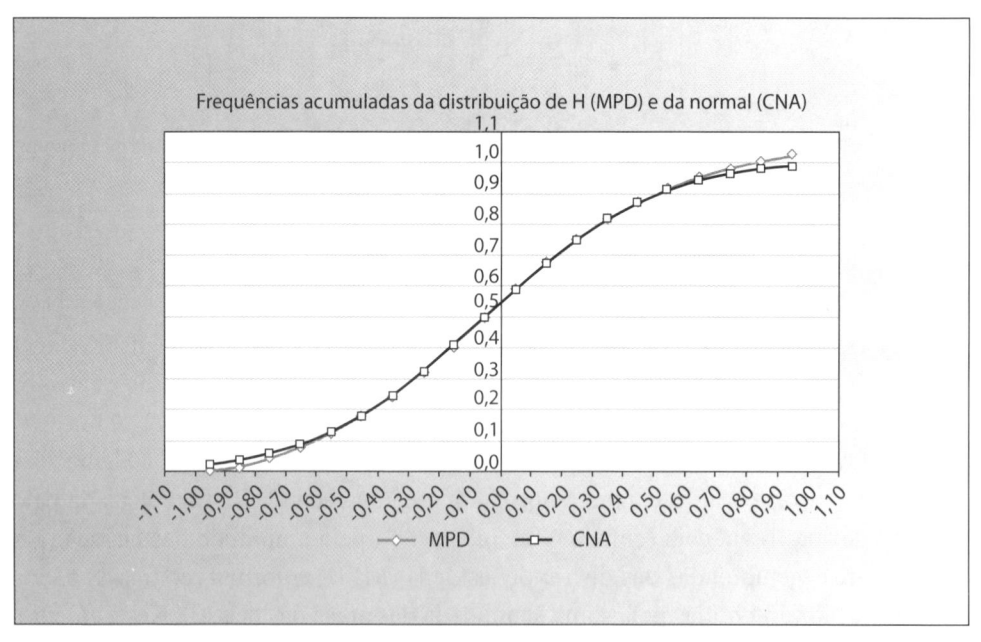

FIGURA 7.6b Frequências acumuladas da distribuição do MAB e da Normal (CNA).

TABELA 7.3   Comparação entre as áreas das caudas da distribuição de H (MPD) e da normal (CNA) e variação do valor de χ^2 para alguns valores do desvio padrão.

Nível de exigência	Nível de incerteza	Nível de significância		Desvio padrão	$\chi^2 =$ (qui-quadrado)
Valor mínimo aceitável do grau de certeza	Cauda da curva do MPD	Cauda da curva normal		0,437	0,07683
				0,438	0,07607
				0,439	0,07545
K	β	λ		0,440	0,07494
0	50,00%	50,00%		0,441	0,07456
0,1	40,50%	41,07%		0,442	0,07429
0,2	32,00%	32,59%		0,443	0,07415
0,3	24,50%	24,92%		0,444	0,07412
0,4	18,00%	18,33%		0,445	0,07420
0,5	12,50%	12,96%		0,446	0,07440
0,6	8,00%	8,78%		0,447	0,07470
0,7	4,50%	5,71%		0,448	0,07511
0,8	2,00%	3,55%		0,449	0,07563
0,9	0,50%	2,11%		0,450	0,07625

Para testes bicaudais, o nível de significância é $\alpha = 2\lambda$; para monocaudais, é $\alpha = \lambda$.

7.5   A COMPARAÇÃO ENTRE MPD E MED: COMPARANDO AS DECISÕES

O dobro da área da cauda da curva normal (2λ) é chamada de nível de significância (para teste bicaudal) e representa o percentual de incerteza com que se aceita a decisão de que o resultado obtido (H_w) é suficientemente diferente de zero (média de H) para se dizer que o empreendimento é viável (decisão favorável) ou inviável (decisão desfavorável).

Analogamente, o dobro da cauda da curva do MPD (2β), que será chamado de nível de incerteza, representa a área da região do QUPC para a qual $H \geq K$ ou $H \leq -K$. Assim, quando se diz que foi tomada uma decisão pelo MPD com nível de exigência K, equivale a dizer que o grau de certeza do baricentro, em módulo, é maior ou igual ao nível de exigência ($|H| \geq K$) ou que a decisão apresenta um grau de incerteza 2β.

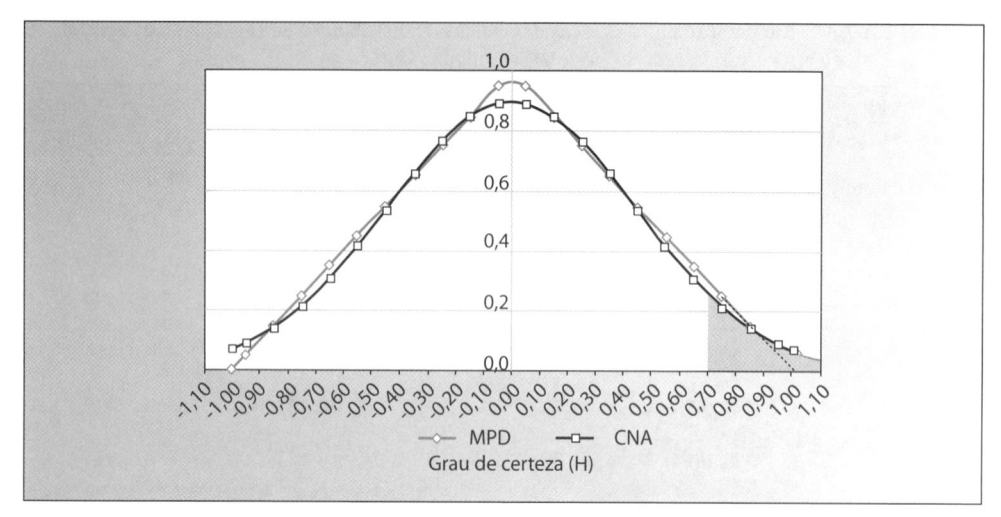

FIGURA 7.7 Cauda da curva normal aderente (CNA) à curva de H (MPD).

Como foi visto, para tomar a decisão pelo MPD, calcula-se o grau de certeza do baricentro (H_W) e o compara com o nível de exigência. No exemplo, obtivemos $H_W = 0,84$, que é comparado com o nível de exigência NE = 0,70. Como $H_W \geq NE$, conclui-se que a decisão é favorável (o empreendimento é viável) ao nível de exigência 0,70. Ou seja, podemos afirmar que o empreendimento é viável com nível de incerteza máximo de $2\beta = 2 \times 4,50\% = 9,0\%$ (ver Tabela 7.3).

Para fazer a tomada de decisão pelo processo estatístico:

a) Calcula-se o valor crítico da variável padronizada da curva normal aderente CNA ($*z_c$) que corresponde ao nível de exigência adotado (0,70, no exemplo). Para isso, verifica-se quantos desvios padrões da CNA (0,444) o nível de exigência está acima da média (zero), da seguinte forma:

$$*z_c = (0,70 - 0)/0,444 = 1,58$$

b) Calcula-se o valor observado da variável padronizada da CNA ($*z_o$) que corresponde ao valor do grau de certeza do baricentro (0,840, no exemplo). Para isso, verifica-se para quantos desvios padrões da CNA (0,444) o grau de certeza do baricentro está acima da média (zero), da seguinte forma:

$$*z_o = (0,840 - 0)/0,444 = 1,89$$

c) Como $*z_o \geq *z_c$, conclui-se que o valor Hw é significativamente maior que a média zero, permitindo dizer que a conclusão da análise feita é favorável (o empreendimento é viável) ao nível de significância $\alpha = 2\lambda = 2 \times 5,71\% = 11,42\%$ (ver Tabela 7.3).

Observação: Pela Tabela 7.3, notamos que, para testes monocaudais, se o nível de exigência adotado pelo MPD for 0,60, o nível de incerteza do MPD será 8,00% e o nível de significância do MED será 8,78%; analogamente, se o nível de exigência for 0,80, esses valores serão 2,00% e 3,55%, respectivamente. Para testes bicaudais, os valores do nível de incerteza e do nível de significância dobram de valor.

7.6 UMA OUTRA VISÃO DA APLICAÇÃO DA ESTATÍSTICA

No que já foi visto, a comparação com a estatística foi feita apenas na decisão final, quando já se tinha o valor do grau de certeza do baricentro (H_W). Entretanto, admitindo que a variável "grau de evidência" possa ser tratada ao nível de uma escala de razão, há a possibilidade de se usar a estatística também para se trabalhar os dados e obter o grau de certeza do baricentro.

Para cada fator F_i, calcula-se a média dos graus de evidência favorável ($a_{i,k}$) relativos às opiniões de todos os especialistas, obtendo-se o grau de evidência favorável resultante para este fator ($a_{i,R}$). Analogamente, obtém-se ($b_{i,R}$). A partir desses valores, o processo se repete.

Dessa forma, a tabela de cálculos 7.1 se modifica e passa a ser a Tabela 7.4. Observe-se que as colunas de 10 a 13 da Tabela 7.1 deixam de existir.

Como o nível de exigência é o mesmo, o valor de $*z_c$ continua igual a 1,58.

O grau de certeza do baricentro, calculado pelas técnicas da estatística, passa a ser $H_W = 0,743$, que permite calcular $*z_o = (0,743 - 0)/0,444 = 1,67$. Como resultou $*z_o \geq *z_c$, pode-se concluir que a decisão é favorável, ou seja, o empreendimento é viável, ao nível de significância de $\alpha = 2\lambda = 2 \times 5,71\% = 11,42\%$, que é o correspondente ao nível de exigência 0,70.

Surge, então, a dúvida: a decisão pelo MPD é com nível de incerteza $2\beta = 9,0\%$, correspondente ao nível de exigência 0,70. Se fixarmos o nível de significância $\alpha = 2\lambda = 9,0\%$, a decisão pela estatística seria a mesma? Basta verificar qual deverá ser o valor do nível de exigência para que a cauda da CNA seja igual a 4,50%.

Feita a verificação, obteve-se que o nível de exigência que atende é $K' = 0,727$, para o qual $*z_c = 1,64$. Portanto, como $*z_o = 1,67$, a decisão continua favorável ao nível de significância $\alpha = 2\lambda = 2 \times 4,50\% = 9,0\%$, pois $*z_o$ continua maior que $*z_c$.

É claro que a decisão poderia não se manter favorável, uma vez que a exigência foi aumentada ao diminuir o nível de significância de $\alpha = 2\lambda = 11,42\%$ para $\alpha = 2\lambda = 9,0\%$.

TABELA 7.4   Tabela de cálculos dos graus resultantes pela média dos graus atribuídos pelos especialistas.

1	2	3	4	5	6	7	8	9	14	15	16	17	18
F_i	E_1		E_2		E_3		E_4		Médias dos graus		Nível de exigência = 0,70		
	$a_{i,1}$	$b_{i,1}$	$a_{i,2}$	$b_{i,2}$	$a_{i,3}$	$b_{i,3}$	$a_{i,4}$	$b_{i,4}$	$a_{i,R}$	$b_{i,R}$	H	G	Decisão
F_{01}	0,88	0,04	0,94	0,14	0,84	0,08	0,78	0,03	0,86	0,07	0,79	–0,07	VIÁVEL
F_{02}	1,00	0,05	0,95	0,15	1,00	0,10	0,85	0,00	0,95	0,08	0,88	0,03	VIÁVEL
F_{03}	0,92	0,08	0,98	0,18	0,88	0,12	0,82	0,07	0,90	0,11	0,79	0,01	VIÁVEL
F_{04}	0,95	0,11	1,00	0,21	0,91	0,15	0,85	0,10	0,93	0,14	0,79	0,07	VIÁVEL
F_{05}	1,00	0,88	0,06	0,10	0,95	0,85	0,04	0,00	0,51	0,46	0,05	–0,03	VIÁVEL
F_{06}	0,90	0,10	1,00	0,10	0,90	0,00	1,00	0,00	0,95	0,05	0,90	0,00	VIÁVEL
F_{07}	0,95	0,15	1,00	0,10	0,85	0,00	1,00	0,05	0,95	0,08	0,88	0,02	VIÁVEL
F_{08}	0,98	0,18	0,88	0,12	0,82	0,07	0,92	0,08	0,90	0,11	0,79	0,01	VIÁVEL
F_{09}	1,00	0,21	0,91	0,15	0,85	0,10	0,95	0,11	0,93	0,14	0,79	0,07	VIÁVEL
F_{10}	0,94	0,14	0,84	0,08	0,78	0,03	0,88	0,04	0,86	0,07	0,79	–0,07	VIÁVEL
Baricentro W: médias dos graus resultantes									0,874	0,131	0,743	0,005	VIÁVEL

Exercícios

7.1 Usando o PC do MPD construído no exercício 6.1 e considerando iguais os pesos dos fatores, faça o estudo da decisão pelo método estatístico, usando um teste bicaudal, ao nível de significância $\alpha = 2\lambda = 17,56\%$ (que corresponde ao nível de exigência 0,60 do MPD – veja Tabela 7.3), nos casos em que todos os fatores estão nas condições da seção:

a) S_1; b) S_2; c) S_3.

Use a curva normal (CNA) que melhor se adere à curva do grau de certeza: média 0 (zero) e desvio padrão 0,444 e determine os graus resultantes pela média dos graus atribuídos pelos especialistas (item 7.6).

Dado: para teste bicaudal, ao nível de significância 17,56%, $z_c = 1,354$.

7.2 Compare a decisões tomadas no exercício 7.1 com as correspondentes decisões tomadas pelo método paraconsistente de decisão, MPD, ao nível de exigência 0,60.

7.3 Quais seriam as respostas do exercício 7.1, se fosse adotado o nível de significância I) $\alpha = 2\lambda = 11,42\%$ (que corresponde ao NE = 0,70) e II) $\alpha = 2\lambda = 7,10\%$ (que corresponde ao NE = 0,80).

Dado: para teste bicaudal: $\alpha = 2\lambda = 11,42\% \Rightarrow z_c = 1,580$; $\alpha = 2\lambda = 7,10\% \Rightarrow z_c = 1,805$.

7.4 Usando o PC do MPD construído no exercício 6.8 e considerando iguais os pesos dos fatores, faça o estudo da decisão pelo método estatístico, usando um teste bicaudal, ao nível de significância $\alpha = 2\lambda = 5,0\%$ (que corresponde ao nível de exigência 0,843 do MPD – veja Tabela 7.3), nos casos em que todos os fatores estão nas condições da seção:

a) S_1; b) S_2; c) S_5.

Dado: para teste bicaudal, ao nível de significância $\alpha = 2\lambda = 5,0\%$, $z_c = 1,96$.

7.5 Compare a decisões tomadas no exercício 7.4 com as correspondentes decisões tomadas pelo método paraconsistente de decisão, MPD, ao nível de exigência 0,843.

7.6 Usando o PC do MPD construído no exercício 6.15 e adotando as condições do exercício 6.19, faça a tabela de dupla entrada para as decisões, destacando na primeira coluna o nível de exigência, na segunda, o nível de significância correspondente para teste bicaudal (veja Tabela 7.3), na terceira, o valor crítico da variável reduzida (z_c, que deve ser obtido em uma tabela de valores da área da curva normal) e nas nove seguintes a decisão sugerida pela análise estatística.

Coloque, ainda, três últimas linhas, com os graus de certeza do baricentro obtidos pelo MPD (já obtidos no exercício 6.19) e pelo cálculo estatístico, e os valores observados da variável reduzida (z_o), correspondentes aos graus de certeza obtidos pelo cálculo estatístico. (Não se esqueça dos pesos, que são os do exercício 6.17).

Respostas

7.1 a) $z_o = 1,619$; rejeita H_0, pois $z_o \geq z_c$; Empreendimento viável;
b) $z_o = 0,605$; aceita H_0, pois $-z_c < z_o < z_c$; Análise não conclusiva;
c) $z_o = -1,154$; aceita H_0, pois $-z_c < z_o < z_c$; Análise não conclusiva.

7.2 a) $H_W = 0,67$; $H_W \geq NE$; Empreendimento viável;
b) $H_W = 0,22$; $-NE < H_W < NE$; Análise não conclusiva;
c) $H_W = -0,40$; $-NE < H_W < NE$; Análise não conclusiva.

7.3 I) a) $z_o = 1,619$; rejeita H_0, pois $z_o \geq z_c$; Empreendimento viável;
b) $z_o = 0,605$; aceita H_0, pois $-z_c < z_o < z_c$; Análise não conclusiva;
c) $z_o = -1,154$; aceita H_0, pois $-z_c < z_o < z_c$; Análise não conclusiva.
II) a) $z_o = 1,619$; aceita H_0, pois $-z_c < z_o < z_c$; Análise não conclusiva;
b) $z_o = 0,605$; aceita H_0, pois $-z_c < z_o < z_c$; Análise não conclusiva;
c) $z_o = -1,154$; aceita H_0, pois $-z_c < z_o < z_c$; Análise não conclusiva.

7.4 a) $z_o = 1,672$; aceita H_0, pois $-z_c < z_o < z_c$; Análise não conclusiva;
b) $z_o = 0,109$; aceita H_0, pois $-z_c < z_o < z_c$; Análise não conclusiva;
c) $z_o = -1,506$; aceita H_0, pois $-z_c < z_o < z_c$; Análise não conclusiva.

7.5 a) $H_W = 0,840$; $-NE < H_W < NE$; Análise não conclusiva;
b) $H_W = 0,509$; $-NE < H_W < NE$; Análise não conclusiva;
c) $H_W = -0,757$; $-NE < H_W < NE$; Análise não conclusiva.

7.6

NE	NS (α)	Z_C	$(S_1; S_1)$	$(S_1; S_2)$	$(S_1; S_3)$	$(S_2; S_1)$	$(S_2; S_2)$	$(S_2; S_3)$	$(S_3; S_1)$	$(S_3; S_2)$	$(S_3; S_3)$
0,10	82,14%	0,025	F	F	F	F	NC	D	NC	D	D
0,20	65,18%	0,451	F	F	NC	F	NC	D	NC	D	D
0,30	49,84%	0,677	F	F	NC	F	NC	NC	NC	D	D
0,40	36,66%	0,903	F	F	NC	NC	NC	NC	NC	NC	D
0,50	25,92%	1,128	F	NC	NC	NC	NC	NC	NC	NC	D
0,60	17,56%	1,354	F	NC	NC	NC	NC	NC	NC	NC	D
0,70	11,42%	1,580	F	NC	NC	NC	NC	NC	NC	NC	NC
0,80	7,10%	1,805	NC	NC	NC	NC	NC	NC	NC	NC	NC
0,90	4,22%	2,032	NC	NC	NC	NC	NC	NC	NC	NC	NC
Pelo MPD	H_w		0,70	0,27	–0,09	0,32	–0,10	–0,47	–0,07	–0,50	–0,86
Pelo MED	H_w		0,74	0,41	0,11	0,38	0,05	–0,26	–0,03	–0,36	–0,66
Valor observado	z_o		1,667	0,923	0,248	0,856	0,113	–0,586	–0,068	–0,811	–1,486

F = Favorável (15 situações)   NC = Não conclusiva (55 situações)   D = Desfavorável (11 situações)

UMA VERSÃO SIMPLIFICADA DO MÉTODO FUZZY DE DECISÃO E SUA COMPARAÇÃO COM O MÉTODO PARACONSISTENTE DE DECISÃO

8.1 VERSÃO SIMPLIFICADA DO MÉTODO FUZZY DE DECISÃO (VSMFD)

8.1.1 Fundamento teórico

O inventor da Lógica Fuzzy, em 1965, foi o iraniano radicado nos Estados Unidos, Lotfi Asker Zadeh. Numa linguagem menos rigorosa, pode-se dizer que essa lógica busca uma sistematização do estudo do conhecimento, procurando, principalmente, estudar o conhecimento vago (difuso, nebuloso) (não sabe bem o que significa) e distingui-lo do que é conhecimento impreciso (sabe o que significa, mas não sabe o valor exato).

Seja X um conjunto (no sentido habitual). Diz-se que A é um subconjunto Fuzzy de X, se A é identificado por uma função $f(x)$ que, a cada elemento de X, associa um número do intervalo $[0, 1]$.

Se $Y = f(x) \in [0, 1]$, para $\forall\, x \in X$, denota-se: $x \in_{f(x)} A$ ou $x \in_Y A$. Tem-se:

x pertence a A com grau de pertinência $f(x) = Y$;

$Y = f(x)$ é o grau de pertinência de x em A;

$x \in_Y A$ significa que x **pertence** a A com grau de pertinência Y;

$x \in_0 A$ significa que x **não pertence** absolutamente a A (é o caso em que o grau de pertinência é $Y = 0$);

$x \in_1 A$ significa que x **pertence** absolutamente a A (é o caso em que o grau de pertinência é $Y = 1$);

$x \in_{0,7} A$ significa que x pertence a A com grau de pertinência 0,7 (neste caso $Y = 0,7$).

Um exemplo com um pouco mais de detalhes. Seja $X = \{a, b, c\}$. Considerem-se os subconjuntos de X com os seguintes elementos:

Subconjunto A: $a \in_{0,8} A$, $b \in_{0,3} A$ e $c \in_1 A$. Diz-se que A é um subconjunto fuzzy de X;

Subconjunto B: $a \in_1 B$, $b \in_0 B$ e $c \in_1 B$. Diz-se que B é um subconjunto clássico de X ($B = \{a, c\}$). Portanto, todo subconjunto clássico de X é um subconjunto fuzzy de X (os elementos do subconjunto clássico têm grau de pertinência igual a 1).

Para os subconjuntos fuzzy de um conjunto X definem-se:

Igualdade: $A = B \Leftrightarrow f_A (x) = f_B (x)$, $\forall x \in X$

Inclusão: $A \subseteq B \Leftrightarrow f_A (x) \leq f_B (x)$, $\forall x \in X$

Intersecção: $C = A \cap B \Leftrightarrow f_C (x) = mín \{f_A (x) , f_B (x)\}$, $\forall x \in X$

União: $C = A \cup B \Leftrightarrow f_C (x) = máx \{f_A (x) , f_B (x)\}$, $\forall x \in X$

Sendo $x \in_{f(x)} A$ uma fórmula e representando-a por $[A(x)] = [A] = f(x) = Y$ definem-se

Conjunção: $[A \wedge B] = máx \{[A], [B]\}$

Disjunção: $[A \vee B] = mín \{[A], [B]\}$

Negação: $[\neg A] = 1 - [A]$

Implicação: $[A \rightarrow B] = [\neg A \vee B] = mín \{(1 - [A]), [B]\}$

A título de exemplo, analise a proposição "João é um homem alto". Neste caso, o conjunto X é o conjunto dos homens. O subconjunto A que se está analisando é o subconjunto dos homens altos (subconjunto fuzzy de X), definido pela função $f(x)$ que, a cada elemento x (homem) de X, associa um número do intervalo [0, 1].

Na Lógica Clássica, ou ele é alto (grau de pertinência 1) ou é não alto (grau de pertinência 0) (princípio do terceiro excluído); ou seja, x **pertence absolutamente** a A ou x **não pertence absolutamente** a A.

Assim, nessa lógica, seria definido "alto" como sendo, por exemplo, o homem com $h \geq 1,75$ m. O valor da função $f(x)$ seria igual a zero para homem x de altura menor que 1,75 m e seria igual a 1 para homem x de altura maior ou igual a 1,75 m. O intervalo [0, 1] se reduziria ao conjunto binário $\{0, 1\}$.

Como o conceito de homem alto é meio vago (nebuloso, difuso, fuzzy), a Lógica Fuzzy dá-lhe um tratamento diferente. Pode-se considerar, por exemplo, que o homem é alto para alturas maiores ou iguais a 1,90 m e não alto para alturas menores que 1,80 m.

Então: para $h \geq 1,90$ m, $f(x) = 1$ e o homem x pertence absolutamente ao subconjunto fuzzy A (dos homens altos) do conjunto X (dos homens) ($x \in_1 A$); para $h < 1,80$ m, $f(x) = 0$ e o homem x não pertence absolutamente ao subconjunto fuzzy A (dos homens altos) do conjunto X (dos homens) ($x \in_0 A$).

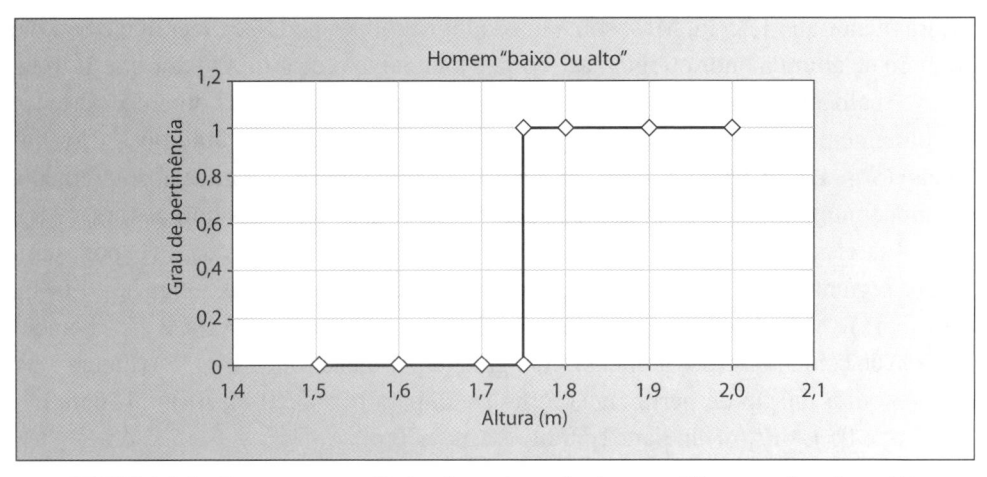

FIGURA 8.1   Representação clássica do conjunto dos homens (X) e seu subconjunto (A) dos homens altos.

Entretanto, para 1,80 m $\leq$ h < 1,90 m, o valor de f(x) vai variar de 0 a 1, por exemplo, da seguinte forma: f(x) = 10h_x – 18 (foi colocado por exemplo, porque a função não precisa, necessariamente, ser linear). Portanto, para um homem x de altura h_x = 1,84 m, teremos f(x) = 0,4 e poderemos dizer que ele pertence ao subconjunto fuzzy A (dos homens altos) do conjunto X (dos homens), com grau de pertinência 0,4 (x $\in_{0,4}$ A). A Figura 8.2 representa a variação do grau de pertinência.

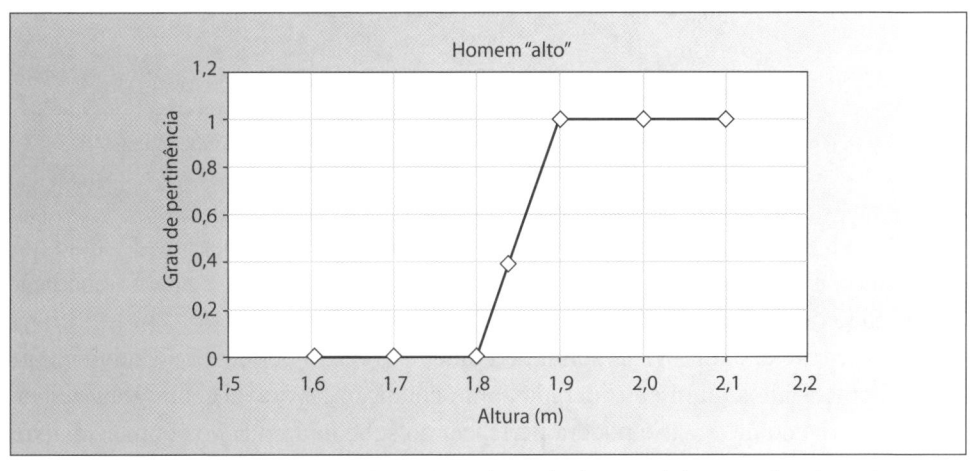

FIGURA 8.2   Representação fuzzy do conjunto dos homens (X) e seu subconjunto (A) dos homens altos.

Sintetizando, neste caso, a função de pertinência é: f(x) = 0, para h < 1,80 m; f(x) = 1, para h $\geq$ 1,90 m; e f(x) = 10h – 18, para 1,80 m $\leq$ h < 1,90 m.

Por outro lado, pode-se analisar o que vem a ser um homem "baixo". Como foi visto acima, segundo a lógica clássica, o homem baixo (ou não alto) seria o de altura menor que 1,75 m. Mas, sob a luz da lógica fuzzy, pode-se dizer que é baixo o homem de altura menor ou igual a 1,60 m e não baixo o de altura maior que 1,70 m.

Analogamente, tem-se então: para h ≤ 1,60 m, f(x) = 1, e o homem x pertence absolutamente ao subconjunto fuzzy B (dos homens baixos) do conjunto X (dos homens) (x $\in_1$ B); para h > 1,70 m, f(x) = 0, e o homem x não pertence absolutamente ao subconjunto fuzzy B (dos homens baixos) do conjunto X (dos homens) (x $\in_0$ B).

Entretanto, para 1,60 m < h ≤ 1,70 m, o valor de f(x) vai variar de 1 a 0, por exemplo, da seguinte forma: f(x) = 17 – 10h_x. Portanto, para um homem x de altura h_x = 1,64 m, tem-se f(x) = 0,6, e pode-se dizer que ele pertence ao subconjunto fuzzy B (dos homens baixos) do conjunto X (dos homens), com grau de pertinência 0,6 (x $\in_{0,6}$ B) (Figura 8.3).

Aqui a função de pertinência é: f(x) = 0, para h > 1,70 m; f(x) = 1, para h ≤ 1,60 m; e f(x) = 17 – 10h, para 1,60 m < h ≤ 1,70 m.

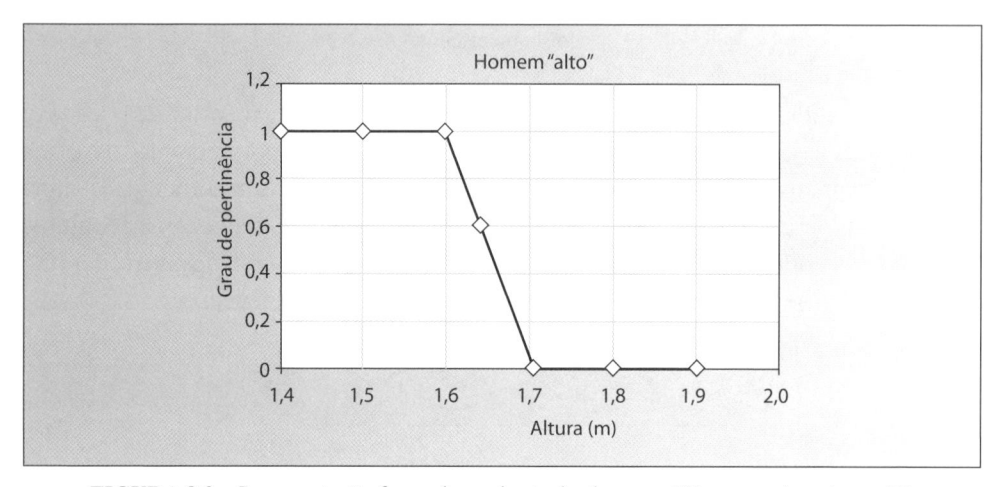

FIGURA 8.3   Representação fuzzy do conjunto dos homens (X) e seu subconjunto (B) dos homens baixos.

Para a finalidade deste trabalho, será feita uma **adaptação**, considerando que para uma condição (a favorável) o grau de pertinência varia de 0 a 1 e para a condição contrária (a desfavorável), ele varia de 0 a –1.

Assim, no exemplo visto acima, o homem x poderá pertencer ao subconjunto A dos homens altos (aqui considerada como condição favorável) com grau de pertinência variando de 0 a 1; e poderá pertencer ao subconjunto B dos homens baixos (aqui considerada como condição desfavorável) com grau de pertinência (adaptado) variando de 0 a –1. Observe que, no intervalo 1,70 m ≤ h ≤ 1,80 m, o homem estará no subconjunto A dos altos e no subconjunto B dos baixos com grau de pertinência 0 (zero). Ou seja, não é considerado alto e nem baixo.

Com essa adaptação, os gráficos fuzzy vistos se resumem no da Figura 8.4, e a função de pertinência adaptada ao subconjunto A dos homens altos e ao subconjunto B dos homens baixos passa a ser: f(x) = –1, para para h ≤ 1,60 m; f(x) = 10h – 17, para 1,60 m < h ≤ 1,70 m; f(x) = 0, para 1,70 m < h < 1,80 m; f(x) = 10h – 18, para 1,80 m ≤ h < 1,90 m; e f(x) = 1, para h ≥ 1,90 m.

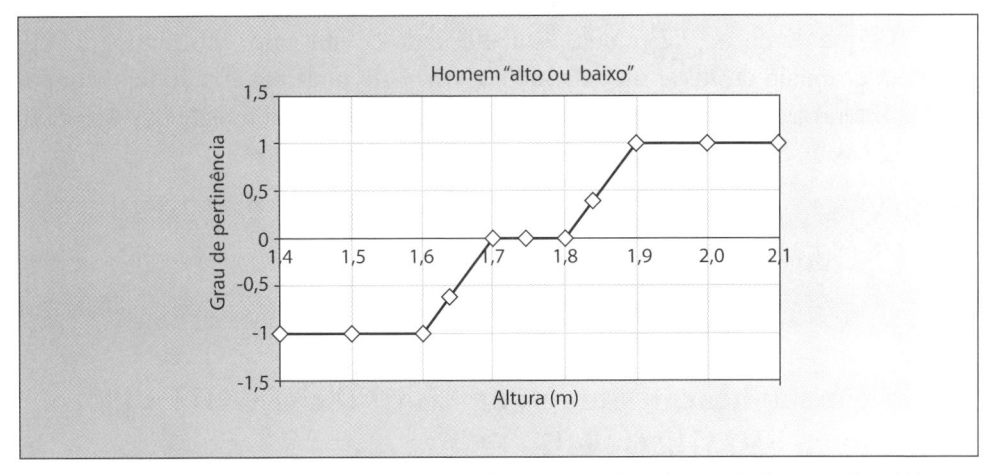

FIGURA 8.4   Graus de pertinência adaptados para os subconjuntos dos homens altos (A) e dos baixos (B).

Dessa forma, a vantagem de ser alto cresce até 1,90 m e, a partir daí, não aumenta mais, permanecendo igual a 1. Isto levará a uma condição importante nas tomadas de decisão. Imagine que se queira implantar o projeto de uma fábrica e que essa fábrica necessite de uma área mínima de 4.000 m² e máxima de 6.000 m². Assim, a função de pertinência varia de 0 a 1 para esses extremos. Mas, se a área for maior que 6.000 m², isto não representará vantagem adicional, porque o máximo necessário já foi atingido. Coerentemente, o grau de pertinência também não aumentará mais, permanecendo igual a 1.

8.1.2   Aplicação da Lógica Fuzzy em tomadas de decisão

Uma maneira de se utilizar a Lógica Fuzzy para tomadas de decisão é a exposta a seguir, e será chamada de versão simplificada do processo fuzzy de decisão (VSMFD).

Consideram-se os fatores que influem no sucesso (ou fracasso) de um empreendimento ε e, para cada fator separadamente, são estabelecidas (por meio de especialistas) duas faixas (ranges) que devem traduzir a condição em que o fator é **favorável** ao sucesso do empreendimento (RF) e a condição em que ele é **contrário** (RC). Assim, a condição real de cada fator F_i é traduzida pelo grau de pertinência (Y_i) da situação real do fator à condição estabelecida. O valor desse grau de pertinência será de 0 a 1, se a condição real for **favorável**, e de 0 a –1, se for **contrária**. Quando o grau de pertinência resultar igual a 0 (zero), dir-se-á que o fator está numa condição **indiferente** para o resultado do empreendimento.

Dessa forma, para cada fator de influência tem-se um grau de pertinência (Y_i), que traduz sua situação real. A média (Y_R), (aritmética ou ponderada), de todos os graus de pertinência (Y_i) traduz a influência conjunta de todos os fatores no empreendimento.

Com o valor dessa média (Y_R), mediante critério preestabelecido (regra de decisão), pode-se concluir se o empreendimento é viável ou inviável ou se a análise foi não conclusiva.

A regra de decisão é fixada, estabelecendo-se um valor mínimo para $|Y_R|$, que será chamado de **nível de exigência** (NE). Este pode ser fixado também por especialista(s) na área e seu valor deve depender da responsabilidade que a decisão implica. Assim, a regra de decisão pode ser escrita como segue:

> **YR ≥ NE** ⇒ decisão favorável (empreendimento viável);
>
> **YR ≤ –NE** ⇒ decisão desfavorável (empreendimento inviável);
>
> **– NE < YR < NE** ⇒ análise não conclusiva.

8.1.3 Uma aplicação simples da VSMFD (NEGOITA [85] *apud* SHIMIZU [94])

São consideradas oito empresas (de A a H), das quais se conhecem, para um dado período, as vendas e os lucros. Considerando que, para o período considerado, as vendas são altas no intervalo RF_1, de \$ 900 a \$ 1.200, e os lucros são aceitáveis no intervalo RF_2, de 10 a 18%, selecione a melhor dessas empresas, usando duas visões diferentes: (a) venda e lucro têm pesos iguais na decisão; (b) lucro tem o triplo do peso de venda.

Para resolver, deve-se calcular os graus de pertinência das vendas (Y_1) e dos lucros (Y_2) de cada empresa aos subconjuntos RF_1 e RF_2, respectivamente, usando as seguintes funções de pertinência:

Vendas (X_1): $Y_1 = 0$, para $X_1 < 900$; $Y_1 = (X_1 - 900)/300$, para $900 \leq X_1 < 1.200$; e $Y_1 = 1$, para $X_1 \geq 1.200$;

Lucros (X_2): $Y_2 = 0$, para $X_2 < 10\%$; $Y_2 = (X_2 - 10)/8$, para $10\% \leq X_2 < 18\%$; e $Y_2 = 1$, para $X_2 \geq 18\%$.

A seguir, deve-se calcular: (a) a média aritmética ou (b) a média ponderada dos graus de pertinência obtidos e comparar o valor das médias obtidas para as oito empresas. A que apresentar maior média será considerada a melhor empresa.

A Tabela 8.1 resume os cálculos que dão a solução da questão.

Conclui-se, pois, que na condição (a), H é a melhor empresa e, na condição (b), a melhor empresa é E.

Pode ocorrer de a média dos graus de pertinência de uma empresa ser máxima, apesar de um (ou mais) grau de pertinência ser zero, ou seja, apesar de a empresa estar fora das condições aceitáveis. Sendo assim, uma checagem indicada (e importante) para este processo é calcular o produto dos graus de pertinência dos fatores. Se esse produto resultar igual a 0 (zero) saber-se-á que, pelo menos em relação a um dos fatores, a empresa está fora das condições aceitáveis e não poderá ser classificada como a melhor, mesmo que tenha a maior média.

TABELA 8.1   Tabela de cálculos para a seleção da melhor empresa.

Empresa	Vendas (Fator F_1)	Lucro (Fator F_2)	Pertinência a RF_1 (Y_1)	Pertinência a RF_2 (Y_2)	Média (a) Y_{RFa}	Média (b) Y_{RFb}	Produto $Y_1 \times Y_2$
A	750	7	0,00	0,00	0,00	0,00	0,00
B	600	14	0,00	0,50	0,25	0,38	0,00
C	800	17	0,00	0,88	0,44	0,66	0,00
D	850	12	0,00	0,25	0,13	0,19	0,00
E	990	18	0,30	1,00	0,65	0,83	0,30
F	1.000	15	0,33	0,63	0,48	0,55	0,21
G	1.100	14	0,67	0,50	0,58	0,54	0,33
H	1.200	13	1,00	0,38	0,69	0,53	0,38

8.1.4   Outra aplicação da VSMFD (SHIMIZU [94], p. 65)

Uma empresa XYZ analisa três alternativas (A_1, A_2 e A_3) de compra, com pagamento à vista, de um imóvel para a instalação de uma filial, baseada em três indicadores (fatores): ganho líquido (F_1), distância do imóvel ao centro comercial (F_2) e área total disponível (F_3). F_2 e F_3 representam vantagens competitivas.

TABELA 8.2   Valores dos indicadores para as três alternativas.

Fator		A_1	A_2	A_3
Ganho líquido	F_1	470	500	420
Distância ao centro comercial	F_2	150	250	500
Área total disponível	F_3	600	400	1.500

Verifique qual é a melhor alternativa nos casos em que: a) os três fatores têm pesos iguais; b) os pesos dos fatores são 10, 5 e 8, respectivamente.

O primeiro passo para a solução é criar uma função de pertinência Y = f(X) (que pode ser linear) para a condição favorável de cada fator (F_i), impondo que o valor menos favorável do fator corresponda ao grau de pertinência 0 (zero) e o mais favorável, ao 1 (um). Ou seja, se o crescimento do fator favorece a alternativa, o grau de pertinência 0 (zero) corresponde ao menor valor do fator (função crescente); caso contrário, 0 (zero) corresponde ao maior valor do fator (função decrescente).

O segundo passo é calcular o grau de pertinência dos fatores para cada uma das alternativas. Dois deles, 0 (zero) e 1 (um), já estão prefixados.

O terceiro e último passo é calcular a média dos graus de pertinência para cada uma das alternativas e concluir pela melhor, que é a de maior média. Como se vê na Tabela 8.3, a) quando os fatores têm pesos iguais, a resposta é a alternativa A_1; e b) quando os fatores têm os pesos especificados, a resposta é A_2.

TABELA 8.3   Solução de um problema pela VSMFD.

1	2	3	4	5	6	7	8	9	10
					Função de pertinência		Grau de pertinência		
Fator	Peso	A_1	A_2	A_3	Monotonicidade	Equação	A_1	A_2	A_3
F_1	10	470	500	420	Crescente	$Y = (X - 420)/80$	0,63	1	0
F_2	5	150	250	500	Decrescente	$Y = (500 - X)/350$	1	0,71	0
F_3	8	600	400	1.500	Crescente	$Y = (X - 400)/1.100$	0,18	0	1
Soma	23				Média com pesos iguais		0,60	0,57	0,33
					Média com pessos diferentes		0,55	0,59	0,35

Este exercício permite uma visão mais geral: admita que a empresa XYZ tenha especificado com antecedência um intervalo com os limites mínimo e máximo aceitáveis para cada um dos fatores, dentro de seus interesses futuros (ver coluna 7 da Tabela 8.4).

Neste caso, os graus de pertinência, mínimo (0) e máximo (1), passariam a corresponder a esses valores, alterando as funções de pertinência.

A Tabela 8.4 mostra como seria a solução para essa nova situação, na qual a alternativa A_1 se mostrou a melhor nos dois casos.

TABELA 8.4   Solução com prefixação dos valores máximo e mínimo dos fatores.

1	2	3	4	5	6	7	8	9	10	11
					Função de pertinência			Grau de pertinência		
Fator	Peso	A_1	A_2	A_3	Monotonicidade	Intervalo	Equação	A_1	A_2	A_3
F_1	10	470	500	420	Crescente	300 a 600	$Y = (X - 300)/300$	0,57	0,67	0,40
F_2	5	150	250	500	Decrescente	100 a 600	$Y = (600 - X)/500$	0,90	0,70	0,20
F_3	8	600	400	1.500	Crescente	400 a 2.000	$Y = (X - 400)/1.600$	0,13	0,00	0,69
Soma	23				Média com pesos iguais			0,53	0,46	0,43
					Média com pesos diferentes			0,49	0,44	0,46

Observe-se que, nestes casos, a função de pertinência faz o papel do que, comumente, é chamado de função utilidade.

8.2 UM EXEMPLO MAIS ELABORADO PARA A COMPARAÇÃO DOS DOIS MÉTODOS

Para exemplificar os dois métodos de decisão, será estudada pelos dois processos a análise de viabilidade do seguinte empreendimento: lançamento de um novo produto no mercado.

Muitos fatores influem no sucesso (ou fracasso) de um novo produto lançado no mercado. Normalmente, são escolhidos os fatores de maior influência para fazer a análise. Entretanto, por se tratar de um exemplo, serão considerados apenas os seguintes seis fatores:

F_1: **necessidade e utilidade do produto** – Traduzida pela percentagem (X_1) da população (X) para qual o produto é indispensável no dia a dia.

F_2: **aceitação do produto ou de produto similar já existente no mercado** – Traduzida pela percentagem (X_2) da população que dele se utiliza.

F_3: **preço do produto no mercado** – Traduzido pela razão (X_3, em %) entre o preço médio do produto (ou de produto similar) já existente no mercado e seu preço de lançamento.

F_4: **custo estimado do produto** – Traduzido pela razão (X_4, em %) entre seu custo e o preço médio do produto (ou de produto similar) no mercado.

F_5: **tempo para desenvolvimento e implantação do projeto e lançamento do produto** – Medido pela razão (X_5, em %) entre esse tempo e o ciclo de vida previsto para o produto.

F_6: **investimento para desenvolvimento e implantação do projeto e lançamento do produto** – Medido pela razão (X_6, em %) entre este investimento e o resultado líquido esperado no ciclo de vida previsto para o produto.

O problema a que se propõe é estudar a viabilidade de lançamento do um novo produto no mercado pela análise das condições dos seis fatores escolhidos, obtidas por meio de uma pesquisa de campo. Vamos admitir que essa pesquisa levou aos resultados X_i resumidos pela Tabela 8.5.

TABELA 8.5   Tabela dos resultados obtidos na pesquisa de campo.

Fator F_i	F_1	F_2	F_3	F_4	F_5	F_6
X_i (%)	88	95	128	83	15	24

8.2.1   Solução pelo Método Paraconsistente de Decisão – MPD

a) Fixar o nível de exigência. Para este exemplo ilustrativo, adotou-se como nível de exigência o valor 0,50. Significa que a análise será conclusiva se o grau de certeza do baricentro for, em módulo, maior ou igual a 0,50 ($|H_W| \geq 0,50$), ou seja, se os graus de evidência, favorável e contrária, finais (os do baricentro W) diferirem em, pelo menos, 0,50. A decisão será favorável se a evidência favorável for, pelo menos, 0,50 maior que a contrária; e será desfavorável se a evidência contrária for, pelo menos, 0,50 maior que a favorável. Com este nível de exigência, a regra de decisão fica assim:

H ≥ 0,50 ⇒ decisão favorável (empreendimento viável);

H ≤ – 0,50 ⇒ decisão desfavorável (empreendimento inviável);

– 0,50 < H < 0,50 ⇒ análise não conclusiva.

b) Escolher os fatores de maior influência no empreendimento. Isto já foi realizado no início da seção 8.3.

c) Estabelecer, para cada fator, as seções (S_j) que caracterizam as condições em que cada fator pode ser encontrado: S_1 – favorável; S_2 – indiferente; e S_3 – desfavorável ao empreendimento.

Fator F_1: S_1 – acima de 70%; S_2 – entre 30 e 70%; e S_3 – abaixo de 30%.

Fator F_2: S_1 – acima de 70%; S_2 – entre 30 e 70%; e S_3 – abaixo de 30%.

Fator F_3: S_1 – acima de 110%; S_2 – entre 90 e 110%; e S_3 – abaixo de 90%.

Fator F_4: S_1 – abaixo de 50%; S_2 – entre 50 e 70%; e S_3 – acima de 70%.

Fator F_5: S_1 – abaixo de 30%; S_2 – entre 30 e 60%; e S_3 – acima de 60%.

Fator F_6: S_1 – abaixo de 40%; S_2 – entre 40 e 60%; e S_3 – acima de 60%.

d) Construir a base de dados, constituída pelos graus de evidência favorável (ou de crença) ($a_{i,j,k}$) e contrária (ou descrença) ($b_{i,j,k}$) que cada especialista (E_k) atribui ao sucesso do empreendimento diante de cada fator de influência (F_i), dentro das condições fixadas por cada uma das seções (S_j) estabelecidas. Admitir-se-á que foram escolhidos quatro especialistas e que os graus de evidência por eles atribuídos são os da Tabela 8.6, que é a base de dados.

TABELA 8.6   Base de dados.

Fator	Seção	E_1		E_2		E_3		E_4	
		$a_{i,j,1}$	$b_{i,j,1}$	$a_{i,j,2}$	$b_{i,j,2}$	$a_{i,j,3}$	$b_{i,j,3}$	$a_{i,j,4}$	$b_{i,j,4}$
F_1	S_1	0,88	0,04	0,94	0,14	0,84	0,08	0,78	0,03
	S_2	0,48	0,43	0,53	0,44	0,58	0,39	0,48	0,41
	S_3	0,01	0,94	0,13	0,88	0,14	1,00	0,17	0,91
F_2	S_1	1,00	0,05	0,95	0,15	1,00	0,10	0,85	0,00
	S_2	0,55	0,45	0,55	0,45	0,65	0,40	0,45	0,55
	S_3	0,00	0,95	0,15	0,75	0,15	0,85	0,25	1,00
F_3	S_1	0,92	0,08	0,98	0,18	0,88	0,12	0,82	0,07
	S_2	0,52	0,47	0,57	0,48	0,62	0,43	0,52	0,45
	S_3	0,05	0,98	0,17	0,83	0,18	0,02	0,21	0,95
F_4	S_1	0,95	0,11	1,00	0,21	0,91	0,15	0,85	0,10
	S_2	0,55	0,50	0,60	0,51	0,65	0,46	0,55	0,48
	S_3	0,08	1,00	0,20	0,86	0,21	0,05	0,24	0,98
F_5	S_1	1,00	0,88	0,90	0,00	0,95	0,15	0,94	0,05
	S_2	0,50	0,50	0,60	0,50	0,60	0,40	0,50	0,40
	S_3	0,00	1,00	0,10	0,80	0,90	0,08	1,00	0,15
F_6	S_1	0,90	0,10	1,00	0,10	0,90	0,00	1,00	0,00
	S_2	0,60	0,50	0,60	0,40	0,50	0,40	0,50	0,50
	S_3	0,10	0,80	0,20	0,90	0,13	1,00	0,00	1,00

e) Fazer a pesquisa de campo. Conforme a pesquisa realizada, cujos resultados estão na Tabela 8.5, e o que foi estabelecido em 8.2.1, no item c, as secções que traduzem as condições reais dos fatores são:

TABELA 8.7   Seções obtidas na pesquisa de campo.

Fator F_i	F_1	F_2	F_3	F_4	F_5	F_6
X_i (%)	88	95	128	83	15	24
Seção S_j	S_1	S_1	S_1	S_3	S_1	S_1

f) Aplicar a regras de maximização (MÁX) e de minimização (MÍN) da lógica Eτ para obter os graus de evidência favorável ($a_{i,R}$) e contrária ($b_{i,R}$) resultantes para cada um dos fatores.

Para a aplicação das regras acima, os especialistas devem ser divididos em grupos. Admitiu-se que eles constituíram dois grupos: Grupo A, com E_1 e E_2, e Grupo B, com E_3 e E_4. Dessa forma, a aplicação das regras fica assim esquematizada:

$$\textbf{MÍN} \{\textbf{MÁX} [E_1, E_2]; \textbf{MÁX} [E_3, E_4]\} \quad \text{ou}$$

$$\text{MÍN} \{\text{Grupo A; Grupo B}\}$$

As aplicações das regras são feitas com o auxílio da tabela de cálculo do MPD (Tabela 8.8). As seções S_j obtidas na pesquisa são levadas para a coluna 2. O programa busca na base de dados (Tabela 8.6) as correspondentes opiniões dos especialistas (colunas 3 a 10); aplica as regras de maximização dentro dos grupos (intragrupos) (colunas 11 a 14) e de minimização entre os grupos (entre grupos) e obtém os graus de evidência favorável ($a_{i,R}$) e contrária ($b_{i,R}$) resultantes para cada um dos fatores (colunas 15 e 16); calcula os graus de certeza (H_i) e de incerteza (G_i) para cada fator (colunas 17 e 18); e aplica a regra de decisão, mostrando como cada fator está influindo no empreendimento (coluna 19).

g) Calcular os graus de evidência favorável (a_W) e contrária (b_W) do baricentro dos pontos que representam os fatores no reticulado das anotações (algoritmo para-analisador). Estes traduzem a influência conjunta dos fatores no empreendimento e permitem a decisão final. a_W e b_W (última linha das colunas 15 e 16) são iguais às médias dos graus resultantes ($a_{i,R}$) e ($b_{i,R}$) obtidos para cada um dos fatores. Além disso, o programa calcula os graus de certeza (H_W) e de incerteza (G_W) do baricentro (última linha das colunas 17 e 18), permitindo a tomada de decisão final: **o empreendimento é viável** ao nível de exigência 0,50 (última linha da coluna 19).

h) Tomar a decisão. Como visto acima, o programa toma a decisão, baseado na regra de decisão. De fato, $H_W = 0,615$ e $0,615 \geq 0,50$ implicam em $H_W \geq NE$, que implica em decisão favorável, isto é, o empreendimento é viável.

A análise do resultado pode ser feita também pelo algoritmo para-analisador, com é mostrado na Figura 8.5.

TABELA 8.8   Tabela de cálculo do Método Paraconsistente de Decisão – MPD.

1	2	3	4	5	6	7	8	9	10	11	12	13	14	15	16	17	18	19
Fator	Seção	Grupo A				Grupo B				A MÁX $[E_1, E_2]$		B MÁX $[E_3, E_4]$		MÍN {A, B}		NE	0,50	
		E_1		E_2		E_3		E_4								Conclusões		
F_i	S_{pj}	$a_{i,j,1}$	$b_{i,j,1}$	$a_{i,j,2}$	$b_{i,j,2}$	$a_{i,j,3}$	$b_{i,j,3}$	$a_{i,j,4}$	$b_{i,j,4}$	$a_{i,gA}$	$b_{i,gA}$	$a_{i,gB}$	$b_{i,gB}$	$a_{i,R}$	$b_{i,R}$	H	G	Decisão
F_{01}	S_1	0,88	0,04	0,94	0,14	0,84	0,08	0,78	0,03	0,94	0,04	0,84	0,03	0,84	0,04	0,80	−0,12	VIÁVEL
F_{02}	S_1	1,00	0,05	0,95	0,15	1,00	0,10	0,85	0,00	1,00	0,05	1,00	0,00	1,00	0,05	0,95	0,05	VIÁVEL
F_{03}	S_2	0,92	0,08	0,98	0,18	0,88	0,12	0,82	0,07	0,98	0,08	0,88	0,07	0,88	0,08	0,80	−0,04	VIÁVEL
F_{04}	S_3	0,08	1,00	0,20	0,86	0,21	0,05	0,24	0,98	0,20	0,86	0,24	0,05	0,20	0,86	−0,06	0,06	INVIÁVEL
F_{05}	S_1	1,00	0,88	0,90	0,00	0,95	0,15	0,94	0,05	1,00	0,00	0,95	0,05	0,95	0,05	0,90	0,00	VIÁVEL
F_{06}	S_1	0,90	0,10	1,00	0,10	0,90	0,00	1,00	0,00	1,00	0,10	1,00	0,00	1,00	0,10	0,90	0,10	VIÁVEL
Baricentro: médias dos graus de evidência, favorável e contrária, dos fatores														**0,812**	**0,197**	**0,615**	**0,008**	**VIÁVEL**

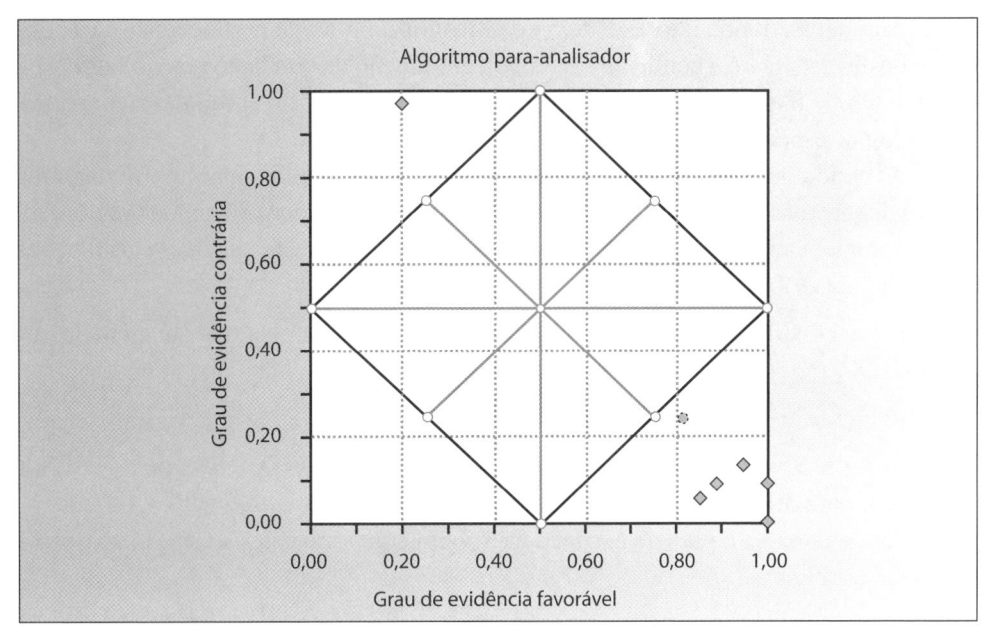

FIGURA 8.5   Análise do resultado pelo algoritmo para-analisador.

A análise do gráfico mostra que cinco fatores pertencem à região de verdade, sendo, pois, favoráveis ao empreendimento; um pertence à região de falsidade, sendo contrário ao empreendimento. Como o baricentro está na região de verdade, conclui-se, pela análise desses seis fatores nas condições pesquisadas, que o empreendimento é viável.

8.2.2 Solução pela Versão Simplificada do Método Fuzzy (VSMFD)

Para a aplicação da versão simplificada, executa-se a sequência a seguir.

a) Fixar o nível de exigência. De modo análogo ao que se fez para o MPD (seção 8.2.1, item a), será adotado o nível de exigência 0,50. Significa que a análise será conclusiva se a o módulo da média ($|Y_R|$) dos graus de pertinência dos fatores for maior ou igual a 0,50. Com este nível de exigência, a regra de decisão fica assim:

$Y_R \geq 0,50 \Rightarrow$ decisão favorável (empreendimento viável);

$Y_R \leq -0,50 \Rightarrow$ decisão desfavorável (empreendimento inviável);

$-0,50 < YR < 0,50 \Rightarrow$ análise não conclusiva.

b) Escolher os fatores de maior influência no empreendimento. Isto já foi realizado no início da seção 8.2.

c) Estabelecer, para cada fator, as faixas (ranges) que traduzem as condições consideradas como favorável (RF) e como contrária (RC) ao empreendimento e determinar a função de pertinência para cada uma.

Para cada um dos fatores F_i tem-se um valor do grau de pertinência (Y_i) à condição desfavorável ou à condição favorável, em função da condição real do fator (X_i). O intervalo de X_i para o qual a condição é considerada favorável (ou desfavorável) é definido por especialista (ou especialistas) na área.

As condições, favorável (RF) ou contrária (RC), são traduzidas pelos intervalos dentro dos quais o grau de pertinência adaptado (Y_i) varia de 0 a 1 ou de 0 a –1, respectivamente. Para os seis fatores escolhidos, as condições estabelecidas e as funções de pertinência são as apresentadas a seguir.

F_1: **necessidade e utilidade do produto** – Traduzida pela percentagem da população (X_1, em %) para qual o produto é indispensável no dia a dia.

RC: entre 10 e 30%; RF: entre 70 e 90%.

Resulta: $Y = 0,05 (X – 30)$, para $10 \leq X \leq 30$; $Y = 0,05 (X – 70)$, para $70 \leq X \leq 90$; $Y = 0$, para $30 \leq X \leq 70$; $Y = –1$, para $X \leq 10$, e $Y = 1$, para $X \geq 90$.

Para o fator F_1, o grau de pertinência Y varia com a variável X (em %) conforme o gráfico da Figura 8.6.

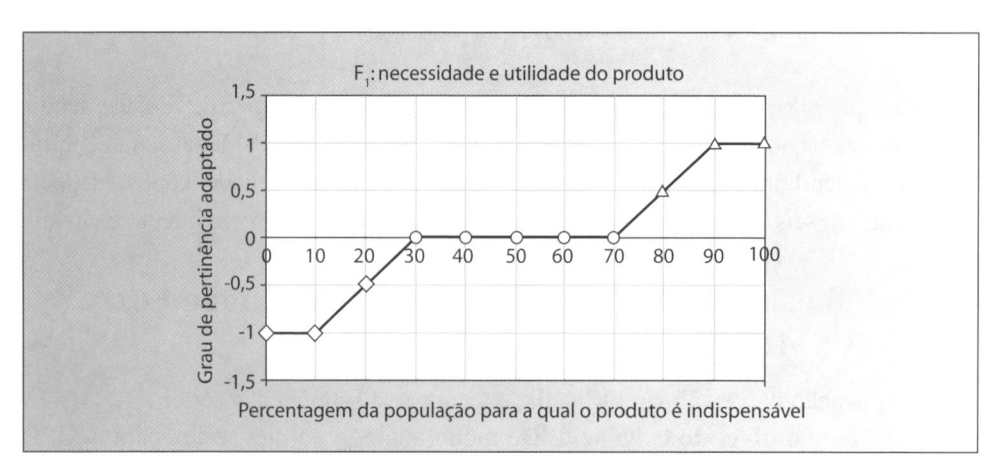

FIGURA 8.6 Variação do grau de pertinência para o fator F_1.

F_2: **aceitação do produto ou de produto similar já existente no mercado** – Traduzida pela percentagem (X_2, em %) da população que dele se utiliza.

RC: entre 10 e 30%; RF: entre 70 e 90%.

Resulta: $Y = 0,05 (X – 30)$, para $10 \leq X \leq 30$; $Y = 0,05 (X – 70)$, para $70 \leq X \leq 90$; $Y = 0$, para $30 \leq X \leq 70$; $Y = –1$, para $X \leq 10$, e $Y = 1$, para $X \geq 90$.

F_3: **preço do produto no mercado** – Traduzido pela razão (X_3, em %) entre o preço médio do produto (ou de produto similar) já existente no mercado e seu preço de lançamento.

RC: entre 50 e 90%; RF: entre 110 e 150%.

Resulta: $Y = 0,025\ (X - 90)$, para $50 \leq X \leq 90$; $Y = 0,025\ (X - 110)$, para $110 \leq X \leq 150$; $Y = 0$, para $90 \leq X \leq 110$; $Y = -1$, para $X \leq 50$, e $Y = 1$, para $X \geq 150$.

F_4: **custo estimado do produto** – Traduzido pela razão (X_4, em %) entre seu custo e o preço médio do produto (ou de produto similar) no mercado.

RC: entre 70 e 90%; RF: entre 30 e 50%.

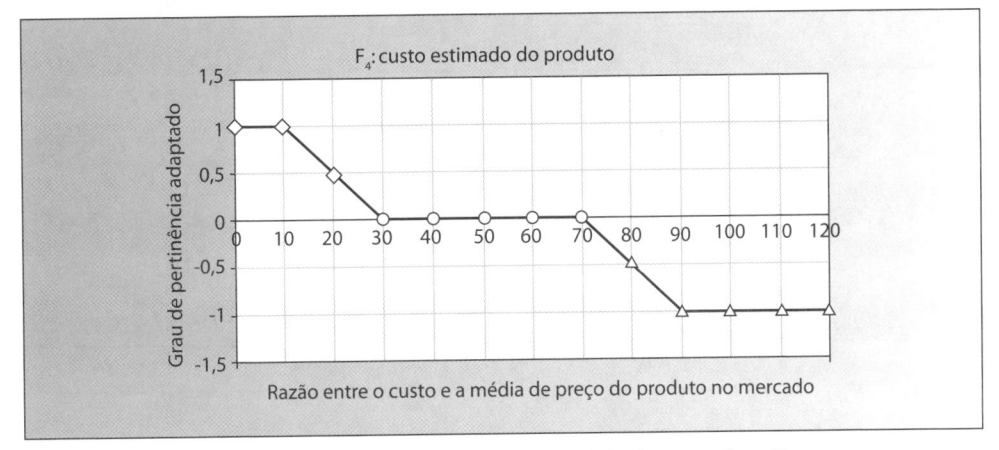

FIGURA 8.7 Variação do grau de pertinência para o fator F_4.

Resulta: $Y = 0,05\ (70 - X)$, para $70 \leq X \leq 90$; $Y = 0,05\ (50 - X)$, para $30 \leq X \leq 50$; $Y = 0$, para $50 \leq X \leq 70$; $Y = -1$, para $X \geq 90$, e $Y = 1$, para $X \leq 30$.

F_5: **tempo para desenvolvimento e implantação do projeto e lançamento do produto** – Medido pela razão (X_5, em %) entre esse tempo e o ciclo de vida previsto para o produto.

RC: entre 60 e 70%; RF: entre 10 e 30%.

Resulta: $Y = 0,10\ (60 - X)$, para $60 \leq X \leq 70$; $Y = 0,05\ (30 - X)$, para $10 \leq X \leq 30$; $Y = 0$, para $30 \leq X \leq 60$; $Y = -1$, para $X \geq 70$, e $Y = 1$, para $X \leq 10$.

F_6: **investimento para desenvolvimento e implantação do projeto e lançamento do produto** – Medido pela razão (X_6, em %) entre este investimento e o resultado líquido esperado no ciclo de vida previsto para o produto.

RC: entre 60 e 80%; RF: entre 20 e 40%.

Resulta: $Y = 0,05\ (60 - X)$, para $60 \leq X \leq 80$; $Y = 0,05\ (40 - X)$, para $20 \leq X \leq 40$; $Y = 0$, para $40 \leq X \leq 60$; $Y = -1$, para $X \geq 80$, e $Y = 1$, para $X \leq 20$.

d) Fazer a pesquisa de campo. A pesquisa foi realizada e os resultados estão na Tabela 8.5, aqui repetida.

TABELA 8.5 Tabela dos resultados obtidos na pesquisa de campo.

Fator F_i	F_1	F_2	F_3	F_4	F_5	F_6
X_i (%)	88	95	128	83	15	24

Esses valores de X_i são colocados na coluna 2 da tabela de cálculos (Tabela 8.9), que exibe os correspondentes valores de Y_i (coluna 3) por meio das funções de pertinência, calcula Y_R (última linha da coluna 3) e toma a decisão (coluna 4).

TABELA 8.9 Tabela de cálculos e de decisão.

Fator	Condição do fator	Grau de pertinência	Decisão
F_i	X_i	Y_i	0,50
F_1	88	0,9	VIÁVEL
F_2	95	1,00	VIÁVEL
F_3	128	0,45	NÃO CONCLUSIVA
F_4	83	–0,65	INVIÁVEL
F_5	15	0,75	VIÁVEL
F_6	24	0,80	VIÁVEL
$Y_R =$		0,54	VIÁVEL

Pelo resultado obtido na Tabela 8.9, observa-se que quatro fatores (F_1, F_2, F_5 e F_6) estão em condições favoráveis ao empreendimento; F_4 em condição desfavorável e F_3 é indiferente, tudo ao nível de exigência de NE = 0,50. A influência conjunta dos seis fatores mostra que o empreendimento é viável neste nível de exigência.

8.3 COMPARAÇÃO ENTRE OS DOIS MÉTODOS

A decisão pelo MPD é baseada no grau de certeza resultante para o baricentro (H_W), que varia de –1 a 1. Analogamente, a decisão pela SVMFD é baseada no grau de pertinência adaptado resultante (Y_R) aos subconjuntos que definem as condições, favorável (RF) ou contrária (RC), calculado em função da variável que identifica o fator. Esse grau também varia de –1 a 1.

Quando $H_W > 0$ tem-se uma condição favorável ao empreendimento, mas muito fraca, pois significa apenas que o grau de evidência favorável é maior que o de evidência contrária, pois as regiões de $H_W > 0$ e de $H_W < 0$ são adjacentes. Daí a conveniência de se fixar o nível de exigência relativamente maior que zero.

Por outro lado, quando $Y_R > 0$, já se tem uma condição mais forte favorável ao empreendimento, pois há um intervalo em que Y = 0, relativamente grande, separando a região de Y > 0 (favorável) da região de Y < 0 (desfavorável). Portanto, neste caso basta que o nível de exigência seja maior que zero para que se tenha uma boa decisão.

Observe na Figura 8.8 que, em idênticas condições, para $Y_R > 0$, tem-se em correspondência $H_W > 0,50$ e, para $Y_R > 0,50$, tem-se $H_W > 0,75$.

Diante disso, conclui-se que, ao se fixar o mesmo valor para o nível de exigência, a decisão fuzzy fica mais forte do que a paraconsistente, como se observa na Figura 8.8. No caso representado, o valor NE = 0,5 para a fuzzy corresponde ao valor NE = 0,75 para a paraconsistente.

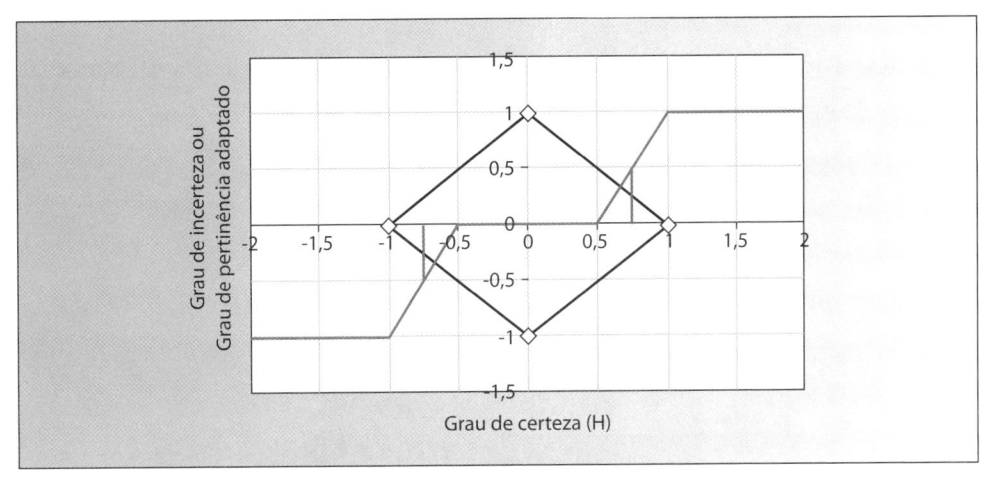

FIGURA 8.8 Comparação entre o MPD e a versão simplificada do MFD.

Para finalizar, lembramos que toda essa análise está cercada de subjetividade, uma vez que os graus de evidência (no MPD) e as faixas (na VSMFD) são fixadas por especialistas.

Exercícios

8.1 Suponha que um empresário tenha que decidir entre cinco empresas que pretende adquirir: Z_1 a Z_5. Ele selecionou seis indicadores (fatores) que influem no valor de uma empresa, F_1 a F_6, tais como receita bruta anual, percentagem de lucro, perspectiva de crescimento etc. Considerando a tabela abaixo, que fornece os valores dos indicadores para as cinco empresas, determine qual é a mais indicada.

Fator	Z_1	Z_2	Z_3	Z_4	Z_5
F_1	200	280	400	520	600
F_2	27	20	32	45	38
F_3	200	75	125	180	110
F_4	15	35	42	65	42
F_5	300	200	125	275	225
F_6	12	8	15	20	10

Para os fatores F_2 e F_5, a vantagem competitiva diminui quando valor aumenta.

8.2 Com relação ao exercício 8.1, qual seria a empresa mais indicada se fossem adotados para os fatores os pesos abaixo.

F_1	F_2	F_3	F_4	F_5	F_6
2	4	6	1	6	3

8.3 Resolva o exercício 8.1, admitindo que os intervalos de valores desejáveis para cada fator são:

Fator	Intervalo
F_1	250 a 500
F_2	20 a 40
F_3	100 a 300
F_4	10 a 60
F_5	100 a 300
F_6	5 a 25

8.4 Resolva o exercício 8.2, usando a condição do exercício 8.3.

8.5 Utilizando a base de dados BD-Ex. 8.5 do Apêndice C, faça os cálculos e tome a decisão, aplicando o MPD e a VSMFD, no caso a seguir.

As seções que determinam as condições, favorável (S_1) e desfavorável (S_3) ao sucesso de um empreendimento, em que os seis fatores se encontram são:

(Fator F_1) – S_1: $120 \leq X \leq 160$	e	S_3: $40 \leq X \leq 80$;
(Fator F_2) – S_1: $10 \leq X \leq 30$	e	S_3: $70 \leq X \leq 100$;
(Fator F_3) – S_1: $30 \leq X \leq 80$	e	S_3: $120 \leq X \leq 170$;
(Fator F_4) – S_1: $25 \leq X \leq 45$	e	S_3: $0 \leq X \leq 15$;
(Fator F_5) – S_1: $250 \leq X \leq 500$	e	S_3: $50 \leq X \leq 200$;
(Fator F_6) – S_1: $100 \leq X \leq 500$	e	S_3: $800 \leq X \leq 1200$.

Os valores entre esses intervalos caracterizam a situação indiferente (S_2); acima ou abaixo desses intervalos, seguem a situação do intervalo mais próximo.

Os valores de X que caracterizam os fatores na pesquisa de campo são os seguintes:

Fator	F_1	F_2	F_3	F_4	F_5	F_6
X	150	80	25	20	450	400

Para aplicar o MPD, considere três grupos: A, constituído pelos especialistas E_1 e E_2; B, por E_3; e C, por E_4. Adote o nível de exigência NE = 0,50.

8.6 Resolver o exercício 8.5, considerando todos os fatores com pesos iguais.

8.7 Resolver o exercício 8.5, considerando que os valores de X que caracterizam os fatores na pesquisa de campo são os seguintes:

Fator	F_1	F_2	F_3	F_4	F_5	F_6
X	50	80	160	30	30	700

8.8 Resolver o exercício 8.7, considerando todos os fatores com pesos iguais.

Respostas

8.1 As médias dos graus de pertinência para cada empresa são:

Z_1	Z_2	Z_3	Z_4	Z_5
0,34	0,36	0,59	**0,63**	0,45

Portanto, resposta Z_4.

8.2 As médias dos graus de pertinência para cada empresa são:

Z_1	Z_2	Z_3	Z_4	Z_5
0,45	0,37	**0,63**	0,52	0,38

Portanto, resposta Z_3.

8.3 As médias dos graus de pertinência para cada empresa são:

Z_1	Z_2	Z_3	Z_4	Z_5
0,27	0,38	0,52	**0,55**	0,40

Portanto, resposta Z_4.

8.4 As médias dos graus de pertinência para cada empresa são:

Z_1	Z_2	Z_3	Z_4	Z_5
0,31	0,37	**0,50**	0,38	0,29

Portanto, resposta Z_3.

8.5 Pelo MPD: $W = (0,78; 0,22)$; $H_W = 0,56$; Empreendimento viável.

Pela VSMFD: $Y_R = 0,66$; Empreendimento viável.

8.6 Pelo MPD: $W = (0,65; 0,35)$; $H_W = 0,30$; Análise não conclusiva.

Pela VSMFD: $Y_R = 0,41$; Análise não conclusiva.

8.7 Pelo MPD: $W = (0,13; 0,80)$; $H_W = -0,68$; Empreendimento inviável.

Pela VSMFD: $Y_R = -0,65$; Empreendimento inviável.

8.8 Pelo MPD: $W = (0,23; 0,72)$; $H_W = -0,48$; Análise não conclusiva.

Pela VSMFD: $Y_R = -0,44$; Análise não conclusiva.

CAPÍTULO 9

LEITURA COMPLEMENTAR:
Um exemplo do cotidiano

Como se viu no Prefácio, a regra de maximização pode ser aplicada para *maximizar os valores dos graus de evidência*, favorável e contrária, dentro de cada grupo (operador **OR**); a de minimização pode ser aplicada entre os grupos para *minimizar os valores máximos dos graus de evidência*, favorável e contrária, obtidos pela aplicação da primeira dentro de cada grupo (operador **AND**).

Entretanto, optou-se por outra interpretação possível para essas regras: aplicá-las para fazer a *maximização do grau de certeza* dentro de cada grupo (operador **MÁX**) e a *minimização do grau de certeza* entre os grupos (operador **MÍN**). Isso é conseguido, primeiro, maximizando os graus de evidência favorável e minimizando os graus de evidência contrária dentro dos grupos e, depois, minimizando os graus de evidência favorável e maximizando os graus de evidência contrária entre os grupos, utilizando-se dos resultados obtidos pela aplicação da primeira. Ou seja, nada mais é do que a regra do **mín-máx** aplicada ao grau de certeza.

Esta interpretação tem a vantagem de tornar o resultado mais previsível e coerente, mas, por outro lado, tem a desvantagem de não captar com a mesma facilidade as contradições da base de dados.

Para que o leitor faça a comparação entre as duas maneiras de se aplicarem as regras de maximização e de minimização, será analisado com detalhes o exemplo a seguir. Para aqueles que ainda não captaram bem o critério para a formação dos grupos para a aplicação das regras da Lógica Eτ, este exemplo, acredita-se, tornará mais clara a ideia.

Imagine os quatro setores de um time de futebol: **A** – o goleiro (um jogador com o número 1); **B** – a defesa (quatro jogadores numerados de 2 a 5); **C** – o meio de campo (três jogadores numerados de 6 a 8) e **D** – o ataque (três jogadores numerados de 9 a 11). É o que os futebolistas chamam de esquema 4-3-3.

Cada jogador, cada setor do time ou, também, o time todo pode ser classificado em categorias de acordo com a seguinte escala ordinal decrescente: **Ótimo, Bom, Médio, Regular** e **Fraco**. A cada jogador pode ser atribuído um grau de evidência favorável (*a*) e um grau de evidência contrária (*b*), que traduzem a expectativa de seu desempenho em decorrência de suas atuações passadas. Assim, um ótimo jogador é caracterizado por alto grau evidência favorável (de crença) e baixo grau de evidência contrária (de descrença).

Embora não seja necessário, para simplificar as considerações deste exemplo, será admitido que os graus de crença e de descrença são complementares, isto é, $a + b = 1$. Com isso, está admitindo-se que os dados referentes a cada jogador (as anotações) não apresentam contradição. De fato, com essa hipótese, o grau de contradição de cada jogador (que é definido pela expressão $G(a; b) = a + b - 1$) é sempre nulo.

Além disso, um jogador será considerado "Ótimo", se $0,8 \leq a \leq 1,0$ e $0,0 \leq b \leq 0,2$; "Bom", se $0,6 \leq a < 0,8$ e $0,2 < b \leq 0,4$; "Médio", se $0,4 \leq a < 0,6$ e $0,4 < b \leq 0,6$; "Regular", se $0,2 \leq a < 0,4$ e $0,6 < b \leq 0,8$; e "Fraco", se $0,0 \leq a < 0,2$ e $0,8 < b \leq 1,0$.

Em consequência, sendo $H = a - b$ o grau de certeza, dir-se-á que o jogador é "Ótimo" se $0,6 \leq H \leq 1,0$; "Bom", se $0,2 \leq H < 0,6$; "Médio", se $-0,2 \leq H < 0,2$; "Regular", se $-0,6 \leq H < 0,2$; e "Fraco", se $-1,0 \leq H < -0,6$. Por analogia e coerência, será usado o mesmo critério para classificar cada setor do time e o time todo.

A Tabela 9.1 resume os intervalos que caracterizam os critérios para enquadrar os jogadores, os setores do time e o time todo nas cinco categorias estabelecidas.

TABELA 9.1   Categorias adotadas para a classificação dos jogadores, dos setores e do time.

Categoria	Grau de evidência favorável (a)	Grau de evidência contrária (b)	Grau de certeza (H)
Ótimo	$0,8 \leq a \leq 1,0$	$0,0 \leq b \leq 0,2$	$0,6 \leq H \leq 1,0$
Bom	$0,6 \leq a < 0,8$	$0,2 < b \leq 0,4$	$0,2 \leq H < 0,6$
Médio	$0,4 \leq a < 0,6$	$0,4 < b \leq 0,6$	$-0,2 \leq H < 0,2$
Regular	$0,2 \leq a < 0,4$	$0,6 < b \leq 0,8$	$-0,6 \leq H < -0,2$
Fraco	$0,0 \leq a < 0,2$	$0,8 < b \leq 1,0$	$-1,0 \leq H < -0,6$

Um técnico (aqui, o engenheiro do conhecimento) entende que a classificação de qualquer setor do time é dada pela classificação de seu melhor jogador. Assim, o setor em que o melhor jogador é "Bom" será classificado como "Bom"; o setor em que o melhor jogador é "Médio" será classificado como "Médio"; etc. É claro que, para o setor ser "Ótimo", ele deve ter, pelo menos, um jogador "Ótimo". Ou seja, o setor é classificado pelo jogador de máxima classificação, o que justifica aplicar a regra de maximização do grau de certeza dentro de cada grupo (de cada setor do time).

De forma oposta, o técnico entende que a classificação do time é dada pela classificação de seu setor mais deficiente. Assim, se o time tem o pior setor classificado como "Bom", ele será classificado como "Bom", independentemente de os outros setores serem classificados como "Ótimo"; se o pior setor for "Médio", o time será classificado como "Médio", independentemente de os outros setores serem classificados como "Ótimo" ou como "Bom"; etc. É evidente que, para o time ser "Ótimo", todos os setores devem ser classificados como "Ótimo". Portanto, o time é classificado pelo mínimo, ou seja, pelo setor mais deficiente, o que justifica a aplicação da regra de minimização do grau de certeza entre os grupos (setores do time).

Repetindo: para o setor ser "Médio", por exemplo, basta que o melhor jogador do setor seja "Médio" (classificado pelo melhor, pelo máximo). Mas, para o time ser "Médio", não basta que o melhor setor seja "Médio"; pelo contrário, é necessário que o pior setor seja "Médio" (classificado pelo pior, pelo mínimo).

Portanto, para um time ser "Ótimo" precisa ter todos os setores classificados como "Ótimo" e, para isso, cada setor precisa ter, pelo menos, um jogador "Ótimo"; para o time ser "Bom", precisa ter todos os setores classificados como, pelo menos, "Bom" e, para isso, cada setor precisa ter, pelo menos, um jogador, no mínimo, "Bom"; etc.

O goleiro, como é sozinho no grupo, determina o limite máximo da classificação do time, isto é, se o goleiro é "Bom", o time poderá ser, no máximo, "Bom", independentemente de todos os outros jogadores; se for "Médio", no máximo "Médio"; etc. O mesmo é válido para o melhor jogador de cada setor.

Assim, numa análise da viabilidade do time, os grupos já estão naturalmente constituídos. O goleiro, que é único no setor, constitui um grupo (A); os quatro da defesa constituem outro grupo (B), pois basta que um deles seja "Ótimo" para atender à exigência de o setor ser "Ótimo"; analogamente, os três do meio campo constituem o terceiro grupo (C) e os três atacantes, o quarto grupo (D).

A distribuição dos grupos para aplicação dos operadores **MÁX** e **MÍN** é a seguinte:

$$\textbf{MÍN} \{[\text{Grupo A}], [\text{Grupo B}], [\text{Grupo C}], [\text{Grupo D}]\} \quad \text{ou}$$

$$\textbf{MÍN} \{[1], \textbf{MÁX} [2, 3, 4, 5], \textbf{MÁX} [6, 7, 8], \textbf{MÁX} [9, 10, 11]\} \quad \text{ou}$$

$$\textbf{MÍN} \{[(a_A; b_A)], [(a_B; b_B)], [(a_C; b_C)], [(a_D; b_D)]\}$$

que pode ser representado pelo esquema da Figura 9.1.

Para se testar e comparar as duas interpretações dadas às aplicações das regras de maximização e de minimização, será criada uma base de dados, adotando-se o critério a seguir. Como já se disse, será atribuído a cada jogador o par de anotações $(a; b)$, na qual $b = 1 - a$ (pois foi admitido que $a + b = 1$).

O supremo do intervalo que define o grau de evidência favorável de cada categoria (Tabela 9.1) será chamado de **S**. Assim, para as categorias definidas acima, tem-se: "Ótimo": $S = 1,00$; "Bom": $S = 0,80$; "Médio": $S = 0,60$; "Regular": $S = 0,40$; e "Fraco": $S = 0,20$.

Para o jogador 1 (goleiro), o grau de evidência favorável (ou grau de crença que se tem em seu desempenho) será definido por: $a = S - 0,16$.

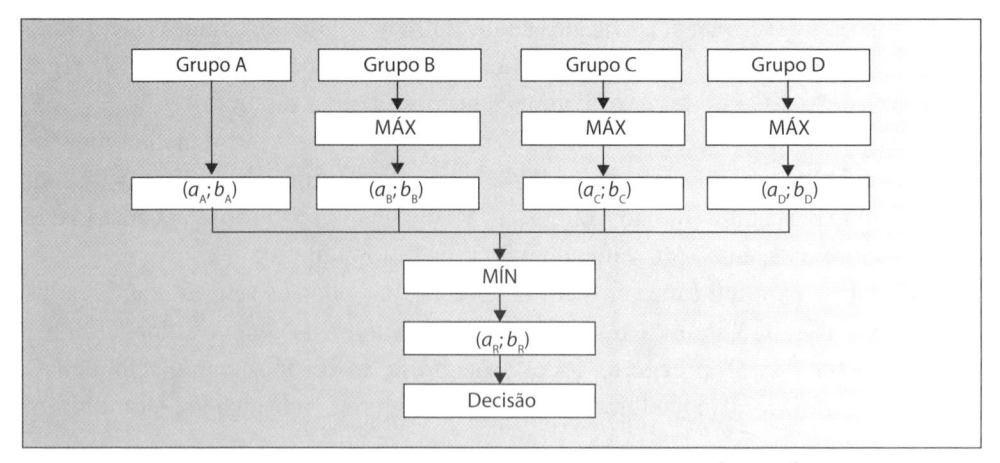

FIGURA 9.1 Esquema da aplicação dos operadores **MÁX** e **MÍN**.

Portanto, se o goleiro é "Ótimo", seu grau de evidência favorável é: $a = \mathbf{1,00}$ – $0,16 = 0,84$; se for "Bom", $a = \mathbf{0,80} – 0,16 = 0,64$; "Médio", $a = \mathbf{0,60} – 0,16 = 0,44$; "Regular", $a = \mathbf{0,40} – 0,16 = 0,24$; e se for "Fraco", $a = \mathbf{0,20} – 0,16 = 0,04$.

Com raciocínio análogo para os outros setores, será adotado: setor B, $a = \mathbf{S} – 0,12$; setor C, $a = \mathbf{S} – 0,08$; e setor D, $a = \mathbf{S} – 0,04$. A Tabela 9.2 resume os valores adotados para a nos quatro grupos.

TABELA 9.2 Valores dos graus de evidência favorável (a).

Categoria	Grau de evidência favorável (a)	Supremo do intervalo de a: S	Setor A $a = S – 0,16$	Setor B $a = S – 0,12$	Setor C $a = S – 0,08$	Setor D $a = S – 0,04$
Ótimo	$0,8 \le a \le 1,0$	1,0	0,84	0,88	0,92	0,96
Bom	$0,6 \le a < 0,8$	0,8	0,64	0,68	0,72	0,76
Médio	$0,4 \le a < 0,6$	0,6	0,44	0,48	0,52	0,56
Regular	$0,2 \le a < 0,4$	0,4	0,24	0,28	0,32	0,36
Fraco	$00 \le a < 0,2$	0,2	0,04	0,08	0,12	0,16

Além disso, para os setores B, C e D, será admitido que a categoria do jogador diminui de um nível quando seu número aumenta de 1 (um). Assim, no grupo B, o melhor jogador é o de número 2. Portanto, se 2 é "Ótimo", então 3 é "Bom", 4 é "Médio" e 5 é "Regular"; se 2 é "Bom", então 3 é "Médio", 4 é "Regular" e 5 é "Fraco"; mas, se 2 é "Médio", 3 é "Regular" e 4 é "Fraco", qual será a categoria do jogador 5? Para essas considerações será admitido que o 5 também é "Fraco". Ou seja, sempre que um jogador é "Fraco", o(s) sucessivo(s) do mesmo setor também será(ão) considerado(s) como "Fraco".

Com esses critérios podem ser atribuídos graus de evidência favorável e contrária a todos os jogadores do time em todas as combinações possíveis. Mas quantas são essas combinações? Como são 5 categorias possíveis para cada setor do time e são 4 setores, o teorema da contagem ensina que são $5^4 = 625$ possibilidades. De fato, são 5 possibilidades para o setor A que, multiplicadas por 5 possibilidades do setor B, por 5 do C e por 5 do setor D, dão o produto $5 \times 5 \times 5 \times 5 = 5^4 = 625$.

Destas 625 possibilidades, em quantas o time é "Ótimo"? Basta lembrar que para o time ser "Ótimo", todos seus setores devem ser classificados como "Ótimo". Como, cada setor só tem 1 possibilidade de "Ótimo", novamente o teorema da contagem:

$$1 \times 1 \times 1 \times 1 = 1^4 = 1,$$

ou seja, só há uma chance de o time ser "Ótimo".

E quantas são as possibilidades de o time ser "Bom"? Para ser "Bom", todos seus setores devem ser classificados como, pelo menos, "Bom", ou seja, cada setor pode ser "Bom" ou "Ótimo". Assim, são duas possibilidades para cada setor, o que permite calcular:

$$2 \times 2 \times 2 \times 2 = 2^4 = 16$$

Então o time tem 8 possibilidades de ser "Bom". Certo? Não, pois neste cálculo foi incluído o caso anterior em que todos os setores são classificados como "Ótimo". Portanto, há $16 - 1 = 2^4 - 1^4 = 15$ possibilidades de o time ser "Bom".

Agora, calcule você, leitor: quantas são as possibilidades de o time ser "Médio", "Regular" ou "Fraco"? As respostas estão ao final deste capítulo.

A tarefa seguinte é montar uma tabela com 625 linhas (para analisar todas as possibilidades), inicialmente, com 22 colunas (duas, *a* e *b*, para cada um dos 11 jogadores), da coluna A até V, seguindo as regras de obtenção dos valores de *a* e *b*. Comece na linha 6, deixando as cinco primeiras para cabeçalhos.

Para cada jogador (1 a 11), calcule o grau de certeza e monte uma fórmula do Excel para classificá-lo numa das cinco categorias, nas 625 possibilidades (dica: função **SE** do Excel). Com isso você está acrescentando mais 22 colunas à tabela (de W a AR).

Feito isso, copie esta página da planilha Excel em outra página da mesma planilha.

Na primeira página, faça o seguinte:

a) Calcule, aplicando o operador **MÁX**, os graus de evidência, favorável e contrária, para cada um dos setores (grupos) do time (colunas de AS a AZ);

b) Calcule o grau de certeza ($H = a - b$) de cada setor do time e, utilizando a mesma fórmula do parágrafo anterior, classifique cada um dos setores (colunas de BA a BH);

c) Aplicando o operador **MÍN**, determine os graus de evidência, favorável e contrária, resultantes para o time em cada uma das 625 possibilidades (colunas BI e BJ);

d) Calcule o grau de certeza (H = $a - b$) do time e o classifique, usando a mesma fórmula do item b, acima (colunas BK e BL); com esses quatro itens, foram acrescentadas mais 20 colunas à tabela, chegando a 64 colunas;

e) Ache uma fórmula (nas células BL 631 a 635) para calcular a quantidade de vezes que o time resulta em cada uma das cinco categorias: "Ótimo", "Bom", "Médio", "Regular" ou "Fraco" (dica: função **CONT.SE** do Excel). Para conferir, não se esqueça de que a soma dessas quantidades deve ser 625.

Na segunda página, repita a sequência do parágrafo anterior, mas aplicando os operadores **OR** e **AND**, ao invés dos operadores **MÁX** e **MÍN**, respectivamente.

Compare os resultados e tire suas conclusões.

Com a mesma fórmula do item e), calcule quantidade de vezes que cada jogador e que cada setor do time resulta em cada uma das cinco categorias.

Respondendo ao questionamento feito anteriormente, as possibilidades de o time ser "Médio", "Regular" ou "Fraco" são $3^4 - 2^4 = 65$, $4^4 - 3^4 = 175$ e $5^4 - 4^4 = 369$, respectivamente.

Veja quais foram esses resultados obtidos pelas contagens feitas nas tabelas das duas páginas da planilha: uma pela aplicação dos operadores **MÁX** e **MÍN** e outra com os operadores **OR** e **AND** (células BL 631 a 635).

Compare os resultados e tire suas conclusões.

Outra verificação que pode ser feita é analisar, para cada categoria do time, em que categorias estão os setores. Para isso, basta aplicar filtro nas tabelas, filtrar, na coluna BL, as diferentes categorias do time e verificar em que categorias estão os diferentes setores. O resultado é mais notório e interessante para as categorias "Ótimo" e "Bom" do time.

Mas se você, leitor, não quis enfrentar esse desafio de fazer duas planilhas, cada uma com 625 linhas e 64 colunas, não fique aborrecido, porque essas planilhas, já feitas, podem ser encontradas no Apêndice E.

Além disso, você poderá montar outras bases de dados utilizando outros critérios, realizar as tarefas dos últimos parágrafos e tirar novas conclusões. Tente, inclusive, montar uma base de dados sem que a e b sejam complementares, isto é, sem que se tenha $a + b = 1$. Se quiser ter menos trabalho, pense num time de futebol de salão, que tem cinco componentes: um goleiro, dois na defesa e dois no ataque.

BIBLIOGRAFIA

[1]. ABE, Jair M. *Fundamentos da Lógica Anotada*. Tese apresentada para a obtenção do título de Doutor em Filosofia na Faculdade de Filosofia, Letras e Ciências Humanas (FFLCH) da Universidade de São Paulo (USP). São Paulo, Brasil, 1992, 98 p.

[2]. ABE, Jair M. Some Aspects of Paraconsistent Systems and Applications, *Logique et Analyse*, 157, 1997, p. 83-96.

[3]. ABE, Jair M. *Um Panorama da Lógica Atual*. Coleção Cadernos de Estudos e Pesquisas – UNIP, Série: Estudos e Pesquisas, no 1-004/00, ISSN 1517-9230, Universidade Paulista. 2000, 28 p.

[4]. ABE, Jair M. Annotated logics $Q\tau$ and model theory, in Logic, Artificial Intelligence, and Robotics, Proc. 2nd Congress of Logic Applied to Technology – LAPTEC'2001, Edts. J.M. Abe & J.I. Da Silva Filho, *Frontiers in Artificial Intelligence and Its Applications*, IOS Press, Amsterdan, Ohmsha, Tokyo, Editores, Vol. 71, ISBN 1 58603 206 2 (IOS Press), 4 274 90476 8 C3000 (Ohmsha), ISSN 0922-6389, 1-12, 287p., 2001.

[5]. ABE, Jair M.; João I. DA SILVA FILHO; Alexandre SCALZITTI. *Introdução à Lógica para a Ciência da Computação*. 3ª ed. Arte & Ciência Editora. São Paulo, Brasil, 2002, 247 p.

[6]. ABE, Jair M.; Neli ORTEGA; Maurício C. MÁRIO; Marinho Del. SANTO Jr. Paraconsistent Artificial Neural Network: an application in cephalometric analysis. *Lecture Notes in Computer Science*, v. 3.694, Helderberg, 2005, p. 716-723.

[7]. ABDEL-KADER, M.G.; G. MAGDY; D. DUGDALE; P. TAYLOR. *Investment Decisions in Advanced Manufacturing Technology* – A Fuzzy set theory approach. Ashgate Publ. Ltd, Sulfolk, GB, 1998.

[8]. AKAMA, S.; Jair M. ABE. Annotated Rules with Uncertainty in Expert Systems. In: IASTED International Applied Informatics, Feb 14-17, 2000, Innsbruck, Austria. *Proceedings of IASTED International Applied Informatics*. Sponsor: The International Association of Science and Technology for (IASTED). 2000(a), p. 817-820.

[9]. AKAMA, S.; Jair M. ABE. Fuzzy annotated logics. In: *International Conference on Information Processing and Management of Uncertainty in Knowledge Based Systems., IPMU'2000*, 8th. Madrid, Spain, Jul, 3-7. 2000. Organized by: Universidad Politécnica de Madrid. *Anais.* v. 1, 2000(b), p. 504-508.

[10]. ALMEIDA PRADO, José P. de. *Uma Arquitetura para Inteligência Artificial Distribuída Baseada em Lógica Paraconsistente Anotada*. Tese apresentada para a obtenção do título de Doutor em Engenharia na Escola Politécnica da Universidade de São Paulo (EPUSP). São Paulo, Brasil, 1996. 217 p.

[11]. ARRUDA, Ayda I. A Survey of Paraconsistent Logic. In: *Mathematical Logic in Latin America*. Editors: A. I. Arruda; R. Chuaqui; N. C. A. da Costa. Amsterdam, Netherlands: North-Holland Publishing Company, 1980. p. 1-41.

[12]. ÁVILA, B. C. *Uma Abordagem Paraconsistente Baseada em Lógica Evidencial para Tratar Exceções em Sistemas de Frames com Múltipla Herança*. Tese apresentada para a obtenção do título de Doutor em Engenharia, no Departamento de Engenharia de Computação e Sistemas Digitais da Escola Politécnica da Universidade de São Paulo (EPUSP). São Paulo, Brasil, 1996, 120 p.

[13]. BERGER, James O. *Statistical Decision Theory and Bayesian Analysis*. 2nd Edition. Springer Series in Statistics. Springer-Verlag. New York, USA, 1985, 617 pp.

[14]. BARRETO, Mara M. G. *Metodologia Fuzzy para a Construção de Sistemas Especialistas com Bases de Conhecimento Inconsistentes*. Tese apresentada para a obtenção do título de Doutor em Ciências em Engenharia Civil na Universidade Federal do Rio de Janeiro (UFRJ). Rio de Janeiro, Brasil, 1999. 137 p.

[15]. BASTOS, R.; F. M. OLIVEIRA; J. P. M. OLIVEIRA. Modelagem do processo de tomada de decisão para alocação de recursos. *Revista de Administração*, v. 33, n. 3, 1998. p. 73-82.

[16]. BETHLEM, Agrícola de S. Modelos do processo decisório. *Revista de Administração*, v. 22, n. 3. São Paulo, Brasil, 1987. p. 27-39.

[17]. BONABEAU, Eric. Não confie na sua intuição. *Harvard Business Review*, may, 2003. p. 90-96.

[18]. BRUNSTEIN, Israel. *Economia de Empresas*: Gestão Econômica de Negócios. 1ª ed. Editora Atlas S.A. São Paulo, Brasil, 2005. 182 p.

[19]. BUCHANAN, I.; A. O'CONNELL. Uma Breve História da Tomada de Decisões, *Harvard Business Review.* Brasil, vol. 84, n. 1, 08/2006.

[20]. CLEMEN, R. *Making Hard Decisions: An Introduction to Decision Analysis*, 2nd edition (1996), Belmont CA: Duxbury Press, 1996.

[21]. CASSARRO, Antonio Carlos. *Sistemas de Informações para Tomada de Decisões*. 3ª ed. Editora Pioneira Thomson Learning Ltda. São Paulo, Brasil, 2003. 129 p.

[22]. CHALOS, Peter. *Managing Cost in Today's Manufacturing Environment.* Prentice Hall Inc. Englewood Cliffs, USA, 1992. 283 p.

[23]. CLARK, J.; M. HARMAN. On crisis management and rehearsing a plan. *Risk Management*, v. 51(5), ABI/INFORM Global, May 2004. p. 40-43.

[24]. COMPONATION, P. J.; W. F. SADOWSKI; A. D.YOUNGBLOOD. Aligning strategy and capital allocation decisions: A case study. *Engineering Management Journal*, v. 18(1), ABI/INFORM Global, Mar 2006. p. 24-31.

[25]. CORNER, J.; J. BUCHANAN; M. HENIG. Dynamic decision problem structuring. *Journal of Multi-Criteria Decision Analysis*, v. 10, 2001. p. 129-141.

[26]. CORREA, Hamilton L. *Administração Geral e Estruturas Organizacionais.* Fundação Instituto de Pesquisa Contábeis, Atuariais e Financeiras (FIPECA-FI). São Paulo, Brasil, 2005, 72p.

[27]. COSTA NETO, Pedro Luiz de O. *Estatística.* 2ª ed. Editora Blucher. São Paulo, Brasil, 2002, 266 pp.

[28]. COSTA NETO, Pedro Luiz de O; O. R. BEKMAN. *Análise Estatística da Decisão.* 2ª ed. Editora Blucher. São Paulo, Brasil, 2009, 148 p.

[29]. DA COSTA, Newton C. A.; Jair M. ABE. *Aspectos Sobre Aplicações dos Sistemas Paraconsistentes, Atas do I Congresso de Lógica Aplicada à Tecnologia* (LAPTEC'2000). Editora Plêiade, Editor: J. M. Abe, ISBN 85-85795-29-8, 559-571. São Paulo, Brasil, 2000.

[30]. DA COSTA, Newton C.A.; C. VAGO; V. S. SUBRAHMANIAN. The raconsistent Logics Pτ, *in Zeitschr. f. math. Logik und Grundlagen d. Math, Bd.* 37, 1991, pp. 139-148.

[31]. DA COSTA, Newton C. A.; Jair M. ABE; V. S. SUBRAHMANIAN. Remarks on annotated logic, *Zeitschrift f. math. Logik und Grundlagen d. Math.* 37, pp 561-570.

[32]. DA COSTA, Newton C. A. *Ensaio Sobre os Fundamentos da Lógica.* São Paulo, Brasil. Hucitec-Edusp, 1980.

[33]. DA COSTA, Newton C. A. *Sistemas Formais inconsistentes.* Curitiba, Brasil: Editora da Universidade Federal do Paraná (UFPR), 1993. 66 p.

[34]. DA COSTA, Newton C. A. *O Conhecimento Científico.* 2ª ed., Discurso Editorial, São Paulo, Brasil, 1999, 300p.

[35]. DA COSTA, Newton C. A.; E. H. ALVES. A semantical analysis of the Calculi Cn. In: *Notre Dame Journal of Formal Logic*, v. XVIII, n. 4, October 1977, of University of Notre Dame, Notre Dame, Indiana, USA, 1977. p. 621-630.

[36]. DA COSTA, Newton C. A.; Diego MARCONI. An Overview of Paraconsistent Logic in the 80's. In: *The Journal of Non-Classic Logic*, v. 6, n. 1, 1989. p. 5-32.

[37]. DA COSTA, Newton C. A.; Jair M. ABE; Afrânio C. MUROLO; João I. DA SILVA FILHO; Casemiro F. S. LEITE. *Lógica Paraconsistente Aplicada*. Editora Atlas S.A., São Paulo, Brasil, 1999, 214 p.

[38]. DA COSTA, Newton C. A.; Jair M. ABE. *Algumas Aplicações Recentes dos Sistemas Paraconsistentes em Inteligência Artificial e Robótica.* São Paulo, Brasil: Instituto de Estudos Avançados (IEA) da Universidade de São Paulo (USP). São Paulo, Brasil, 1999, 12 p.

[39]. DA SILVA FILHO, João I.; Jair M. ABE. Para-Fuzzy Logic Controller – Part I: A New Method of Hybrid Control Indicated for Treatment of Inconsistencies Designed with the Junction of the Paraconsistent Logic and Fuzzy Logic. *Proceedings of the International ICSC Congress on Computational Intelligence Methods and Applications – CIMA'99*, Rochester Institute of Technology, RIT, Rochester, N.Y., USA, ISBN 3-906454-18-5, Editors: H. Bothe, E. Oja, E. Massad & C. Haefke, ICSC Academic Press, International Computer Science Conventions, Canada/Switzerland, 113-120, 1999.

[40]. DA SILVA FILHO, João I.; Jair M. ABE. Para-Fuzzy Logic Controller – Part II: A Hybrid Logical Controlller Indicated for Treatment of Fuzziness and Inconsistencies. *Proceedings of the International ICSC Congress on Computational Intelligence Methods and Applications – CIMA'99*, Rochester Institute of Technology, RIT, Rochester, N.Y., USA, ISBN 3-906454-18-5, Editors: H. Bothe, E. Oja, E. Massad & C. Haefke, ICSC Academic Press, International Computer Science Conventions, Canada/Switzerland, 106-112, 1999.

[41]. DA SILVA FILHO, João I.; Jair M. ABE. Paraconsistent analyser module, *International Journal of Computing Anticipatory Systems*, vol. 9, ISSN 1373-5411, ISBN 2-9600262-1-7, 2001, p. 346-352.

[42]. DA SILVA FILHO, João I. *Métodos de Aplicações da Lógica Paraconsistente Anotada de Anotação com dois Valores – LPA2v com Construção de Algoritmo e Implementação de Circuitos Eletrônicos.* Tese apresentada para a obtenção do título de Doutor em Engenharia, no Departamento de Engenharia de Computação e Sistemas Digitais da Escola Politécnica da Universidade de São Paulo (EPUSP). São Paulo, Brasil, 1998, 185 p.

[43]. DAWES, R. M. and B. CORRIGAN, Linear Models in Decision Making. *Psychological Bulletin* 81, n. 2 (1974): 93–106.

[44]. DE CARVALHO, Fábio R. *Lógica Paraconsistente Aplicada em Tomadas de Decisão: uma Abordagem para a Administração de Universidades.* Editora Aleph. São Paulo, Brasil, 2002, 120 p.

[45]. DE CARVALHO, Fábio R.; Israel BRUNSTEIN; Jair M. ABE. Paraconsistent annotated logic in analysis of viability: an approach to product launching. In: Sixth International Conference on Computing Anticipatory Systems

(CASYS-2003). *American Institute of Physics, AIP Conference Proceedings*, Springer – Physics & Astronomy, Vol. 718, Edited by Daniel M. Dubois, ISBN 0-7354-0198-5, ISSN 0094-243X, 2004, pp. 282-291.

[46]. DE CARVALHO, Fábio R.; Israel BRUNSTEIN; Jair M. ABE. Um Estudo de Tomada de Decisão Baseado em Lógica Paraconsistente Anotada: Avaliação do Projeto de uma Fábrica. In: *Revista Pesquisa & Desenvolvimento Engenharia de Produção*, da Universidade Federal de Itajubá, Edição n. 1, dez. 2003(c). p. 47-62.

[47]. DE CARVALHO, Fábio R.; Israel BRUNSTEIN; Jair M. ABE. Tomadas de Decisão com Ferramentas da Lógica Paraconsistente Anotada. In: Encontro Nacional de Engenharia de Produção, 23° Ouro Preto, MG, Brasil, 21 a 24 de outubro de 2003. *Proceedings*. Editores: José Luís D. Ribeiro; Nivalda L. Coppini; Luiz Gonzaga M. de Souza; Gustavo P. Silva. 2003(b). p. 1-8.

[48]. DE CARVALHO, Fábio R.; Israel BRUNSTEIN; Jair M. ABE. Decision Making based on Paraconsistent Annotated Logic. In: Congress of Logic Applied to Technology (LAPTEC 2005), 5th. Himeji, Japan, April, 2-4, 2005. *Advances in Logic Based Intelligent Systems*: Frontiers in Artificial Intelligence and Applications (Selected papers). Edited by K. Nakamatsu; J. M. Abe. Amsterdam, Netherlands: IOS Press, 2005(a). p. 55-62.

[49]. DE CARVALHO, Fábio R.; Israel BRUNSTEIN; Jair M. ABE. Prevision of Medical Diagnosis Based on Paraconsistent Annotated Logic. In: Seventh International Conference on Computing Anticipatory Systems (CASYS-2005). Liège, Belgium, August, 8-13, 2005. *International Journal of Computing Anticipatory Systems,* V.18. Edited by Daniel M. Dubois. ISBN 2-930396-04-0, ISSN: 1373-5411, 2005(b). p. 288-297.

[50]. DE CARVALHO, Fábio R. *Aplicação de Lógica Paraconsistente Anotada em Tomadas de Decisão na Engenharia de Produção*. Tese apresentada à Escola Politécnica da Universidade de São Paulo, para a obtenção do título de Doutor em Engenharia. São Paulo, Brasil, 2006, 349 p.

[51]. DE CARVALHO, Fábio R.; Israel BRUNSTEIN; Jair M. ABE. Decision Making Based on Paraconsistent Annotated Logic and Statistical Method: a Comparison. In: Eighth International Conference on Computing Anticipatory Systems (CASYS- 2007) *American Institute of Physics, AIP Conference Proceedings*, Springer – Physics & Astronomy, Vol. 1.051, Edited by Daniel M. Dubois. ISBN 978-0-7354-0579-0, ISSN: 0094-243X, 2008, pp. 195-208.

[52]. DIAS JUNIOR, O. P. Decidindo com base em informações imprecisas. *Caderno de Pesquisas em Administração*, v. 8, n. 4, out/dez. 2001. p. 69-75.

[53]. EHRLICH, Píer Jacques. Modelos quantitativos de apoio às decisões I. *RAE – Revista de Administração de Empresas*, v. 36, n. 1, 1996(a). p. 33-41.

[54]. EHRLICH, Píer Jacques. Modelos quantitativos de apoio às decisões II. *RAE – Revista de Administração de Empresas*, v. 36, n. 2, 1996(b). p. 44-52.

[55]. ECKER, J.G.; M. KUPFERSCHMID. *Introduction to Operations Research*, Krieger Pub Co ISBN 0-89464-576-5.

[56]. FISCHHOFF, B.; L. D. PHILLIPS; S. LICHTENSTEIN. Calibration of Probabilities: The State of the Art to 1980. In: *Judgement under Uncertainty: Heuristics and Biases*, ed. D. Kahneman and A. Tversky, Cambridge University Press, 1982.

[57]. GAITHER, Norman; Greg FRAZIER. *Administração da Produção e Operações* (Production and Operations Management). 8ª ed. Editora Pioneira Thomson Learning Ltda. São Paulo, Brasil, 2001. 598 p.

[58]. GOMES, L. F. A. M.; A. M. M. MOREIRA. Da informação à tomada de decisão: Agregando valor através dos métodos multicritério. *COMDEX SUCESU – RIO '98*. Rio Centro, Rio de Janeiro, Brasil, em 01/04/1998.

[59]. GONTIJO, A. C.; C. S. C. MAIA. Tomada de decisão, do modelo racional ao comportamental: uma síntese teórica. *Caderno de Pesquisas em Administração*, São Paulo, v. 11, n. 4, 2004. p. 13-30.

[60]. GOODWIN, P.; G. WRIGHT. *Decision Analysis for Management Judgment*, 3rd edition (2004). Wiley, Chichester. ISBN 0-470-86108-8.

[61]. GOTTINGER, H. W.; P. WEIMANN. Intelligent decision support systems. *Decision Support Systems*, v. 8, p. 317-332, 1992.

[62]. GRAVIN, David A.; Michael A. ROBERTO. What you don't know about making decisions. *Harvard Business Review*, September 2001. p. 108-116.

[63]. GURGEL, Floriano do A. *Administração do Produto*. 2ª ed. Editora Atlas S.A. São Paulo, Brasil, 2001, 537 p.

[64]. HAMMOND, J. S.; R. L. KEENEY; H. RAIFFA. *Smart Choices: A Practical Guide to Making Better Decisions*. Harvard Business School Press, 1999.

[65]. HEMSLEY-BROWN, J. Using research to support management decision making within the field education. *Management Decision*, v. 43(5/6), ABI/INFORM Global, 2005, p. 691-705.

[66]. HILBERT, D.; W. ACKERMANN. *Principles of Mathematical Logic*. 2nd Ed. Chelsea Publishing Co. New York, USA, 1950, 172 p.

[67]. HILLIER, F. S.; G. H. LIEBERMAN. *Introduction to Operations Research*, McGraw-Hill : Boston MA. 8th edition. International edition. (2005). ISBN 0-07-321114-1.

[68]. HOFFMANN, Rodolfo. *Estatística para Economistas*. 4ª ed. Editora Thomson. São Paulo, Brasil, 2006, 432 p.

[69]. HOLLOWAY, C. A. Decision Making under Uncertainty: Models and Choices. Englewood Cliffs: Prentice Hall, 1979.

[70]. HOLTZMAN, S. *Intelligent Decision Systems* (1989), Addison-Wesley.

[71]. HOWWARD, R. A.; J. E. MATHESON (editors), *Readings on the Principles and Applications of Decision Analysis*, 2 volumes (1984), Menlo Park CA: Strategic Decisions Group.

[72]. JARKE, M.; F. J. RADERMACHER. The AI potencial of model management and its central role in decision support. *Decision Support Systems*, v. 4, 1988. p. 387-404.

[73]. JEUSFELD, M. A.; T. X. BUI. Distributed decision support and organizational connectivity: A case study. *Decision Support Systems*, v. 19, p. 215-225, 1997.

[74]. KEENEY, R. L. *Value-focused thinking – A Path to Creative Decisionmaking* (1992). Harvard University Press. ISBN 0-674-93197-1.

[75]. KLEENE, Stephen Cole. *Introduction to Metamathematics*. North-Holland Publishing Co. Amsterdam, Netherlands, 1952, 550 p.

[76]. LAPPONI, J. C. *Estatística usando Excel*. 4ª ed. Editora Elsevier-Campos. Rio de Janeiro, Brasil, 2005, 476 p.

[77]. MAGALHÃES, Marcos N.; Antonio Carlos P. de LIMA. *Noções de Probabilidade e Estatística*. 6ª ed. EDUSP, Editora da Universidade de São Paulo. São Paulo, Brasil, 2005, 416 p.

[78]. MATHESON, D.; J. MATHESON. *The Smart Organization: Creating Value through Strategic R&D* (1998). Harvard Business School Press. ISBN 0-87584-765-X.

[79]. MEDEIROS, Henrique R. de. *Avaliação de modelos matemáticos desenvolvidos para auxiliar a tomada de decisão em sistemas de produção de animais ruminantes no Brasil*. 2003. 98 f. Tese apresentada à Escola Superior de Agricultura Luiz de Queiroz (ESALQ), Universidade de São Paulo (USP), para a obtenção do título de Doutor em Engenharia Agrícola. Piracicaba, Brasil, 2003.

[80]. MEGGINSON, Leon C.; Donald C. MOSLEY; Paul H. PIETRI JR. *Administração: Conceitos e Aplicações* (Management: Concepts and Applications). Tradução de Maria Isabel Hopp. 4ª ed. Editora Harbra Ltda. São Paulo, Brasil, 1998, 614 p.

[81]. MENDELSON, Elliott. *Introduction to Mathematical Logic*. 4th Ed. Chapman & Hall, New York, NY, USA: 1997. 440 p.

[82]. MORTARI, Cezar A. *Introdução à Lógica*. Editora UNESP: Imprensa Oficial do Estado. São Paulo, Brasil, 2001, 393 p.

[83]. NAKAMATSU, Kazumi; H. SUITO; Jair M. ABE; A. SUZUKI. A Theoretical Framework for the Safety Verification of Air Traffic Control by Air Traffic.

In: INTERNATIONAL ASSOCIATION OF PROBABILISTIC SAFETY ASSESSMENT AND MANAGEMENT (IAPSAM), Puerto Rico, USA, July, 23-28, 2002. *Controllers Based on Extended Vector Annotated Logic Program, PSAM 6.* Elsevier Science Publishers, Elsevier Science Ltd. 2002.

[84].   NAKAMATSU, Kazumi; Jair M. ABE. Railway Signal and Paraconsistency, Advances in Logic Based Intelligent Systems. In: CONGRESS OF LOGIC APPLIED TO TECHNOLOGY (LAPTEC 2005), 5th. Himeji, Japan, April, 2-4, 2005. *Advances in Logic Based Intelligent Systems*: Frontiers in Artificial Intelligence and Applications (Selected papers). Editors: K. Nakamatsu e J. M. Abe. Amsterdam, Netherlands: IOS Press, 2005. p. 220-224.

[85].   NEGOITA, C. V.; D. A. RALESCU. *Applications of Fuzzy Sets to Systems Analysis.* John Wiley & Sons, New York, USA, 1975.

[86].   OLIVEIRA, M.; H. FREITAS. Seleção de indicadores para a tomada de decisão: A percepção dos principais intervenientes na construção civil. *Revista Eletrônica de Administração (READ)*, v. 7(1). Porto Alegre, Brasil, 2001, p. 1-19.

[87].   PAL, K.; O. PALMER. A decision-support system for business acquisitions. *Decision Support Systems*, v. 27, 2000, p. 411-429.

[88].   PALMA-DOS-REIS, A.; F. M. ZAHEDI. Designing personalized intelligent financial decision support systems. *Decision Support Systems*, v. 26, 1999, p. 31-47.

[89].   PORTER, Michael. *Vantagem competitiva: Criando e sustentando um desempenho superior*, tradução de Elizabeth Maria de Pinho Braga; revisão técnica de Jorge A. Garcia Gomez. Editora Campus, Rio de Janeiro, Brasil,1989.

[90].   RAIFFA, H. *Decision Analysis: Introductory Readings on Choices Under Uncertainty* (1997). McGraw Hill. ISBN 0-07-052579-X.

[91].   ROQUE, V. F.; J. E. E. CASTRO. Avaliação de risco como ferramenta para auxiliar o sistema de apoio a decisão em indústrias de alimentos. *Encontro Nacional de Engenharia de Produção, ENEGEP*, 19º Profundão da UFRJ, Rio de Janeiro, Brasil, 1999.

[92].   SAATY, T. L. *Multicriteria Decision Making: The Analytic Hierarchy Process.* 2nd ed., RWS Publications, New York, USA, 1990.

[93].   SANTOS, E. M.; E. O. PAMPLONA. Captando o valor da flexibilidade gerencial através da teoria das opções reais. *Encontro Nacional de Engenharia de Produção, ENEGEP*, 21º, 2001, Salvador. *Anais*. Disponível em: <http://www.iem.efei.br/edson/ download/Art1elieberenegep01.pdf>.

[94].   SHIMIZU, T. *Decisões nas Organizações*. 2ª ed. Editora Atlas, São Paulo, Brasil, 2006, 419 p.

[95].   SIMON, H.A. *The New Science of Management Decision*. Prentice Hall, New York, USA, 1960.

[96]. SKINNER, D. *Introduction to Decision Analysis*. 2nd Ed. Probabilistic. ISBN 0-9647938-3-0. 1999.

[97]. SLACK, N.; S. CHAMBERS; R. JOHNSTON. *Administração da Produção*. 2ª ed. Editora Atlas. Sao Paulo, Brasil, 2002, 747 p.

[98]. SMITH, J. Q. *Decision Analysis: A Bayesian Approach*. Chapman and Hall. ISBN 0-412-27520-1. 1988.

[99]. SPIEGEL Murray R. *Estatística*. 3ª ed. Tradução: Pedro Consentino. Makron Books Editora Ltda. São Paulo, Brasil, 1993, 643 pp.

[100]. SYCARA, K. P. Machine learning for intelligent support of conflict resolution. *Decision Support Systems*, v. 10, p. 121-136, 1993.

[101]. TAHA, H. A., *Operations Research: An Introduction*, Prentice Hall. 8th Ed. ISBN-10: 0131889230, ISBN 978-0131889231. 2006.

[102]. TURBAN, E.; J. E. ARONSON. *Decision Support Systems and Intelligent Systems*, 6th Ed Hong Kong, Prentice International Hall, 2001.

[103]. Von NEUMANN, J.; O. MORTGENSTERN. *Theory of Games and Economic Behavior.* John Wiley. New York, USA, 1944.

[104]. VETSCHERA, R. MCView: An integrated graphical system to support multi-attribute decision. *Decision Support System*, v. 11, 1994. p. 363-371.

[105]. WINSTON, W. *Operations Research: Applications and Algorithms*. 4th. Ed. Duxbury Press. ISBN-10: 0534380581, ISBN 978-0534380588, 2003.

[106]. WINKLER, R. L. *Introduction to Bayesian Inference and Decision, 2nd Edition*. Probabilistic. ISBN 0-9647938-4-9, 2003.

[107]. WITOLD, Pedrycz (with foreword by Lotfi A. Zadeh). *Fuzzy Sets Engineering*. CRC Press Inc., Florida, USA, ISBN 0-8493-9402-3, 1995, 332 p.

[108]. WITOLD, Pedrycz; Fernando GOMIDE. *An introduction to fuzzy sets*. MIT Press, Massachusetts, USA, ISBN 0-262-16171-0, 1998, 465 p.

[109]. WOILER, Samsão; Washington F. MATHIAS. *Projetos: Planejamento, Elaboração e Análise* (Projects: Planning, Ellaboration and Analysis). Editora Atlas. São Paulo, Brasil, 1996, 294 p.

[110]. WU, J-H.; H-S. DOONG; C-C. LEE; T-C. HSIA; T-P. LIANG. A methodology for designing form-based decision support systems. *Decision Support System*, v. 36, 2004, p. 313-335.

[111]. XU, L.; Z. LI; S. LI; F. TANG. A decision support system for product design in concurrent engineering. *Decision Support Systems*, In Press, 2004.

[112]. ZADEH, Lotfi A. Outline of a New Approach to the Analysis of Complex Systems and Decision Processes – *IEEE Transaction on Systems, Mam and Cybernectics*, vol. SMC-3, n. 1, 1973, p. 28-44.